Langue et travail

Rédactrice en chef
FRANÇOISE PLOQUIN
Ministère de l'Éducation nationale – FIPF

Rédacteur en chef adjoint
FRANÇOIS PRADAL
Ministère de l'Éducation nationale – FIPF

Présentation graphique
Jean-Pierre Delarue

Conception graphique
Jehanne-Marie Husson

Directeur de la publication
Dario Pagel – FIPF

LE FRANÇAIS DANS LE MONDE est la revue de
la Fédération internationale des professeurs
de français (FIPF), au CIEP
1, av. Léon Journault 92311 Sèvres
Tél. : 33 (0) 1 46 26 53 16
Fax : 33 (0) 1 46 26 81 69
Mél : secretariat@fipf.org
http://www.fipf.com

SOUS LE PATRONAGE
du ministère des Affaires étrangères, du ministère
de l'Éducation nationale, de la Direction générale de
la coopération internationale et du développement,
de l'Agence intergouvernementale de la francophonie, du
Centre international d'études pédagogiques de Sèvres,
de l'Institut national de la recherche pédagogique,
de l'Alliance française, de la Mission laïque française,
de l'Alliance israélite universelle, du Comité catholique
des amitiés françaises dans le monde, du Comité
protestant des amitiés françaises à l'étranger, du
Centre de recherche et d'étude pour la diffusion du
français, des Cours de civilisation française à la
Sorbonne, de la Fédération internationale des professeurs de français, de la Fédération des professeurs
de français résidant à l'étranger, du Secrétariat général
de la commission française à l'U.N.E.S.C.O., de
l'ADACEF, de l'ASDIFLE et de l'ANEFLE.

LE FRANÇAIS DANS LE MONDE
9, avenue Pierre de Coubertin
75013 Paris
Téléphone : 33 (0) 1 45 87 43 26
Télécopie : 33 (0) 1 45 87 43 18
Mél : fdlm@fdlm.org
http://www.fdlm.org

Le français dans le monde étant adhérent de
l'Association pour l'information et la recherche
sur les orthographes et le système d'écriture
(AFIRSE), ce numéro suit les règles de l'orthographe nouvelle.

Recherches et applications N°42

JUILLET 2007
PRIX DU NUMÉRO : 15,50 €

Langue et travail

Coordonné par
FLORENCE MOURLHON-DALLIES

Langue et travail

Mutations, adaptations

Ces dernières années, le travail a changé : abandon progressif de la taylorisation, montée en puissance des normes et des règlementations, percée de nouvelles technologies nécessitant un passage à l'écrit, font que la maîtrise de la langue devient la première des compétences professionnelles.

L'intégration des salariés migrants repose sur leur aptitude à communiquer au travail dans la langue du pays d'accueil. Les difficultés concrètes rencontrées imposent au plan théorique de revisiter les trois dimensions du langage (opérationnelle, interculturelle et critique) et de faire entrer dans les programmes de formation linguistique en entreprise ces trois niveaux de préoccupations.

L'apprentissage du français pouvant être désormais pris en charge dans le cadre de la formation continue en entreprise, il semble indispensable de réfléchir à de nouveaux repères permettant de situer la compétence communicative en contexte professionnel. Cela demande en particulier de concevoir des outils de positionnement qui permettent d'évaluer les acquis tant linguistiques que langagiers et communicatifs.

ISBN : 978-2-09-037113-0

En matière d'enseignement du français et de l'anglais à des fins professionnelles, les TICE sont souvent sollicitées pour le volet écrit des discours professionnels. Or elles offrent des possibilités encore peu explorées de formation à l'oral, tout en permettant au programme universitaire de se rapprocher des conditions réelles de travail en entreprise, puisque les nouvelles technologies sont aujourd'hui largement intégrées dans le quotidien du monde professionnel.

L'enseignement de langues comme le français et l'anglais à des fins professionnelles occupe un créneau relativement restreint à l'université, dans beaucoup de filières. On peut remédier à ces limitations en temps et en moyens grâce à l'introduction de démarches centrées sur des tâches, dont la complexité a le mérite de rapprocher les étudiants de ce qui les attend dans le monde professionnel.

Enjeux

Alors même que la Valorisation des Acquis de l'Expérience (VAE) est fortement encouragée dans bien des branches professionnelles, elle n'en requiert pas moins la verbalisation par les intéressés de leur activité de travail. Cela ne va pas sans poser des difficultés auprès des publics migrants, ou tout simplement peu scolarisés, et repose la question de l'évaluation des compétences professionnelles au travers d'entretiens et de tests.

Quelle continuité entre l'Analyse de Discours et la formation professionnelle ? Le cas des écrits de signalement d'enfant en danger — Georgeta Cislaru, Stavroula Katsiki, Frédéric Pugnière-Saavedra, Frédérique Sitri, Marie Veniard ... 100

En matière de formation à la rédaction professionnelle, il existe une importante demande, en particulier dans les métiers de l'aide sociale. Peut-on cependant conduire une analyse de discours standard, aboutissant à identifier des marques et des tournures spécifiques aux discours circulant dans ces domaines, et qui serviraient « telles quelles » de point d'appui à des programmes de formation ?

ACCOMPAGNER LES POLITIQUES

Promouvoir la maîtrise du français dans le cadre de la formation professionnelle — Claire Extramiana. ... 112

En France, une série de lois, d'accords et de manifestations scientifiques vise à faire reconnaître la pertinence des formations linguistiques en matière de formation professionnelle

Le profil linguistique des professions au Canada : Quels standards occupationnels des postes de travail en français et en anglais ? — Marianne Kayed et Sylvia Dancose ... 118

Différents projets canadiens balisent les compétences linguistiques et communicatives nécessaires à l'exercice de professions données. Ces projets aboutissent à la constitution de référentiels de compétences tant linguistiques que professionnelles..

Une démarche de référentialisation en français des professions : le partenariat universités – Chambre de Commerce et d'Industrie de Paris (CCIP) — Jean-Marc Mangiante. ... 129

Le centre de langue de la CCIP a initié une démarche visant à établir des référentiels de compétences langagières du monde professionnel. Cette méthodologie d'élaboration de référentiels est à l'écoute des pratiques professionnelles, des discours tenus sur les terrains et des compétences réellement mobilisées ; à ce titre, elle ne redouble pas les référentiels-métiers déjà existants dans les branches professionnelles.

Témoignages

Quinze ans de formation au français en entreprise — Jacques Delorme ... 146

En région Rhône-Alpes, l'A.L.P.E.S a développé une ingénierie de formation linguistique en entreprise particulièrement adaptée aux publics de faible niveau de qualification.

Construire un référentiel en français langue professionnelle : l'exemple des métiers de l'entretien du linge et de la maison — Anne Létendard-Mulder ... 160

La question des compétences linguistiques et des habiletés langagières requises par l'exercice du métier d'employée de maison est au cœur de l'élaboration d'un référentiel de formation adossé aux principes du Cadre Européen Commun de Référence

De gardien de musée à agent d'accueil : quel accompagnement linguistique ? — Isabelle Martinetti ... 171

L'évolution d'un métier de la fonction publique précis appelle la redéfinition des compétences nécessaires pour l'exercer. C'est l'occasion d'établir, dans ses grandes lignes, un référentiel de formation articulant situations professionnelles et situations de communication.

Entre français de spécialité et français langue professionnelle : le cas de la classe internationale de l'école Boulle — Géraldine Dion, Cécile Tavernier ... 180

Créer de A à Z un dispositif de formation en français pour les métiers d'art appelle une réflexion sur les compétences spécifiques requises pour travailler en France dans ce secteur, tant aux plans du lexique, de la grammaire, de la phonologie, qu'aux plans discursif, culturel et juridique.

Présentation

FLORENCE MOURLHON-DALLIES

UNIVERSITÉ PARIS 3, SYLED-CEDISCOR

Le présent numéro offre un ensemble de réflexions didactiques et d'interventions de terrain dans lesquelles la langue (qu'il s'agisse du français, mais aussi de l'anglais ou de l'allemand) est enseignée pour autre chose qu'elle-même, en l'occurrence pour permettre à autrui de travailler – c'est-à-dire d'accéder à l'emploi, de se maintenir dans un métier en pleine mutation, de recevoir une promotion ou tout simplement de mieux remplir ses tâches professionnelles quotidiennes. En cela, cette parution se fait l'écho de D. Lehmann (1993 : 82), qui posait la question (fantasmée ?) d'un enseignement des langues «pour elles-mêmes» ou, au contraire, «**pour** en faire quelque chose», délimitant par là même l'enseignement des langues sur objectifs spécifiques. Mais en vingt ans, ce champ a connu bien des évolutions. Il s'est subdivisé en de multiples approches, les frontières entre langue maternelle, langue seconde et langue étrangère ont été maintes fois traversées. Aussi les quatorze contributions présentées ici se réclament-elles de l'enseignement des langues de spécialité, du FOS (Français sur Objectif Spécifique), du français à visée professionnelle, du FLP (Français Langue Professionnelle), de l'*ESP (English for Specific Purposes)*, de l'allemand pour le monde du travail, voire de l'ingénierie de formation en langues.

Une telle diversité méthodologique était déjà manifeste dans un numéro antérieur de Recherches et applications, *Français sur objectifs spécifiques : de la langue aux métiers*, encore bien présent dans tous les esprits et qui abordait également la question des langues enseignées à des fins professionnelles. Mais alors que ce numéro de janvier 2004 s'ancrait d'entrée de jeu sur le terrain de la didactique des langues, nous proposons en quelque sorte de faire le chemin inverse, qui consiste à partir des situations de travail, de l'analyse des organisations, de la connaissance des cadres juridiques de la formation en entreprise, pour établir ce que l'on peut considérer comme prioritaire et réaliste en matière d'enseignement d'une langue (maternelle, seconde ou étrangère) à des fins professionnelles.

Une telle démarche interroge l'articulation entre les situations de travail et l'enseignement des langues, opérant une sorte de «remontée» des terrains en direction des théories. Cette approche fut avant nous celle, en linguistique et en terminologie, de J. Anis et de F. Cusin-Berche[1]. Il reste à voir aujourd'hui ce qu'une telle « remontée » peut apporter en matière d'enseignement des langues, en termes de contenus, de démarches, de formats et de types de cours dispensés.

Dans le présent numéro, les trois premières contributions s'appuient sur différents champs disciplinaires pour saisir les évolutions récentes du monde du travail et en mesurer les incidences sur le champ de la didactique des langues. La sociolinguistique, la sociologie des entreprises et l'analyse du travail sont ainsi mobilisées par F. Mourlhon-Dallies. Dans un contexte européen, des analyses voisines sont conduites par M. Grünhage-Monetti, qui prend appui sur des études australiennes pour esquisser une démarche d'intervention en entreprise, expérimentée récemment dans plusieurs pays et par conséquent transversale à différentes langues de travail. Enfin, M. de Ferrari explore les domaines du management des compétences et de l'ingénierie de formation pour articuler compétence en langue et compétence professionnelle, en présentant une cartographie des compétences au travail qui articule le professionnel, le langagier et le linguistique.

Deux articles ancrés dans les contextes universitaires français (J.-P. et M.-F. Narcy-Combes) et canadien (H. de Fontenay et M. Vergues) montrent ensuite comment intégrer les changements constatés dans le monde du travail aux dispositifs d'enseignement du français (et de l'anglais). L'apprentissage par les tâches apparaît dans les deux cas comme la clé de voûte des réponses formatives envisagées.

Cela étant, les adaptations aux mutations de notre société ne vont pas sans interroger en retour les théories. H. Adami examine sous cet angle les entretiens vérifiant l'aptitude d'employés de faible niveau de qualification à monter leur dossier de V.A.E. (Validation des Acquis de l'Expérience). Il interroge alors les critères d'évaluation en jeu. Que mesure-t-on ? Le savoir faire, la capacité à verbaliser ? Et, plus angoissant, qu'évalue-t-on d'autre, dans un test, que l'habileté à répondre aux questions de ce test ?

L'équipe du Syled-Cediscor se heurte également à toute une série de difficultés en matière non plus d'évaluation mais de description de discours professionnels, dès lors que cette description est appelée à être réinvestie dans des formations. Peut-on en effet décrire des discours professionnels dans l'absolu, en prenant appui sur des catégories strictement linguistiques, ou faut-il au contraire mettre en perspective ces descriptions avec les usages et enjeux des écrits concernés ?

Avec la question de la langue au travail, les enjeux dépassent toutefois le plan didactique et linguistique. La maîtrise de la langue (ou sa non maîtrise) s'inscrit de plain pied dans les problématiques

1. rapportée dans le numéro spécial de la revue LINX (1995) : *Difficultés linguistiques des jeunes en formation professionnelle courte. Diagnostic et propositions de remédiation. De la langue ordinaire au technolecte*, Université Paris X.

d'employabilité, et pour les migrants, de plus en plus souvent d'accès à la citoyenneté. La langue au travail préoccupe désormais les politiques, et pas seulement en France. C. Extramiana rappelle, pour la DGLFLF, une série d'opérations récentes visant à « Promouvoir la maîtrise du français dans le cadre de la formation professionnelle », tandis que S. Dancose et M. Kayed retracent dans ses grands axes le projet canadien des « profils linguistiques » des professions. J.-M. Mangiante témoigne enfin de la dynamique initiée par la CCIP pour élaborer des référentiels au croisement des compétences professionnelles et des compétences en langue.

Dans la dernière partie du numéro, constituée de témoignages, toutes ces problématiques se nouent dans des opérations de formation précises. J. Delorme nous fait partager quinze années d'expérience de formation linguistique sur mesure dans les entreprises de la région Rhône Alpes. A. Létendard-Mulder illustre une initiative qui fut en son temps « pionnière » d'élaboration d'un référentiel de formation pour les métiers du repassage à domicile, en tentant d'articuler le professionnel au linguistique. I. Martinetti se penche sur un autre secteur, avec des préoccupations similaires : elle s'efforce de cerner la « part langagière » du métier de gardien de musée, appelé à évoluer en « agent d'accueil et de sécurité ». Enfin, G. Dion et C. Tavernier exposent les détails du dispositif de formation initié à l'école Boulle pour les métiers d'architecte d'intérieur et de designer, toujours avec ce même souci d'articuler le professionnel au langagier puis au linguistique.

Bien évidemment, le lecteur pressé ne lira pas la totalité du numéro dans l'ordre. Nous lui indiquons plusieurs parcours possibles. Un premier axe s'organise autour de la notion de référentiel (de positionnement ou de compétences en vue de la formation). Il traverse les articles de M. de Ferrari, S. Dancose et M. Kayed, J.-M. Mangiante, A. Létendard-Mulder et I. Martinetti. Au plan conceptuel, cet axe interroge principalement le lien entre les savoir faire « techniques », la « part langagière du travail » et l'enseignement/apprentissage de la langue.

Un deuxième axe est adossé à la problématique de la formation linguistique des personnes dites de bas niveau de qualification. La didactique des langues sur objectifs spécifiques est en effet de plus en plus fréquemment confrontée à des publics de ce type, bien éloignés des cadres ou des étudiants à l'université. En son temps, D. Lehmann[2] (1993) rappelait la complexité d'enseigner à ce type de public : « On se dit enfin qu'un "cours de français destiné aux travailleurs du bâtiment" est à la fois un cours pour des travailleurs migrants, dans la lignée de ce que l'on appelait autrefois l'alphabétisation, et un cours de français professionnel. Mais que ni les méthodes ni les contenus ne seront de même nature que ceux des cours destinés à des professions où la verbalisation occupe une place beaucoup plus importante que dans les métiers du bâtiment » (p. 45). Alors que la verbalisation est aujourd'hui

2. Lehmann, D. (1993), *Français sur objectifs spécifiques : les programmes en question*, Paris, Hachette autoformation.

de mise dans tous les métiers, pour prolonger la réflexion, on se reportera aux articles de M. Grünhage Monetti, M. de Ferrari, H. Adami, C. Extramiana, J. Delorme et A. Létendard-Mulder.

Enfin, une dernière possibilité de lecture interrogerait la capacité de l'analyse des discours professionnels à améliorer les pratiques professionnelles. On rejoint là une problématique également d'actualité pour l'anglais, exprimée notamment par V. K. Bhatia[3] (2002). Ce dernier constate que de nombreux liens existent entre l'analyse des discours professionnels (*Professional Discourse Analysis*) et l'*ESP* (*English for Specific Purposes*) qui en est le pendant didactique ; mais il déplore le manque de relations entre les études conduites par les analystes de discours et la réflexion sur les pratiques professionnelles. Il recense alors une série de questions, «sans réponse fiable actuellement».

Parmi elles :

2. *What role does discursive competence play in professional practice?* (Quel rôle joue en pratique la compétence discursive dans l'exercice des professions ?)

3. *Is it possible to specify professional expertise in terms of key competencies?* (L'expertise professionnelle se laisse-t-elle exprimer en termes de compétences clés ?)

5. *Are these competencies teachable/learnable?* (Ces compétences peuvent elles être enseignées/apprises ?)

Autant d'interrogations qui animent en particulier les articles de F. Mourlhon-Dallies, de l'équipe du SYLED-CEDISCOR, de J.-M. Mangiante, de J. Delorme, ainsi que de G. Dion et C. Tavernier. Ces questionnements, qui traversent aujourd'hui le champ de la didactique, rejoignent des problématiques très actuelles dans une discipline comme l'analyse des interactions verbales dont L. Mondada[4] (2006) se fait, entre autres, le porte-parole :

«Le caractère adéquat, acceptable et efficace du travail, dépend de l'organisation finement synchronisée et coordonnée de l'interaction. Celle-ci relève de la compétence interactionnelle ordinaire des participants, ainsi que de compétences plus particulières, liées à des formats spécifiques, incarnées dans **une pratique professionnelle de la parole** (il ne s'agit plus seulement de *talk at work* mais de *talk as work*). On peut faire l'hypothèse qu'une meilleure connaissance de l'organisation détaillée de telles interactions est fondamentale pour la formation et pour l'accompagnement de tels professionnels. (p.14) ».

Gageons que la didactique des langues puisse être considérée dans les années à venir comme une discipline de référence en matière de formation à l'exercice des professions, quelles qu'elles soient.

3. dans *Research and Practice in Professional Discourse*, C. N. Candlin dir. (2002) City University of Hong Kong Press, pp. 53-56.
4. Mondada, L. (2006), «Interactions en situations professionnelles et institutionnelles : de l'analyse détaillée aux retombées pratiques », *Revue française de linguistique appliquée* XI-2, pp.5-16.

Mutations, adaptations

REPENSER LES SITUATIONS DE TRAVAIL

Florence Mourlhon-Dallies
Matilde Grünhage-Monetti
Mariela de Ferrari

INVENTER DES DISPOSITIFS FORMATEURS DÈS L'UNIVERSITÉ

Hervé de Fontenay, Marion Vergues
Jean-Paul et Marie-Françoise Narcy-Combes

Quand faire, c'est dire* : évolutions du travail, révolutions didactiques ?

FLORENCE MOURLHON-DALLIES

MCF UNIVERSITÉ PARIS 3, SYLED-CEDISCOR

De nos jours, travailler c'est de plus en plus souvent parler, écrire, lire, du moins dans des sociétés occidentales où dominent les secteurs tertiaires. Dans une telle conjoncture, la maîtrise de la langue, et plus largement des codes de la communication professionnelle, peut apparaître comme un facteur déterminant pour accéder à l'emploi. Cela était vrai, depuis un certain temps déjà, pour les personnes au contact de plusieurs pays, qui doivent être polyglottes ou au minimum posséder un niveau basique d'anglais afin de faire face à leurs impératifs professionnels. Mais cela devient également nécessaire pour les migrants, qui, s'ils veulent gagner leur vie, ne peuvent plus faire l'économie d'une certaine compétence dans la langue du pays d'accueil, y compris les migrants occupant des postes de faible niveau de qualification (cf. de Ferrari et Mourlhon-Dallies 2005) selon un constat effectué depuis peu au plan européen (*Odysseus*, 2004 ; *Trim*, 2005). Enfin, pour la même raison d'employabilité, les natifs sont eux aussi confrontés à la question de leur compétence linguistique, en langue maternelle même, qu'il s'agisse d'illettrés ou d'ingénieurs à bac+5.

Une telle situation ne peut qu'interpeller les enseignants, les didacticiens des langues, les chercheurs et les formateurs du domaine. Pour notre part, nous avons pris la mesure des évolutions de ces dernières années en proposant de réfléchir très précisément à l'articulation des compétences linguistiques aux compétences professionnelles. À cet effet, nous avons introduit le sigle de FLP (Français Langue Professionnelle) qui concerne l'exercice en français d'une profession donnée, que l'on soit en France – natif ou migrant – ou à l'étranger, dès qu'on travaille dans une entreprise ou une institution française dans laquelle le français est la langue dominante. Le français est alors pensé comme la langue d'échanges professionnels mais aussi de conversations plus informelles entre collègues : le français fait, dans le cas du FLP, entièrement partie du cadre d'exercice de la profession. En cela, le FLP se différencie du FOS, qui concerne essentiellement des opérations de for-

* Le jeu de mots fait écho à un intertitre présent dans Lacoste, M. (2001 : 39), « Peut-on travailler sans communiquer ? », Borzeix A. et Fraenkel B. éds, *Langage et Travail, Communication, cognition, action*, CNRS Éditions

13

*Quand faire, c'est dire :
évolutions du travail,
révolutions didactiques ?*

mation à l'étranger, à destination de professionnels non francophones entretenant **ponctuellement** des relations de travail avec des clients, des touristes ou des partenaires français. Le FLP traverse donc les champs du FLE, du FLS et du FLM, car l'appellation concerne tous les publics et tous les types d'intervention envisageables. Toutefois la réflexion dépasse le cas du français, comme le montrent dans le présent numéro les contributions d'auteurs canadiens, allemands et d'enseignants d'anglais.

Dans notre article, nous reviendrons sur les mutations intervenues dans le travail, qui font que la maîtrise du « dire » est plus que jamais nécessaire. Ces évolutions récentes seront appréhendées en nous référant respectivement à différentes disciplines qui modélisent, chacune, l'activité de travail (sociolinguistique, sociologie du travail, analyse des discours et des actions, analyse du travail). Ce détour par des disciplines autres que la didactique permettra de mettre en regard compétences en français et compétences de travail. Nous parlons volontairement de compétences en français, car selon les cas, les modèles évoqués pensent le « dire » comme du langage, comme de la « parole », comme du matériau linguistique. Aussi conviendra-t-il d'établir à chaque fois à quel niveau se joue la réflexion et quel profit nous pouvons retirer de ces rencontres théoriques et conceptuelles. Nous montrerons comment les tentatives de modélisation des mutations récentes du monde du travail par différentes disciplines peuvent amener à modifier les approches couramment utilisées pour enseigner les langues vivantes à des fins professionnelles, en indiquant des pistes générales, pour cette fois.

L' *accroissement de la « part langagière du travail »*

L'un des premiers groupes de recherche à avoir en France travaillé sur le lien entre l'exercice de la parole et l'activité de travail a pour nom « Langage et Travail ». En une vingtaine d'années, ses membres ont pu montrer que la **« part langagière du travail »** allait croissant, dans nos sociétés. J. Boutet (2005) constate même que « La part des activités de langage, orales comme écrites, dans l'accomplissement du travail s'est accrue au point que certaines tâches ne font plus désormais appel qu'à des activités langagières : ainsi, on n'accroche plus un train à un autre au moyen des mains d'un opérateur entre deux tampons, mais en lisant des graphiques sur un écran d'ordinateur. « Et d'ajouter : « La notion de "part langagière du travail" que nous avons proposée rend compte de ce phénomène à la fois social et linguistique par lequel les opérateurs voient des activités symboliques de représentation de la réalité tendre à se substituer à leurs activités corporelles antérieures» (2005, p.19). Les évolutions technologiques et la tertiarisation de l'activité de travail font que certains métiers ne consistent par exemple plus qu'à parler (comme dans les centres d'appels téléphoniques) et/ou à lire, écrire, échanger via Internet. Ainsi, la notion d'augmentation de la «part langagière» du travail manifeste très justement que le «faire» revient de plus en plus à du «dire».

Pour le didacticien, cette évolution implique que le nombre de situations professionnelles à considérer en vue d'élaborer des programmes sur objectifs spécifiques se multiplie. Le geste cédant du terrain face à la parole, les discours professionnels écrits et oraux sur tous les supports (papier, écran, répondeurs, vidéos) sont légion et constituent autant de cibles pour l'enseignement. La masse de documents et d'enregistrements à prélever dans les milieux professionnels puis à compulser et à analyser, augmente donc. C'est dire si l'analyse des genres discursifs professionnels a de beaux jours devant elle, comme en témoignent les publications particulièrement volumineuses se focalisant actuellement sur les *Professional Discourse* (Candlin, 2002 ; Gotti, 2006).

Si l'on en revient cependant à la notion de «part langagière du travail», on s'aperçoit que la réflexion qui en découle généralement est centrée davantage sur le langagier que sur le linguistique. De fait, «la part langagière du travail» est issue de recherches conduites sur le lieu même du travail, consistant en de fines observations des situations et des conditions de travail ; on pourrait parler, avec J. Boutet (2005) d'une «approche ethnographique des activités de langage au travail». Dans cette optique, les discours tenus (les «Paroles au travail») ne sont qu'un pan de ce qui se joue dans l'activité de travail (gestes, mimiques). L'activité de travail est pensée dans sa **multicanalité** dans la mesure où elle fait intervenir la voix, la posture, la rédaction au traitement de texte, des enregistrements sur répondeur téléphonique, de la lecture sur écran, etc. ; parallèlement, l'analyse se veut multimodale (avec des filmages pour l'analyse de l'image, des enregistrements pour les analyses de l'intonation et enfin, des analyses plus strictement linguistiques). Le champ d'investigation s'élargit donc au recours au langage sur le lieu de travail, sous tous ses aspects. J. Boutet (2005) remarque ainsi que la caractéristique principale du langage au travail est «son interdépendance au contexte d'action» (p. 26) : «Interdépendance entre les activités verbales et non verbales ; interdépendance entre les activités verbales et les outils, les machines, les technologies ; interdépendance entre les différents modes de représentation de la réalité que sont la parole, les écrits, les chiffres, les tableaux, les graphiques, les maquettes ; tous ces phénomènes construisent des modes spécifiques de contextualisation de l'activité verbale au sein des contextes d'action».

15

*Quand faire, c'est dire :
évolutions du travail,
révolutions didactiques ?*

Une telle conception de « l'activité verbale » au travail n'est pas sans incidences sur les formations en langues vivantes à visée professionnelle. Nous en tirons un certain nombre d'orientations pour l'enseignement. En pointant la multicanalité des situations de travail, on met notamment le doigt sur les nombreux va-et-vient entre l'écrit, l'oral, la lecture de textes professionnels, leur écriture, la manipulation conjointe de l'ordinateur, l'exécution de gestes techniques. L'étude du langagier au travail, de son insertion en contexte professionnel, montre que les compétences en langues vivantes dans les programmes professionnalisants devraient surtout favoriser **les activités de transcodage** (transfert d'information d'un support à l'autre, passage de l'oral à l'écrit, etc.) Or il est encore courant de travailler séparément les quatre compétences (Compréhension orale, Compréhension écrite, Expression orale, Expression écrite). On s'interrogera donc sur la pertinence, dans un programme de FLP, de travailler sur la compréhension écrite d'un texte, que l'on vérifie par un questionnaire. Cette approche peut certes convenir dans un premier temps de formation, quand on fait du français de spécialité, et que l'on fait accéder les étudiants à des données, à des informations, à des connaissances de base du domaine. Mais au travail, aucun texte n'est lu pour être seulement compris. Chaque document s'inscrit dans **un chaînage d'échanges, de reformulations, d'interrogations.** L'information est transmise, d'une personne à l'autre, d'un service à l'autre. D'où la nécessité d'imaginer des formations qui amènent les étudiants à gérer des tâches en cascade, à prélever des données sous un format et à les restituer sous un autre, ce qui implique de jongler constamment entre plusieurs supports de communication en cours.

Si l'on pousse à bout cette logique d'entraînement des étudiants avec des outils de communication variés, articulés les uns aux autres, si l'on s'efforce d'intégrer la multicanalité des postes de travail actuels dans les modalités mêmes d'enseignement, alors la façon de « faire cours » en français langue professionnelle change radicalement, à l'image de ce que proposent ici même H. de Fontenay et M. Vergues : « Il ne s'agit plus de sortir de sa boîte à outils le support convenable pour telle ou telle séquence dans une progression linéaire plus ou moins unique, mais de dessiner, au cœur d'une constellation de canaux médiatiques, un parcours pédagogique cohérent ». Dès lors, il convient de tout mettre en œuvre pour « réduire autant que faire se peut l'écart entre l'espace professionnel et celui de la formation en langue », en équipant la salle de classe de toutes les technologies sollicitées dans la vie professionnelle et en utilisant ces nouvelles technologies, tant du côté de l'enseignant que de celui de l'apprenant. Cela revient à transformer les cours en espace collaboratif d'enseignement/apprentissage multimédia, ce qui peut dans bien des contextes institutionnels laisser rêveur au plan financier.

Enfin, la multicanalité croissante des situations de communication au travail a de fortes implications au plan de l'évaluation en FLP, dans la mesure où de simples certifications fonctionnelles centrées sur la vérification des «quatre compétences», séparées en épreuves bien distinctes, ne permettent pas de mesurer l'aptitude de l'étudiant au transcodage. Si l'on veut donner toute son importance à cette réalité professionnelle, il convient d'opter pour des évaluations dans l'esprit du DCL – Diplôme de Compétence en Langue (de communication à usage professionnel). L'ambition de ce diplôme, proposé par les GRETA, est de tester la capacité à «traiter de l'information pour communiquer professionnellement», ce qui est fait au travers de cinq tâches à mener en trois heures. «Cette épreuve est présentée sous la forme d'un scénario, selon une logique analogue à celle des études de cas : une situation à découvrir, des tâches à effectuer, des choix à faire, une solution à proposer dans le cadre d'une «mission» confiée au candidat. L'épreuve s'appuie sur des documents écrits, sonores et audiovisuels.» (www.d-c-l.net/BO17042002.html). Ainsi le candidat recueille-t-il des informations, puis il les complète par un appel téléphonique, ensuite il présente à l'oral sa solution dans une sorte d'entretien en face à face, enfin, il rédige un document sur la solution qu'il préconise ; chaque épreuve étant adaptée à l'un des cinq niveaux en langue identifiés par les GRETA.

Nous venons de tirer, au plan didactique, les conséquences de l'accroissement de la part langagière du travail, plutôt sous l'angle du développement exponentiel de la multicanalité de la communication professionnelle, et ce sans évoquer la question des publics. Or la grande nouveauté de cette décennie tient au fait que la part langagière du travail augmente **à tous les niveaux de qualification**. Dans certains métiers jusque-là peu concernés par la maîtrise de la lecture et de l'écriture (comme gardien d'immeuble, maçon, grutier) le langagier fait irruption en vertu de mutations technologiques (dont l'informatisation) et de nouvelles règlementations (tenant à l'hygiène et à la sécurité). Pouvoir lire et écrire quelques mots devient désormais une condition de maintien dans l'emploi, en particulier pour des migrants vivant parfois en France depuis quinze ans et parfaitement intégrés professionnellement. Entrent ainsi en formation à caractère linguistique et professionnalisant des publics jusque-là anecdotiques en FOS. D. Lehmann signalait déjà en 1993 la rareté des réflexions invitant à considérer les migrants comme des publics spécifiques, appelant à des «rapprochements méthodologiques» (p. 53). Près de vingt-cinq ans après, force est de constater encore très peu de programmes en FLP pour des migrants (autres que des étudiants) en-deçà du niveau B1 en français. Le même constat vaut également pour les natifs, illettrés, qui se doivent à présent d'accéder à la lecture et à l'écriture, au vu de l'évolution du travail. Là encore, très peu de choses existent, sous un

17

*Quand faire, c'est dire :
évolutions du travail,
révolutions didactiques ?*

format court (inférieur à 300 heures de formation) ciblant des tâches professionnelles pointues (et non le ré-apprentissage scolaire de la lecture et de l'écriture). La montée en puissance de l'activité de parole au travail lance donc de rudes défis à la didactique des langues, défis d'autant plus importants que les questions soulevées par le développement de la parole à tous les échelons hiérarchiques ne renvoient pas exclusivement à la maîtrise de la langue ni même seulement à celle des discours professionnels. Si l'on en croit les sociologues du travail, les évolutions provoquées dans les organisations de travail par la fin de la taylorisation ont bouleversé les habitudes anciennes de « se taire » au travail, dans la classe ouvrière et chez les petits employés. Le fait d'envisager toute situation de travail comme une situation de communication et d'échange est somme toute assez récent.

L a « *redistribution* » *de la parole dans l'entreprise*

Afin de retracer les évolutions de la communication au travail, nous prendrons appui sur l'ouvrage de P. Zarifian (1996), *Travail et communication : essai sociologique sur le travail dans la grande entreprise industrielle*. Zarifian montre que pendant la phase de Taylorisation du travail, les ouvriers et employés étaient chargés d'exécuter un ensemble de tâches planifiées (à l'oral et à l'écrit) par l'encadrement et la direction, sans avoir « leur mot à dire ». Dans son chapitre 2, « L'accès au langage dans l'organisation industrielle », Zarifian remarque que la séparation entre dirigeants et exécutants ne se jouait pas seulement au sein de l'organigramme « métier » ni sur le terrain, entre les bureaux du siège central et les ateliers. Cette séparation était « en même temps une séparation quant au rapport au langage » (p. 28). Mais, avec l'avènement d'une nouvelle culture de management, qui place sur le devant de la scène la collaboration des différents acteurs de l'entreprise, tout le monde est désormais appelé à prendre la parole.

Ce changement de culture managériale est intervenu assez brusquement sur le terrain, en particulier pour les personnes en bas de l'échelle hiérarchique. Dans le modèle de Taylor, il y avait d'un côté « la fonction de conception du travail, opération intellectuelle réservée à l'encadrement et à la direction » et de l'autre, « la fonction d'exécution » que D. Potocki Malicet (2006, p. 12) définit comme une « opération manuelle, réservée aux ouvriers, qui sont délivrés du souci d'organiser leur travail. Ils peuvent ainsi consacrer toutes leurs forces et leur énergie à produire ». Depuis peu, aux postes d'exécutants, natifs et migrants sont appelés à parler de leur travail, alors qu'auparavant, ils devaient se taire et ne pas perdre de temps en palabres pour éviter toute déperdition d'énergie susceptible d'occasionner une baisse dans la production. Ainsi, toute une catégorie de personnes n'a aucune tradition de parole sur le lieu de travail ni sur l'activité qu'elle exerce depuis des années pourtant. Déjà en 1993, J. Boutet constatait : « Dire son travail, dire ce que l'on fait, c'est difficile. C'est d'autant plus difficile que [...] pour parler de leur travail, les opérateurs sont confrontés à une formation langagière relativement pauvre : peu de phrases sont disponibles pour construire sa propre parole, contrairement à ce qui se passe, par exemple, pour parler de la sexualité, de la famille, des sentiments, etc. ». Aujourd'hui encore, sur le terrain, on relève de nombreuses difficultés pour exprimer ce qui se passe, ce que l'on a fait, ce que l'on croyait faire, etc. Ceci est particulièrement net pour les migrants, comme le montrent les cas étudiés par M. Grünhage-Monetti dans *Odysseus* (et ici même). D'où la nécessité d'intégrer la dimension « prise de parole » et « prise du stylo » aux formations linguistiques destinées aux publics ayant connu d'autres types de management et de postures professionnelles. La langue n'est donc pas le seul objet de l'enseignement, ni même la culture ; l'impact, la légitimité de la prise de parole sont également à formuler dans les formations dispensées.

Pour clore ces considérations, on remarquera avec Zarifian que les changements relativement récents enregistrés dans l'entreprise sont indissociables de la montée de la notion de « compétence ». On est en effet passé d'une culture de la « qualification », terme qui s'applique autant au poste de travail qu'à l'individu, à une valorisation des compétences, lesquelles ne concernent que les humains. Or, la compétence, c'est « l'intelligence individuelle et collective des situations événementielles, considérées dans l'ensemble de leur complexité » (p. 20). La notion de compétence demande que chacun se représente les cadres des actions qu'il mène (règlements, application de normes, qualité, etc.) et collabore à la bonne santé du système de production. La valorisation des compétences, pensées comme une affaire collective autant qu'individuelle, fait donc entrer dans le cercle de parole toute une catégorie d'agents, désormais devenus acteurs. Ainsi, jamais peut-être les compétences de travail n'auront autant été associées à des compétences linguistiques et communicatives, non seulement parce que la part langagière du travail augmente (avec Internet, les courriels, les messages enregistrés, les texto) mais parce que dans le même moment, le management des entreprises tend à multiplier les prises de parole et les commentaires relatifs à l'activité de travail. Si l'on se focalise justement sur la part croissante des commentaires et des productions écrites et orales qui encadrent l'action professionnelle, il peut être intéressant d'étudier le modèle global de « l'agir communicationnel » développé par l'école de Genève.

19

*Quand faire, c'est dire :
évolutions du travail,
révolutions didactiques ?*

L'*agir au travail : le dit, le fait et le non-dit*

Depuis une dizaine d'années, J.-P. Bronckart et L. Filliettaz développent un programme de recherches sur les «interactions situées», ouvrant sur un champ disciplinaire relativement neuf : «l'analyse des discours et des actions». À cet effet, ils proposent un modèle intégratif, qui s'attache à analyser les interactions non seulement en temps réel (comme le faisait déjà d'ailleurs le groupe Langage et Travail) mais aussi en les insérant dans une dynamique de type chronologique. Cette dynamique amène à prendre en compte : « 1) des discours sur l'action situés en amont de l'action, 2) la textualisation opérant dans le cours de l'action et 3) les fonctions du discours comme médiateur de l'action « dans une analyse critique a posteriori (p. 322). Plus globalement, cette approche en trois temps repose sur la distinction entre "le travail prescrit" (Bronckart, 2004, pp. 120-121), "le travail réel, c'est-à-dire les conduites verbales et non verbales des actants lors de la réalisation d'une tâche" et "le travail interprété" par les actants eux-mêmes (rendu accessible par des entretiens, dont certains peuvent même avoir lieu avant l'action). L'analyste s'attache aux éventuels décalages entre ces différentes représentations de l'action, selon un cadre général d'organisation de la recherche défini par Bronckart (2004, p. 119). Ce cadre est opératoire pour "l'analyse des conditions de réalisation de segments d'agir en situation de travail" ». Ce modèle est très en phase avec les démarches qualité et sécurité intervenant dans certains secteurs d'activité. Il implique une sorte de traçabilité des tâches, commandées, exécutées, puis commentées. Il va de pair avec un retour critique sur ce qui est dit et fait.

Pour le didacticien, un tel cadre conceptuel laisse place aux glissements possibles entre les textes de préfiguration de l'agir, l'action elle-même et sa mise en mots (sa verbalisation). Dans la chronologie esquissée entre «l'amont-entour de l'action» et l'action réalisée, se dessine la possibilité de décalages entre des actions canoniques, des modèles d'actions, attendues et prévisibles, et les actions que traduisent les discours effectivement prononcés, avec leurs manques, leurs court-circuitages, leur gestion au quotidien. Une application de ce modèle à la pose de profilés sur un chantier illustre sa validité (I. de Saint-Georges, 2004). Effectuant l'analyse multimodale de la pose de profilés (servie notamment par un filmage), I. de Saint-Georges constate que le discours de consigne en amont de la pose des profilés n'est pas d'une très grande précision. Cela l'invite à penser qu'un savoir professionnel, porté vraisemblablement par le moniteur ou le chef de chantier, compense ce flou relatif. Et de supposer que «lorsque l'architecte rédige le cahier des charges, il ne spécifie pas finement les actions à accomplir, non seulement parce qu'il ne pourrait jamais préciser dans leurs moindres détails des actions et des gestes à produire sur le chantier pour réaliser la structure qu'il conçoit, mais parce qu'en plus il peut se reposer sur le savoir-faire constitué en mode des travailleurs auxquels il commande l'ouvrage ». (p. 333). Une telle recherche montre que dans les échanges professionnels, il existe du non-dit, une grande part de silence, du conniventiel. À ce titre, enseigner du FLP peut apparaître comme un défi : il faut apprendre à dire, mais il faut aussi faire, dans l'idéal, percevoir les « blancs » du discours, mettre le doigt sur ce qui, dans l'exercice d'une profession, va de soi sans être jamais dit, et qui pose justement problème aux non initiés.

Pour interpréter ces passages sous silence, I. de Saint-Georges emprunte à Scollon la notion de « maillages de pratiques ». Ainsi, « il semble en fait que l'indétermination du cahier des charges soit possible parce que ce type de texte entretient une relation dialectique avec les scripts connus des plafonneurs (les maillages de pratiques). » (2004, p. 333). Reprenant le cadre théorique de la *Mediated Discourse Theory* de la fin des années 1990[1], I. de Saint-Georges précise que « Les discours sociaux, dans cette perspective, sont vus comme configurations plus ou moins stables de comportements – des configurations d'actions ou des "maillages de pratiques" *(nexus of practice)* – quasi sédimentées à force de répétition dans le temps. Ces maillages de pratiques sont toujours associés à des manières de parler, de ressentir, d'évaluer, de concevoir le monde, etc. Existant sur des échelles de temps plus importantes que les actions individuelles, leur caractère stable et répétitif leur donne souvent un pouvoir configurant sur les actions et les interactions dont ils permettent la réalisation. En retour, cependant, les actions individuelles sont aussi elles-mêmes constitutives des maillages de pratiques et peuvent également participer à leur stabilisation ou, au contraire, à leur modification ». (pp. 322-323). Tout le côté conniventiel des discours et des actions en contexte professionnel est ainsi révélé et objectivé.

Si l'on adopte cette conception des choses, il devient difficile de dissocier les compétences discursives et langagières des compétences « métier », car le plan du dire et celui du faire s'interpénètrent au sein même des compétences professionnelles. Cette intrication est exprimée, entre autres, chez de Montmollin (1986, pp. 121-122) : « la compétence professionnelle, qui correspond en fait à ce que nous préférons appeler compétences tout court (notez le pluriel) : ensembles stabilisés de savoirs et de savoir-faire, de conduites types, de procédures-standards, de types de raisonnement [...] qui sédimentent et structurent les acquis de l'histoire professionnelle : elles permettent l'anticipation des phénomènes, l'implicite dans les instructions, la variabilité dans la tâche. ».

1. Une présentation récente de ce courant peut être trouvée dans Norris S. et Jones R.H. (2005), *Discourse in action. Introducing mediated discourse analysis*, Routledge.

21

*Quand faire, c'est dire :
évolutions du travail,
révolutions didactiques ?*

Ainsi les expériences accumulées, les techniques transmises, forment elles une somme «silencieuse» dans laquelle l'individu puise pour faire face aux tâches qui se présentent à lui. Cet ensemble, en amont de l'action, ne se laisse pas cependant appréhender comme un réservoir de comportements et de discours figés. De fait, si les compétences professionnelles forment un fond commun de ressources mobilisables dans l'action, qui tiennent de la mémoire collective et de l'expérience individuelle, on peut néanmoins développer une conception dynamique de la notion de compétence, à l'image de ce que proposent J.-P. Bronckart et E. Bulea (2005, pp.218). Ainsi «Dès lors qu'il est (quasi) unanimement admis que les connaissances, savoir-faire, schèmes, etc. "se construisent dans l'action" (voir l'œuvre de Piaget), ces ressources, même si elles sont réorganisées sous les deux régimes en interaction de la personne d'une part, des systèmes collectifs de savoirs formels d'autre part [...], devraient quand même conserver des "traces" (aussi enfouies que l'on voudra) des situations d'agir dans le cadre desquelles elles ont été construites. Et le processus "compétentiel" aurait alors trait à *la capacité, en situation d'agir, de retrouver et d'exploiter les traces que les ressources, en dépit de leur re-structuration, conservent des situations d'agir antérieures qui les ont engendrées, traces qui parce qu'elles sont issues de l'agir peuvent à tout moment y être réinjectées.* [...]. Dans cette perspective "le compétentiel" ne peut être dissocié de l'agir même ; il en est au contraire une propriété constitutive : sans l'agir, les compétences-ressources ne peuvent rien produire, ni se (re)produire ; réciproquement, l'agir – tout situé qu'il soit – ne peut se déployer ni en *pure* contingence, ni en pure répétition, mais requiert nécessairement la sollicitation et le traitement de ces traces dynamiques dans les ressources d'une personne.»Au travers de cette notion de processus compétentiel se joue, à nos yeux, la question de l'autonomie dans l'action (la capacité à choisir, à décider, à innover) mais aussi celle de la conformité de l'action, de sa recevabilité, dans un milieu professionnel donné (ce qui au plan discursif, rejoint la notion d'écriture ou de prise de parole «légitime», développée notamment par J.-C. Beacco). Cela met sur le devant de la scène les cultures professionnelles et les cultures domaniales, rarement explicitées pour les métiers manuels, en particulier. Or ces cultures conditionnent conjointement le «dire» et le «faire». Conditionner signifie qu'elles influencent le «dire» et le «faire» mais leur servent en même temps de substrat pour des évolutions vers du différent. Dans cette optique, les cultures professionnelles sont aussi importantes, si ce n'est plus - pour accéder à la maîtrise du volet langagier au travail – que «la» culture cultivée et que la culture «quotidienne», telles qu'elles se jouent d'une langue et d'un pays à l'autre.

On peut bien entendu chercher à isoler des cultures professionnelles par branches d'activité ou par métier, mais la tâche paraît ardue. Il est plus courant aujourd'hui, à la suite de P. d'Iribarne (1989), de postuler l'existence de cultures de travail à l'échelle d'une nation. Ainsi, pour parvenir à cerner les paroles et les comportements attendus comme «allant de soi» en France, on relira en particulier *La Logique de l'honneur: gestion des entreprises et traditions nationales* (1989), qui définit un mode d'exercice des métiers «à la française» (différent du modèle américain et du modèle hollandais). Selon d'Iribarne, dans tous les pays industrialisés, il existe – dans les usines – «un découpage général des attributions entre un ensemble de services (services de fabrication, d'entretien, services généraux) et de niveaux hiérarchiques (directeur d'usine, chefs de service, contremaîtres, etc.) à première vue semblable d'un pays à l'autre. De même, il existe des procédures (consignes techniques, circulation de l'information) qui ne sont pas sans analogies. Mais dès qu'on regarde de plus près, des différences frappantes apparaissent» (pp. 21-22). Elles tiennent essentiellement à la façon dont un Français, un Américain, un Hollandais, ou tout autre ressortissant d'un quelconque pays conçoit son rôle au travail, imprégné qu'il est de sa culture d'origine et des représentations du «bien faire» que chaque société véhicule. Si l'on se limite au cas français, il apparaît que chacun se sent «maître à bord» dans son poste de travail, ce qui présente à la fois des avantages et des inconvénients. Chacun fait ainsi ce qu'il estime être son travail, à chaque échelon de la hiérarchie. Cela permet à un ouvrier de prendre des initiatives fortes quand il juge qu'il y a un risque de panne ou d'accident, quitte à outrepasser le règlement. Mais cela conduit aussi à percevoir tout contrôle comme une intrusion: chacun «sait ce qu'il a à faire» et la moindre vérification est vécue comme une atteinte à la sacro-sainte affirmation «je connais mon travail». Bien des reproches et des justifications ne se comprennent que si l'on se représente cet arrière-plan tacite à l'exercice de toute profession. Or ce substrat échappe souvent aux migrants ou aux jeunes n'ayant jamais intégré le monde du travail, mettant en péril leur bonne intégration dans des équipes ou leur employabilité aux yeux de la hiérarchie.

En toute rigueur, pour servir les publics les plus démunis face à l'emploi, il faudrait donc que l'enseignant parvienne à penser les discours professionnels dans leur articulation à ce que nous avons nommé (F. Mourlhon-Dallies, 2007 à paraître) les postures professionnelles, les logiques d'exercice des professions et les modes de raisonnement prédominants dans un domaine donné. Or bien souvent, il existe peu de données objectivées de ce type, ce qui suppose une enquête approfondie dans les milieux professionnels concernés. Et même lorsque ces données sont rassemblées, elles ne sont pas exploitables directement. En effet, les plans langagier et discursif ne se confondent

23

*Quand faire, c'est dire :
évolutions du travail,
révolutions didactiques ?*

pas avec le plan linguistique, celui de la langue pensée comme un système rationalisé descriptible, décroché des contextes d'emploi. Autrement dit, il reste à déterminer comment identifier, à partir des postures, logiques et modes de raisonnement qui ressortissent des cultures professionnelles, les mots, tournures, expressions à faire acquérir en cours de langue. Et dans un même temps, il faut également donner à entendre les silences, les non-dits, les sous-entendus, si l'on veut que les nouveaux arrivants (étrangers, migrants, natifs non initiés) soient «opérationnels» au travail.

La prise en compte de ce côté conniventiel du travail est particulièrement importante afin de gérer correctement «les situations de crise» qui aboutissent bien souvent à un renvoi ou à une déconsidération. Pour que les formations linguistiques apportent un réel «plus», il conviendrait à cet égard d'isoler :

• des tournures clés qui décrivent des attitudes et des réponses «plus ou moins acceptables» dans les situations d'urgence et de conflit ;

• des pans d'argumentaires permettant de préciser la recevabilité de justifications, d'accusations, d'excuses (proches alors d'un retour critique sur la mise en œuvre d'actes de parole) ;

• des éléments paraverbaux liés à des aspects phonologiques de la prise de parole orale (ton, force de la voix). Cette dimension paraverbale est particulièrement importante pour trouver sa place dans le monde du travail, d'autant qu'elle se combine également à du kinésique (gestes, postures) variable fortement selon les cultures et les domaines.

Ces différents éléments devraient entrer dans des tâches consistant à analyser et à commenter des situations problèmes, typiques des métiers ou des secteurs d'activité auxquels les apprenants se préparent à accéder (ou dans lesquels ils sont peut être déjà plongés). Toutefois, pour les métiers de bas niveau de qualification qui font actuellement irruption dans le domaine des formations linguistiques professionnalisantes, une telle mise en regard des cultures professionnelles (avec leurs habitudes et leurs non-dits) et des outils linguistiques à maîtriser peut paraître une gageure. Quand la parole se situe en retrait ou en-deçà du geste (comme dans l'artisanat, les métiers d'art, les soins aux personnes), la simple mise à plat des mots en circulation s'avère trop limitée, comme le souligne. E. Letertre (2006) : «les ouvriers étrangers retiennent les "mots de passe" et décodent les activités à effectuer en observant les mouvements et les déplacements de leurs collègues, la disposition du matériel dans l'environnement physique. Les "ficelles" sous entendues du métier sont partagées, sans qu'il soit besoin des mots. On utilise souvent le geste pour décrire une action, expliquer une tâche, faire référence à une tâche antérieure :

"fais comme ça", "tu vois ce que je veux dire". Les langages gestuels reposent sur le principe d'économie verbale. Les savoir-faire sont très peu verbalisés. ». Dans ce témoignage se lit toute la difficulté de faire tenir dans une approche purement linguistique ce qui se joue dans les interactions au travail. Les mots et les agencements du discours véritablement porteurs des pratiques et des conduites professionnelles sont empreints de banalité et d'indétermination (ça, tu vois) du fait de la prégnance d'une culture du geste professionnel et de l'apprentissage « sur le tas », par l'exemple. D'où l'intérêt de conduire une analyse du travail, guidée par des modèles de représentation de l'activité professionnelle construits en collaboration avec des professionnels des domaines concernés.

L'individu dans les dispositifs de travail : espaces et temporalités croisés

Au vu des mutations intervenues dans l'organisation du travail, on ne sera pas surpris de ce que le champ de l'analyse du travail ait connu un certain nombre de changements conceptuels ces vingt dernières années. On est ainsi passé d'une vision centrée sur l'individu à une vision centrée sur les communautés collaboratives, voire sur les dispositifs de travail, avec tous les chaînages d'actions que cela implique. Comme le rappelle D. Potocki Malicet (2005, pp.91-96), on a délaissé à la fin des années quatre-vingt l'ancien mode de gestion par postes de travail (avec leurs qualifications associées et leurs grilles indiciaires) pour adopter un management des compétences, beaucoup plus transversal, qui met l'accent sur la collaboration et l'échange entre personnes occupant des postes de travail différents les uns des autres. Ce nouveau positionnement a eu d'importantes conséquences sur les référentiels métiers et sur leur structuration. Dans de nombreux pays, on s'est mis à décrire des compétences clés (comme G. Evequoz en Suisse) ou des compétences essentielles (comme en témoigne ici même l'article des Canadiennes S. Dancose et M. Kayed). Le fait qu'on privilégie des compétences transversales à tous les postes de travail témoigne d'un changement important d'orientation dans la description des métiers : on s'attache en effet à saisir le spécifique (ce qui est propre à tel ou tel métier) à partir du commun (pensé comme ce que requiert toute activité de travail en termes d'employabilité).

À cet égard, une étude sur les agents d'accueil des musées, dont le détail sera donné dans ce numéro par I. Martinetti, présente un cas fort intéressant de descripteur métier. Ce référentiel insiste sur l'existence de quatre zones, de quatre espaces de travail, qui dessinent des types

25

*Quand faire, c'est dire :
évolutions du travail,
révolutions didactiques ?*

de tâches et d'interactions différenciées (l'espace privatif, l'espace d'accueil, l'espace d'exposition, le poste Chef). En extrapolant, ce raisonnement par « espaces » nous a inspiré un modèle de l'activité de travail par cercles concentriques ; nous proposons d'appeler « zone privative », celle où la personne travaille à huis clos, sans interactions en face à face, ni échange téléphonique (ce qui ne l'empêche pas de lire ses courriels, d'y répondre, de téléphoner et de laisser un message sur un répondeur) ; nous proposons ensuite de parler de « zone collaborative » pour tout ce qui concerne les échanges entre collègues, et la part de travail entre professionnels ; enfin, on parlera de « zone client » pour les interactions de services, en présence ou médiées par ordinateur, téléphone, etc.

Ces « zones » sont des espaces symboliques, car en pratique, on peut tour à tour, à un guichet, se trouver seul, avec un collègue ou face à un client. Mieux, il se peut qu'on lise un message de collègue sur l'ordinateur tout en parlant à un client, avec une sorte de co-activation de différentes « zones de travail ». Si l'on adopte ce modèle de l'activité de travail, tous les discours professionnels peuvent être distribués, pour un emploi donné, en prenant en compte à la fois le poste de travail (individuellement circonscrit, aux plans technique et discursif) et le réseau d'interrelations que suppose aujourd'hui tout travail (c'est-à-dire l'amont et l'aval de l'activité de travail). Cela permet alors de cerner toute une gamme de possibilités d'interventions en français langue étrangère et seconde. Si par exemple, on ne vise que quelques interactions en zone client, il y a fort à parier que l'on adopte une méthodologie de type Français sur Objectif Spécifique, ciblant des compétences partielles, par exemple pour un public d'étrangers au contact de clients (touristes, patients, etc.) français. Si on balaye les trois espaces, on mène une formation de type FLP, qui prend en compte tous les aspects de l'activité de travail (F. Mourlhon-Dallies, 2006), y compris ce qui se joue en coulisses, entre collègues ou au plan juridique, avec la prise en compte des statuts professionnels et de la responsabilité individuelle (en zone privative). Si l'on évoque les principaux aspects de chaque zone, en partant de la relation client pour aller progressivement vers la connaissance de différents postes de travail dans leur dimension collaborative et privative, alors il y a de bonnes chances que l'on soit en train d'initier son public au fonctionnement d'un domaine, de passer d'un enseignement du français général à un cours de français de spécialité.

L'intérêt du modèle d'activité que nous proposons, avec ces zones, est également d'éviter certains oublis. Les didacticiens et les formateurs (y compris en FOS ou en français de spécialité) sont en effet marqués par ce qui se joue habituellement en classe de langue « généraliste », en matière de compétence d'expression et de compréhension. Dans le matériel de français de spécialité, l'expression orale est en particulier presque toujours pensée dans des situations de face à face, comme dans les dialogues enregistrés des manuels de FLE inspirés de l'approche communicative. Ainsi, on appelle les étudiants à reproduire dans des jeux de rôles des scènes qui reprennent des configurations de situations quotidiennes (dialoguées), avec des personnages qui miment des échanges entre professionnels. Cela amène à laisser de côté des situations de travail courantes de polylogue (avec des personnes en face à face et un interlocuteur au téléphone sur le mode haut parleur) ou à l'inverse des «monologues» très usités (favorisés par les dictaphones). De toute évidence, l'activité professionnelle implique la diversification des prises de parole : on peut ainsi enregistrer une annonce téléphonique, quand on est seul, au calme, en disant par exemple que l'établissement est fermé entre telle date et telle date, si on est réceptionniste dans un hôtel. On tentera aussi, entre deux clients, quelques coups de téléphone, qui se heurteront à des répondeurs, faute d'avoir pu véhiculer des conversations téléphoniques. Au travail, la production orale ne se ramène pas toujours à une interaction qui prendrait la forme d'un échange alterné en co-présence. Dans la sphère privée, cela arrive aussi de plus en plus, avec le développement de tous les moyens de communication en temps différé que sont les courriels, les texto, etc. Mais dans le travail, l'harmonisation des temps individuels dans les projets collectifs (Zarifian, 1996, pp.49-56) fait que l'action se construit presque systématiquement au fil d'échanges qui se décalent, se croisent, parfois même se «loupent» au gré des déplacements à l'extérieur, des réunions en interne (qui font sortir temporairement certains interlocuteurs de leur bureau), des absences imprévisibles. Toute prise de parole (ou tout message écrit), au travail, comporte le risque d'être différée au plan de sa réception, y compris en face à face («tu me parleras de cela un autre jour»); si cela arrive aussi hors du travail, la proportion de mise en attente de la communication et de délai dans les réponses, est – on peut l'espérer – moindre. Aussi pensons-nous que les décalages et les mises «en traitement différé», constitutifs du travail collaboratif entre des personnes situées en des lieux différents, devraient être traités au plan linguistique, dans les programmes de FLP, et ce dans toutes les branches professionnelles et pour tout métier, puisque c'est une donnée transversale tenant à l'organisation du travail actuelle.

En allant plus loin dans l'étude de la réorganisation des espaces symboliques et de la temporalité du travail, il conviendrait également de traiter de phénomènes plus nouveaux encore, qui relèvent de la pénétration du travail dans la sphère du privé. Cette évolution est en particulier décrite par J. Greenbaum (2006), dans son chapitre «Le bureau de demain se situe partout». D'après cette universitaire (et par ailleurs syndicaliste très critique), «caché à pleine vue est le fait que

27

*Quand faire, c'est dire :
évolutions du travail,
révolutions didactiques ?*

tandis que le rythme de chaque activité s'accélère et se mêle aux autres nous devons considérer non pas tant les transformations vécues de la division du travail que la façon dont nos environnements physiques fusionnent. Comme je l'ai noté à travers ce livre, les chercheurs ont étudié comment le travail a été réorganisé et la technologie conçue pour accélérer et fusionner ses méthodes. Mais les plus récentes formes d'arrangements du travail doivent l'être en termes de **où et quand ils sont accomplis et comment ils coexistent avec de multiples activités**. Tout signale une hausse des niveaux de stress à la maison, au bureau et sur le trajet. Mais ces activités hybrides et les lieux où elles s'effectuent semblent surgir d'un usage accru des technologies mobiles (téléphones et ordinateurs portables, accessoires Palm, et autres appareils) destinés à soutenir la réorganisation vie professionnelle/vie privée. » (p. 109).

Une piste pour des recherches ultérieures serait donc d'étudier non pas seulement ce que l'on fait ou ce que l'on dit, mais ce que l'on fait (ailleurs, et de différent) tout en parlant ou en écrivant (à propos d'autre chose), c'est-à-dire d'approcher l'individu au travail comme **quelqu'un d'engagé simultanément dans plusieurs tâches ou plusieurs actions**. Nous faisons l'hypothèse qu'une telle réalité, faite de tâches conduites en parallèle, doit laisser des traces dans les discours tenus au travail, traces pouvant être au plan linguistique objectivées.

Cette hypothèse rencontre des travaux récents, qui tendent à étudier les interactions en situation professionnelle dans leur enchevêtrement effectif. L. Mondada (2006) cite par exemple le cas des centres d'appels téléphoniques, « où les opérateurs répondent aux clients tout en traitant des informations sur différents écrans ou sur papier », appelant à « un élargissement des objets classiquement traités en analyse conversationnelle » (p. 11). Ce serait là un véritable défi que d'intégrer une réflexion de ce type dans l'enseignement du FLP. Ce serait également un beau champ de recherche pour l'analyse de discours autres que professionnels, champ de réflexion déjà en partie ouvert depuis une bonne dizaine d'années en Sciences du langage. En effet, à en croire F. Darbellay (2005, p. 155), « le glissement de l'analyse du/de discours à l'analyse des discours n'est pas un simple caprice grammatical de pluralisation artificielle de la science du discours, elle entend au contraire signifier l'intégration de la diversité et de la plurisémioticité des pratiques discursives ». Et de souligner : « L'hétérogénéïté sémiotique constitutive des pratiques discursives, où les activités matérielles et les pratiques sémiotiques (geste, parole, écriture) s'entremêlent : différents types de représentations sémiotiques (textes écrits, écrans, tableaux, représentations graphiques, maquettes, etc.) y sont en situation de contacts intersémiotiques ».

Et ensuite…

Au terme de cette étude des évolutions du travail et de leurs impacts sur l'enseignement des langues à des fins professionnelles, récapitulons tous les chantiers à mettre en œuvre si l'on veut prendre acte des changements intervenus. Dans le contexte évoqué, il conviendrait en particulier :

- de prendre pleinement en compte le caractère multicanal des activités de travail ;
- de penser les discours tenus dans leurs enchaînements d'un support à l'autre ;
- d'insister sur la gestion concomitante de plusieurs tâches de type différent, dans une perspective d'enseignement « actionnelle » qui englobe conjointement celles-ci dans leur complexité ;
- de considérer que la prise de parole (son moment, ses rituels, sa légitimité) est aussi importante que ce qui est dit ;
- de penser que le non-dit structure le dit (tant au plan des cultures professionnelles que du complexe langue/culture) et donc, de donner à entendre « les silences » tout autant que de faire apprendre des listes de mots (ou des éventails de formes associées à des actes de parole) ;
- de penser, comme y incite le CECR qui a mis en avant la « compétence d'interaction », les compétences en langue autrement qu'au travers du filtre didactique des « quatre compétences » de communication.

Tous ces points demandent de considérer avec plus d'attention l'articulation du langagier au linguistique. Ils ont également le mérite d'ouvrir la réflexion au-delà des discours professionnels et de l'activité de travail, en élargissant la vision que l'on peut avoir des activités quotidiennes et de toute communication interpersonnelle. C'est tout l'intérêt fédérateur d'une discipline (dite d'emprunt) comme la didactique des langues et des cultures, que d'être capable de solliciter différentes disciplines « en amont » afin de servir un projet d'enseignement/apprentissage particulier, en l'occurrence autour de la notion de Français Langue Professionnelle. On se trouve là dans un cas de transdisciplinarité (Darbellay, 2005, pp. 45-50), laquelle « se définit comme une vision globale et intégrée, qui réorganise les savoirs disciplinaires en vue de la compréhension d'un objet complexe ».

Cette « réorganisation des savoirs » en est à ses débuts dans le présent article. L'étape suivante demanderait :

29

*Quand faire, c'est dire :
évolutions du travail,
révolutions didactiques ?*

• d'élaborer des référentiels de compétences en FLP, avec à l'horizon de nouvelles certifications à l'articulation du linguistique et du professionnel ;

• de croiser les méthodologies du FLS avec les approches FLP pour les publics nouvellement touchés par les problématiques de la langue au travail ;

• d'identifier les infléchissements que l'approche FLP entraîne (par exemple, en matière de création d'exercices) par rapport à ce qui était jusqu'alors proposé en français de spécialité ou en français sur objectifs spécifiques.

Vaste programme, dont les contributions de ce numéro esquissent les contours, souvent novateurs.

Bibliographie

ARDOUIN, S. *Ingéniérie de formation pour l'entreprise : analyser, concevoir, réaliser, évaluer*, Paris, Dunod.

BORZEIX, A. et FRAENKEL, B. (2001), *Langage et travail. Communication, cognition, action*, CNRS ÉDITIONS.

BOUTET, J. (2005), « Genres de discours en situation de travail », dans Filliettaz L. et Bronckart J.P. (dir.), *L'Analyse des actions et des discours en situation de travail. Concepts, méthodes et applications*, Louvain-la-Neuve, Peeters, BCILL, 19-35.

BOUTET, J. (2002), « La part langagière du travail, bilan et perspectives », *Langage et Société*, 98, Paris, 17-42.

BOUTET, J. (1995), *Paroles au travail*, Paris, L'Harmattan.

BOUTET, J. (1993), « Activité de langage, activité de travail », *Futur antérieur*, 1993/2, n°16.

BOUTET, J. & MAINGUENEAU, D. (2005), « Sociolinguistique et analyse de discours ; façons de dire, façons de faire », *Langage et Société*, 15-47.

BRONCKART, J.-P. & BULEA, E. (2005), « Coda : pour une approche dynamique des compétences (langagières) » in *Repenser l'enseignement des langues : comment identifier et exploiter les compétences*, dans Bronckart J.-P., Bulea E. et Pouliot M. dir. Lille, Presses Universitaires du Septentrion, pp.193-227.

BRONCKART, J.-P. & FILLIETTAZ, L. (2005), *L'Analyse des actions et des discours en situation de travail. Concepts, méthodes et applications*, Louvain-la-Neuve, Peeters.

CANDLIN, C. N. et alii (2002) *Research and practice in professional discourse*, City University of Hong Kong Press, Hong Kong.

CHARDENET, P. (2004), « Processus qualifiants et objectifs spécifiques. Évaluer l'attendu et l'imprévu en langue étrangère », in *Le français dans le monde*, n° spécial Recherches et applications : Objectifs spécifiques : de la langue aux métiers, FIPF et Cle International, pp. 148-156.

DARBELLAY, F. (2005), *Interdisciplinarité et transdisciplinarité en analyse des discours*, Genève, Slatkine.

EVEQUOZ, G. (2004), *Les Compétences clés*, Collection : Entreprise & Carrières, Éditions Liaisons.

DE FERRARI, M. & MOURLHON-DALLIES, F. (2005), *Développer la formation linguistique au titre de la formation professionnelle continue en entreprise*, étude DPM, publiée sur le site www.clp.asso.fr.

GOTTI, M. & DAVIDE, S. éds (2006), « New Trends in Specialized Discourse Analysis », *Linguistic Insights*, Vol. 44, Berne, Peter Lang.

GOTT, M. & SALAGER-MEYER, F. eds (2006), « Advances in Medical Discourse Analysis : Oral and Written Contexts, *Linguistic Insights* Vol 45, Berne, Peter Lang.

GREENBAUM, J. (2006), *Fenêtres sur les lieux de travail*, éd. Myoho, traduit de l'anglais *Windows on the Workplace* (2004), Monthly Review Press.

GRÜNHAGE-MONETTI, M. & HOLLAND, C. & SZABLEWSKI-ÇAVUS, P. (Eds.) (2005), *Training for the Integration of Migrant and Ethnic Workers into the Labour Market and Local Community*, Baltmannsweiler, Schneider Verlag.

GRÜNHAGE-MONETTI, M. (2004), *Odysseus : la deuxième langue sur le lieu de travail. Les besoins linguistiques pour les travailleurs migrants : l'organisation de l'apprentissage des langues à des fins professionnelles*, Conseil de l'Europe.

D'IRIBARNE, P. (1989), *La Logique de l'honneur*, Paris, le Seuil.

D'IRIBARNE, P. et alii (1998), *Cultures et mondialisation. Gérer par delà les frontières*, Paris, le Seuil.

LEHMANN, D. (1993), *Objectifs spécifiques en langue étrangère : les programmes en question*, Hachette, Références.

31

*Quand faire, c'est dire :
évolutions du travail,
révolutions didactiques ?*

Letertre, E. (2006), « Les mots pour construire », *Points communs* n°27, Chambre de Commerce et d'Industrie de Paris. pp. 8-12.

Mangiante, J.-M et Parpette, C. (2004), *Le français sur objectif spécifique*, Hachette.

Martinetti, I. (2006), « Prendre en compte les actions de formation linguistique dans les plans de formation continue. Le cas des agents d'accueil et de surveillance des musées », *Mémoire professionnel de Master 2*, Université Paris 3 et DGLFLF.

Mondada, L. (2006), « Interactions en situations professionnelles et institutionnelles : de l'analyse détaillée aux retombées pratiques », in *Revue française de linguistique appliquée*, XI-2, pp. 5-16.

de Montmollin (1986), *L'Intelligence de la tâche*, Berne, Peter Lang.

Mourlhon-Dallies, F. (2007 à paraître), « Langue de spécialité et logiques professionnelles : enseigner le français en fin de cursus professionnalisant » in *Apprendre une langue de spécialité : enjeux culturels et linguistiques*, Actes du colloque des 14-15 septembre 2006, Presses de l'école Polytechnique.

Mourlhon-Dallies, F. (2007), « Du français sur objectifs spécifiques au français langue professionnelle », Rencontres des 2-3.06.06, *Apprendre le français dans un contexte professionnel*, DGLFLF, pp. 28-33.

Mourlhon-Dallies, F. (2006), « Penser le français langue professionnelle », *Le français dans le monde*, n°346 de juillet. FIPF et Cle International, pp. 25-28.

Norris, S. et Jones, R.-H. (2005), *Discourse in action. Introducing mediated discourse analysis*, Routledge.

de Saint-Georges, I. (2004), « Actions, médiations et interactions : une approche multimodale du travail sur un chantier », *Cahiers de linguistique française* n°26, « Les modèles du discours face au concept d'action », Université de Genève, pp. 320-341.

Potocki Malicet, D. (2006), *Éléments de sociologie de l'entreprise*, Paris, Economica.

Puren, C. (2006), « La perspective actionnelle. Vers une nouvelle cohérence didactique », *Le français dans le monde* n° 348, FIPF et Cle International, pp. 42-44.

Zarifian, P. (1996), *Travail et Communication. Essais sociologiques sur le travail dans la grande entreprise industrielle*, Paris, PUF.

Former en langue des salariés immigrés dans l'entreprise : nouvelles orientations didactiques

MATILDE GRÜNHAGE-MONETTI
(INSTITUT ALLEMAND DE LA FORMATION DES ADULTES, BONN)

Dans cet article, nous proposons un cadre théorique permettant d'envisager la formation linguistique des salariés immigrés comme un cas spécifique d'intervention didactique. Ce cadre a été développé par une équipe internationale de chercheurs, engagés dans différents projets européens ayant donné lieu à des publications antérieures (*Odysseus* en 2004, *TRIM* en 2005). Plusieurs pays (Allemagne, Italie, Pays scandinaves, etc.) et plusieurs secteurs d'activités (industrie, pêcherie, aide à la personne) ont été pris en compte pour nourrir la réflexion et lui donner un caractère transversal. C'est le caractère cumulatif de ces recherches qui donne une légitimité à notre propos, dans une problématique qui n'est pas purement française, même si la présente publication porte sur le français professionnel et ses principales déclinaisons. Nous entrerons donc ici dans la problématique de l'enseignement/apprentissage de la langue du pays d'accueil en contexte de travail pour des migrants, que nous avions nommée dans le cadre du projet *Odysseus* : « la seconde langue sur le lieu de travail ». Pour les besoins de l'exposé, nous partirons de cinq études de cas repérés en Allemagne. Nous les analyserons afin de nous interroger sur les composantes de formation qui font qu'on propose un enseignement de qualité au plan linguistique puis nous en déduirons les conséquences pour la formation des formateurs.

Cas et problématiques

Chacun des cas examinés correspond à une personne : Caterina, Vladimir, Ludmilla, Rosa et Mohammed, des immigrés salariés qui vivent en Allemagne. Ces extraits de leurs biographies professionnelles ont étés rédigés à partir d'expériences réelles de formateurs : Andreas Klepp, Université populaire de Braunschweig, Priscilla Harris Brosig, Berami, Francfort-sur-le Main, Marianne Faust, Université populaire de Velbert-Heiligenhaus et nous-même.

Caterina est italienne. Elle travaille depuis de nombreuses années dans une usine de carton. Elle sait manipuler un certain nombre de machines, a travaillé dans différents services, accomplit son travail de manière efficace. Son allemand n'est pas correct mais elle se fait comprendre. Son stress actuel est dû au fait que l'entreprise est engagée dans une démarche de certification. Des inspecteurs venus de l'extérieur et des clients lui posent des questions sur son activité et sa contribution à la démarche qualité, ce qu'elle doit faire en allemand.

Elle ne s'en sent pas capable : « Avant, on n'avait pas le droit de parler pendant le travail ». Elle se souvient en particulier d'une phrase de son premier contremaître. Chaque fois qu'il surprenait des ouvriers en train de parler, il leur criait : « On n'est pas là pour parler ! ». Et maintenant il faudrait qu'elle s'exprime sur son travail ! (D'après Andreas Klepp, VHS Braunschweig)

Vladimir est un Allemand de Russie qui se forme « sur le tas » dans une entreprise de menuiserie, apprend les termes techniques en allemand, comprend les instructions et consignes dans l'atelier, et s'entend bien avec son chef et ses collègues de travail. Mais à la fin de la période d'essai, l'entreprise refuse de prolonger son contrat de travail, lui reprochant de ne pas être en mesure de se charger seul des livraisons. En effet il y a eu des plaintes : froideur excessive, explications insuffisantes sur les problèmes techniques ou les retards de livraison. (D'après Andreas Klepp, VHS Braunschweig).

Ludmilla est ukrainienne, elle va sur ses quarante ans, elle est titulaire d'un diplôme d'ingénieur qui n'est pas reconnu en Allemagne. Elle travaille dans une usine de savon et suit une formation linguistique pour femmes qui a lieu le soir. En cours, elle rend compte d'un incident qui s'est produit dans son entreprise. Une collègue turque, un peu plus âgée qu'elle, a signalé le dysfonctionnement d'une machine. Le contremaître a fait venir le technicien chargé de la réparation des machines, lequel s'en est pris à la collègue turque : « Qu'est-ce que vous avez encore fait ? — Moi rien faire. Machine cassée sans rien faire. — Il faut toujours que les femmes cassent quelque chose, dans cette boîte ! » Ludmilla est indignée parce que ce n'est pas la première fois que ce genre de remarques se produit. Le contremaître fait toujours mine de n'avoir rien entendu. L'entreprise s'est dotée depuis peu d'une déléguée aux droits des femmes. Ludmilla a déjà pris rendez-vous. (D'après Priscilla Harris Brosig, Beramí)

Rosa est Espagnole. La cinquantaine, elle vit depuis plus de 20 ans en Allemagne. Son allemand est incorrect d'un point de vue grammatical mais elle est très communicative. Elle a une solide expérience professionnelle et jouit de l'estime de ses collègues et supérieurs. Lors des réunions d'équipe elle donne son avis et fait souvent des propositions intéressantes. A la suite d'une promotion, elle doit être en mesure de fournir des écrits. Son entreprise lui offre de participer à une formation interne, ce qu'elle fait. Rosa fait part de sa frustration à la formatrice et au reste des apprenants. Bien qu'inutiles, les tâches écrites lui demandent beaucoup d'efforts, personne ne lit ! Avant il n'y avait pas tout ça à écrire. Elle montre à la formatrice un protocole, texte truffé d'erreurs et dépourvu de plan. (D'après Marianne Faust, VHS Velbert-Heilenhaus)

Mohammed est kurde, originaire d'Irak. Il travaille dans une entreprise de nettoyage industriel. Au bout de quatre mois il perd son emploi. Motifs : il aurait souvent omis de signaler au contremaître des dysfonctionnements sur les machines de nettoyage ; accusé d'être à l'origine des dysfonctionnements, il n'aurait pas été en mesure de se défendre ; il n'aurait pas non plus été en mesure d'indiquer avec précision pour quelles raisons certaines tâches n'ont pas été effectuées. (D'après Andreas Klepp, VHS Braunschweig)

Que nous disent ces biographies pour l'enseignement à de tels publics, déjà placés en situation de travail ? Quels actes de communication sont attendus de Caterina, Vladimir, Ludmilla, Rosa et Mohammed ? Quels actes de communication souhaitent-ils/elles maîtriser ? Que doit leur apporter la formation linguistique ? De quelles compétences a besoin le formateur ? Quels cadres théoriques, quelles approches doivent nourrir et vivifier l'offre de formation linguistique et la formation de formateurs ? Quels matériaux doivent les soutenir ?

Quels concepts existent et que doivent rechercher la linguistique et la didactique pour développer une offre qui réponde tant aux besoins et aux intérêts des salariés qu'à ceux des entreprises et du marché du travail ? Une analyse de ces cinq cas nous donnera des indications significatives pour développer une démarche d'apprentissage et d'enseignement.

C atégories d'analyse

Dans les contextes professionnels explorés, le recours à des catégories strictement linguistiques ou langagières pour déterminer les enjeux de formation parait insuffisant. Le langage, au travail, est pris dans un réseau d'enjeux complexes qu'il convient d'expliciter. L'expert australien de *Workplace literacies*, Bill Green, propose des catégories assez simples, mais particulièrement efficaces. D'après lui, le langage revêt trois dimensions : la dimension opérationnelle ou fonctionnelle, la dimension culturelle et la dimension critique, qui caractérisent toutes trois les réalisations authentiques et doivent, à ce titre, être apprises ensemble, et non séparées et dans une progression linéaire (Green 1997).

La dimension opérationnelle ou fonctionnelle regarde la langue comme un système formel. Elle comprend le volet de la correction formelle au niveau du lexique, de la grammaire textuelle, de la morphophologie, syntaxe et phonologie. Au plan des pratiques sociales, elle renvoie à la transaction, au repérage et à l'échange d'informations. Ainsi, « la maîtrise des éléments de la fonction opérationnelle entre dans la représentation commune de ce que doit comporter un cours de langue » (de Ferrari 2006). Caterina, par exemple est prise en défaut pour décrire ses tâches en les rapportant à la démarche qualité de l'entreprise. Rosa doit apprendre à rédiger des textes écrits spécifiques pour son travail comme le protocole d'une réunion d'équipe, un mémo, etc. et Mohammed doit apprendre à signaler avec précision des dysfonctionnements.

Cela étant, nos études de cas montrent que la maîtrise de la dimension opérationnelle ne suffit pas pour agir adéquatement sur le lieu de travail dans le domaine professionnel. La performance langagière de Vladimir et Rosa est déficiente en ce qui concerne **la dimension « culturelle »**. Cette dimension recouvre la capacité à communiquer de façon culturellement correcte et à participer à des pratiques établies. C'est le volet de la pertinence des genres, des types de discours/textes oraux et écrits (que l'ethnolinguistique ou la rhétorique contrastive étudient, entre autres).

La dimension culturelle, qui chez B. Green se réfère probablement à la *literacy* dans un contexte monolingue et monoculturel, s'enrichit qui plus est de considérations interculturelles, lesquelles ouvrent sur l'étude des interactions. Apparemment Vladimir n'est pas capable de conformer sa performance aux attentes culturelles des clients allemands. Ses livraisons à domicile le portent à entrer dans la sphère privée de ses clients. On peut présumer qu'il interagit surtout avec des femmes au foyer. Comment se déroule linguistiquement un service de livraison ou de réparation ? Comment est structuré ce « genre » discursif de visite à domicile pour une prestation de service ? Quelles phases sont prévues d'ordinaire ? Quels rituels sont mis en place pour ne pas apparaître « froid » ou impoli ou au contraire pressant, particulièrement avec une cliente. La socialisation professionnelle de Vladimir s'est accomplie en Russie ; on peut donc faire l'hypothèse d'une culture des services différente de celle de l'Allemagne.

Pour Mohammed la situation est comparable. Peut-être craint-il de signaler au contremaître des dysfonctionnements sur les machines à moins qu'il n'ait eu des expériences négatives et discriminantes comme étranger en Allemagne. Il se peut aussi que les mêmes actes de paroles s'expriment d'une façon différente en arabe. Il est rare que les recherches mettent l'accent sur l'aspect linguistique en matière d'interculturel.

L'expérience de la «différence» lors de rencontres entre «étrangers» le plus souvent ramenée à des différences de normes et de valeurs ou à des différences de caractères, de tempéraments nationaux ; elle est plus rarement rapportée à des différences entre systèmes linguistiques ou discursifs. En Allemagne, certains linguistes comme Ehrlich, Liedke, Müller-Jacquier, Redder, Scheiter etc. plaident pour une approche linguistique dans l'apprentissage interculturel (Liedke/Redder/Schreiter 2002). Ils estiment que ce sont des différences de style de communication entre usagers de systèmes linguistiques différents qui causent dans la plupart des rencontres interculturelles un malaise, de l'irritation, des malentendus et non pas des différences de «culture» ou de caractère (qui amèneraient à déclarer que les Allemands sont agressifs, les Anglais sont hypocrites, etc.). La dimension culturelle de B. Green doit évidemment devenir centrale dans l'enseignement/apprentissage de la langue seconde, et ce particulièrement dans un contexte professionnel. L'entreprise comme «communauté de pratique» (Wenger 1998 ; 2005) a sa propre «culture», qui s'exprime au travers de genres de discours écrits et oraux spécifiques. Ces genres reflètent des normes de pouvoir, des «rôles bien définis, des critères spécifiés, des procédures codifiées, des régulations, contrats» mais aussi des «relations implicites, conventions et règles tacites, allusions subtiles…» (Wenger 1998) plus difficiles à saisir pour un migrant, qui vient par définition d'un ailleurs.

C'est alors qu'entre en jeu **la dimension critique**, qui donne aux apprenants les instruments permettant d'évaluer la signification sociale de la langue dans un contexte donné (to make sense), de saisir signifié et signifiant, ainsi que d'être à même de produire et de transformer (linguistiquement) les pratiques existantes. Est-ce que Caterina ou Rosa ont intériorisé le signifié de tâches attendues d'elles dans la démarche qualité, le but des échanges d'information entre employées et inspecteurs ou clients, la fonction du protocole ? Les responsables de l'entreprise ont-il communiqué ou su communiquer aux salariées les changements de l'organisation et des contenus du travail d'une façon rassurante et leur en indiquer les conséquences concrètes sur leurs tâches ? A-t-on signifié à Mohamed que le fait de rapporter le dysfonctionnement d'une machine ne signifie pas automatiquement que l'on admet en être la cause ? À moins que la culture des entreprises où ils travaillent ne soit contradictoire et caractérisée par le manque de confiance ? Dans un tel cas, le dit ne correspondrait pas au non-dit, ni ce qui est représenté à ce qui est supposé (Wenger, 1998).

37

*Former en langue des
salariés immigrés dans
l'entreprise: nouvelles
orientations didactiques*

Ludmilla discerne ces contradictions; mais elle est consciente du fait qu'elle manque d'outils linguistiques suffisamment nuancés pour intervenir. On peut faire l'hypothèse que Ludmilla a bénéficié d'une bonne éducation, d'une expérience professionnelle plus qualifiée qui l'a mise «de l'autre côté de la barrière». Elle sait comment une organisation fonctionne, quelles procédures sont efficaces et lesquelles sont contreproductives si on cherche à modifier les pratiques existantes. Dans le cas en question, un cas de discrimination, où probablement des aspects tenant au genre (*gender*) et à du racisme sont co-présents, Ludmilla choisit de ne pas intervenir directement auprès du contremaître ou du technicien, mais de suivre le parcours officiel d'une réclamation auprès de la déléguée aux droits des femmes. C'est là qu'entre en jeu l'habileté de l'enseignant de langue à saisir l'occasion pour commenter et analyser l'indignation de Ludmilla – et ce, sans transformer la leçon de langue en une séance féministe ni en revendication syndicale. Il peut alors construire une unité didactique autour du scénario «Réclamation» ou «Comment réagir dans un cas de discrimination». À partir de cette situation concrète d'enseignement, on pourra travailler sur la motivation des autres apprenants et impliquer toute la classe (ou travailler individuellement avec Ludmilla, si le sujet n'a pas de résonance pour les autres). On voit alors combien la prise en compte des «trois dimensions du langage» modifie fortement la nature de l'intervention du formateur, qui n'est plus seulement un professeur de langue.

P rofil du formateur

L'offre de langue seconde au travail – entendue comme pratique sociale pluridimensionnelle – implique divers acteurs dans l'entreprise et en dehors: outre les traditionnels acteurs – apprenants, commanditaires et organismes de formation – entrent en jeu des partenaires nouveaux: agences de l'emploi, collègues, managers aux différents niveaux de la hiérarchie (en allant des contremaîtres aux directeurs des ressources humaines) sans oublier les représentants syndicaux et les clients. Si nous considérons un secteur comme celui de l'aide à domicile et en particulier de l'aide aux personnes âgées (en résidences du troisième âge, en ambulatoire ou à domicile) qui gagne de l'importance dans plusieurs pays européens, l'éventail des partenaires se fait plus large encore. Cela requiert une culture d'enseignement/apprentissage nouvelle, des partenariats inédits, enfin une ingénierie pédagogique innovante (Grünhage-Monetti & Halewjin & Holland 2003; Grünhage-Monetti & Szablewski-Çavus 2005).

Dans cette perspective, les formateurs et leurs organismes de rattachement pourraient devenir de véritables agences du changement (*change agencies*) dans des processus d'apprentissage tout au long de la vie. Mais cela nécessite des savoirs, des instruments et des matériaux nouveaux pour intervenir sur un champ d'action encore peu connu. Différentes disciplines sont appelées à contribuer au développement des fondements nécessaires pour garantir une formation solide du point de vue scientifique, afin d'aboutir à une offre linguistique et pédagogique respecteuse des intérêts des salariés et répondant aux besoins du marché.

Plusieurs propositions ont été effectuées en termes de recherche et de développements méthodologiques dans le projet *Odysseus*, pour le Conseil de l'Europe et son centre de langues modernes à Graz, le CELV, dont *Setting up Partnerships against Social Exclusion at the Workplace* (SEP). Le travail a ensuite été poursuivi par l'ouvrage collectif : *Training for the Integration of Migrant/Ethnic Workers into the Labour Market and the Local Community* (TRIM). Inspirées d'approches principalement australiennes et fortes de leur propre travail scientifique et de leurs expériences de terrain, Holland et Frank ont exploré le profil et les compétences spécifiques des formateurs de *Workplace literacies*, qu'elles considèrent comme profondément différentes de celles des professeurs de classe de langue. Elles ont initié une offre de formation de formateurs, à l'Université de Lancaster, dans le cadre de la formation continue (www.thenetwork.co.uk). Cela étant, leur guide *Breaking down Barriers* n'est pas destiné uniquement aux formateurs de langue seconde, mais il concerne également les enseignants d' alphabétisation et de numéracie sur le lieu de travail (Holland & Frank &Chisholm-Caunt 2001).

Une telle approche a fortement influencé les projets internationaux que nous avons coordonnés. Ainsi, dans le chapitre conclusif de la publication homonyme TRIM, Andreas Klepp esquisse un profil du formateur de langue seconde sur le lieu de travail, en faisant un tableau de ses compétences principales : « *awareness of the workplace context, capacity of analysing workplace communications and training needs, designing courses, knowledge of different approaches, ability to set up co-operations with the key actors at the workplace: learners, employers, vocational trainers, workers' representatives, and to act as communication consultant in the enterprise, last but not least didactic and methodological know-how as well as linguistic background*[1] » (Grünhage-Monetti & Szablewski-Çavus 2005, pp. 72-73).

Un commentaire détaillé de ce profil du formateur d'un nouveau type donne des pistes pour le développement de la formation des formateurs et pour formuler les questions de fond permettant, au plan de la recherche scientifique de créer des bases solides, soit pour la

1. La perception du contexte de travail, l'aptitude à analyser la communication sur le lieu de travail et à conduire l'analyse des besoins de formation, la capacité à concevoir des cours, la connaissance des différentes approches, la capacité d'instaurer des opérations conduites en partenariat avec les acteurs clés du lieu de travail : apprenants, employeurs, formateurs professionnels, syndicalistes, et d'agir comme consultant en communication au sein de l'entreprise, et en dernier lieu, mais non des moindres, la maîtrise du savoir faire didactique et méthodologique autant que celle des fondements linguistiques.

39

*Former en langue des
salariés immigrés dans
l'entreprise : nouvelles
orientations didactiques*

formation linguistique des salariés immigrés soit pour la formation professionnelle de leurs formateurs et des autres acteurs impliqués dans l'offre formative.

On insistera tout d'abord sur la notion d'«*Awareness of the workplace context*» c'est-à-dire de **perception du contexte de travail**. Elle implique le fait de se rendre compte des conditions et circonstances de la communication sur le lieu de travail : il ne s'agit pas seulement de réaliser quelle langue est requise par l'organisation moderne du travail, mais comment elle est pratiquée. Il faut ainsi être capable de cerner quels facteurs – explicites et implicites – déterminent la communication et, en conséquence, la motivation des (potentiels) apprenants à s'engager, ainsi que, pour les autres acteurs, à rendre possible et à soutenir l'offre de formation. Dans tous les contextes, les relations sociales et particulièrement les relations de pouvoir formatent toute communication ; à son tour, la qualité de la communication influe sur toutes les relations interpersonnelles. Sur le lieu de travail, cette interdépendance mutuelle a un impact pourrait-on dire existentiel pour ceux qui sont dépendants et risquent d'en être exclus, comme les salariés et les immigrants. Les «manquements» de conduite peuvent en effet provoquer des licenciements ou des pertes de face.

Le cas de Caterina nous donne un exemple d'un de ces facteurs rarement explicités, qui influence la communication et la motivation à apprendre. Les mots de Caterina révèlent une crise d'identité professionnelle, un conflit interne qui l'occupe et qui la frustre tellement qu'elle en parle avec son formateur. Ensemble, ils identifient avec précision la cause de la frustration : la contradiction entre les normes antérieures qui interdisaient la communication sur le lieu de travail et les normes actuelles qui attendent et même exigent des travailleurs de «méta-communiquer», de verbaliser leur actions et de les évaluer, eu égard au système de management de la qualité. Le dialogue avec les inspecteurs ne vaut pas un échange entre collègues mais comment développer cette capacité discursive, cette compétence discursive si l'on n'a jamais eu la possibilité de la pratiquer ?

L'Australienne Leslie Farrell, qui s'occupe de *Workplace literacies*, souligne que les nouvelles pratiques langagières présupposent de nouvelles identités professionnelles, de nouveaux savoirs professionnels, de nouvelles relations professionnelles sur le lieu de travail. Les nouvelles identités, savoirs, relations sont un défi pour les identités, les savoirs et les relations qui existaient auparavant et ont été intériorisés. Souvent, comme dans le cas de Caterina, les exigences nouvelles contredisent les anciennes. Si ces contradictions ne sont pas repérées et retraitées, elles peuvent causer des frustrations et amoindrir la motivation à apprendre. Dans les recherches conduites dans les projets «*Deutsch am Arbeitsplatz*» (Allemand sur le lieu de travail) et *TRIM* sur la sécurité au travail, les immigrants salariés interviewés ont souvent verbalisé la frustration occasionnée par des contradictions vécues chaque jour au travail entre demandes, règlementations et réalité. Ce qui paralysait leur disponibilité à apprendre n'était pas leur indifférence ou un manque d'intérêt, comme on le croit souvent, mais leur désillusion et l'idée que l'effort nécessaire pour participer activement aux séminaires orchestrant de nouvelles règlementations de sécurité ou pour suivre le cours d'allemand ne servirait à rien, ne changerait rien à la situation (ibidem, p. 27).

Cette interdépendance entre environnement et motivation à apprendre a été explorée par le psychologue danois Knut Illeris, qui a développé une théorie contemporaine et compréhensive de l'apprentissage, au carrefour des recherches européenne, russe et américaine. Pour Illeris l'apprentissage consiste en deux procès simultanés qui s'influencent mutuellement : un procès d'interaction entre l'individu et son environnement et le procès d'acquisition, interne à l'apprenant, entre le pôle cognition et le pôle émotion. C'est l'émotion qui permet de mobiliser les forces psychologiques nécessaires à l'apprenant pour gérer l'effort que lui demande l'apprentissage (Illeris 2003). Le triangle d'Illeris « émotion – cognition – environnement » explique très bien le cas de Caterina. L'entreprise où elle travaille représente l'environnement en question. Le nouveau système de management de la qualité demande un comportement nouveau des employés et définit les contenus de l'apprentissage langagier (cognition). Les contradictions entre pratique actuelle et pratique antérieure causent des réactions émotionnelles négatives et démotivantes chez Caterina, qui se traduisent par un comportement sceptique, peu propice pour l'apprentissage. Pour être efficace, le formateur doit donc comprendre en profondeur la « culture » de l'entreprise et être au clair dans ses relations avec les apprenants, le management, les syndicats et les représentants des ouvriers. Il est indispensable, dans des contextes de mutation du travail en particulier, de bien comprendre les règles du jeu et de faire des choix d'enseignement transparents.

Dans les conclusions fondamentales figurant au terme de *TRIM*, il est aussi question – à propos des nouvelles aptitudes demandées au formateur – d'analyse de la communication et **des besoins** (*analysing workplace communications and training needs*). La langue comme pratique sociale est un instrument privilégié de la communication. Sur tout lieu de travail, la communication constitue donc une part de l'interaction sociale. Comme telle, elle est déterminée et influencée par l'organisation de l'entreprise. Pour développer et réaliser une offre efficace pour les salariés et le management, le formateur doit être à même d'analyser la communication autour du lieu de travail en question. Il doit être en mesure d'identifier les genres de discours et les actes de parole pertinents ainsi que les conditions qui en déterminent la réalisation. Tout cela lui sert d'appui pour construire le curriculum, le matériel didactique et pour définir la méthodologie d'enseignement et d'apprentissage la mieux adaptée. L'outillage nécessaire, inspiré par l'analyse critique du discours de l'école de Vienne et différentes recherches anglo-saxonnes rassemblées dans le champ de la *Workplace literacy*, est exposé dans *TRIM* et *Odysseus*, en donnant des exemples pratiques, mais non exhaustifs. Il faudrait approfondir la démarche en direction de l'analyse critique du discours, en relisant entre autres Wodak (1995) et Menz (2000).

À ce stade, il convient de remarquer que l'analyse traditionnelle des besoins est relativement incomplète, du fait qu'elle se focalise sur les besoins objectifs et subjectifs des groupes ciblés. L'analyse de la communication organisationnelle (ACO) que nous suggérons, s'appuie sur la pratique communicative caractéristique du groupe cible. Ses instruments sont des entretiens avec les différents interactants ainsi que l'observation directe des pratiques communicatives selon la méthode ethnographique. Les exigences linguistiques sur chaque lieu de travail sont alors éclairées en croisant des intérêts et des points de vue différents, qui concourent aux réalisations langagières concrètes. Dans cette optique, les formateurs doivent disposer d'instruments aisés à manipuler pour conduire leur analyse ; ils doivent également être entraînés à les utiliser. Ils ont besoin par ailleurs d'un corpus de documents authentiques écrits et oraux et de savoir conduire leur exploitation didactique en classe : reconnaître les scripts d'action, l'organisation des discours, les structures grammaticales, le vocabulaire, les actes de parole, les stratégies discursives significatives pour leurs apprenants. Mais si les questions didactiques et linguistiques entrent généralement dans leur formation, on remarque qu'ils sont plus démunis dans le champ très exigeant de l'analyse de la communication organisationnelle. C'est là qu'ils manquent d'études de cas, d'exemples, de conseils méthodologiques pour parvenir à conduire leurs analyses *in loco*.

Enfin, par delà les aptitudes d'analyse, les formateurs doivent également faire preuve de compétences très affûtées en matière de mise en œuvre de curriculums et de démarches de formation, ce que recouvre dans les conclusions de *TRIM* l'expression « *Designing courses and knowledge of different approaches* » centrée sur les savoirs méthodogogiques. Certes, la recherche peut fournir des pistes, des études pointues ; elle permet de cumuler les expériences et d'aller au-delà de ce qu'un formateur isolé peut par exemple développer. Mais le formateur, seul, doit pouvoir construire de manière autonome une offre de formation réalisable et pertinente. Il assure l'ingénierie de formation sur mesure qui correspond à son contexte d'intervention propre. Cela signifie qu'il doit savoir collecter et articuler les données et les matériaux recueillis et les traduire dans un curriculum ciblé. La formation des formateurs doit les préparer à ces tâches qui tiennent de l'analyse ethnographique et de la linguistique, conjointement. Elle doit aussi les préparer à coopérer avec un nombre de partenaires importants, souvent nouveaux pour des enseignants : managers, représentants des ouvriers, agences de travail ; à reconnaître leurs intérêts, qui peuvent être vitaux pour la réussite de l'offre. Or, tout cela est bien loin des objectifs linguistiques et méthodologiques que poursuivent habituellement les formateurs de langue. Ceux-ci doivent se positionner en ménageant les intérêts des apprenants, de l'entreprise, du syndicat et de leur propre institution, entre objectifs linguistiques et stratégiques etc. (Grünhage-Monetti & Szablewski-Çavus 2005, pp. 40-48). Ainsi, une offre de formation (linguistique) dans une entreprise n'est pas un simple changement de lieu : de la salle de classe d'un organisme de formation d'adultes à la salle de classe d'une entreprise. Elle implique des changements de perspective. Les plus évidents tiennent à des aspects pratiques, comme les horaires liés aux rythmes et cadences de travail. Elle entraîne également une modification de rôles entre apprenants et enseignants, bien connue des enseignants de français de spécialité car en ce qui concerne les contenus techniques, les apprenants sont plus expérimentés que l'enseignant, qui lui est avant tout expert en langue et en communication. Pour reprendre (Challe, 2002, p. 19), la situation est celle d'un échange de savoirs et de compétences : « la maîtrise du savoir se dédouble en deux sortes de connaissances : les connaissances linguistiques et les connaissances du domaine de spécialité. Certes le formateur possède mieux la langue française que l'étudiant. À l'inverse, l'étudiant spécialiste connaît mieux le domaine que son professeur. Il s'agit en ce cas de trouver un nouvel équilibre [...] Si le professeur s'intéresse au domaine, chacun progresse au contact de l'autre : l'étudiant prend confiance en français, le formateur se cultive dans le domaine de spécialité. Les deux parties s'en trouvent respectivement enrichies. »

De telles interventions sur le lieu de travail, fondées sur l'Analyse de la Communication Organisationnelle (ACO), ont également des implications sur l'entreprise. Les formateurs prennent du recul sur le fonctionnement de l'entreprise et sont à même de proposer à celle-ci des suggestions de formation complémentaire, parfois en direction d'autres catégories de personnel. On pense au développement de certaines compétences méthodologiques en direction des formateurs de sécurité ; on pense également au développement de la reformulation facilitante (*screening*) en vue de la lecture de documents en interne, souvent peu compréhensibles. Il y a donc un retour sur le lieu de travail, qu'illustrera en particulier l'article de J. Delorme, de l'organisme ALPES, dans le présent numéro.

Tout ceci peut être tenu pour un enrichissement réciproque des formateurs et des institutions commanditaires de formation, qui sont appelés à « bouger » dans leurs représentations. Il n'est plus question, dans de pareils contextes, de proposer un cours de langue « classique » : l'offre de formation se diversifie donc, et l'on peut espérer qu'elle exploite les possibilités offertes par l'apprentissage informel qui intervient d'ordinaire sur le lieu de travail. Selon Jim Gee[2] (1998) « L'apprentissage sur le lieu de travail est souvent collectif. Apprendre des choses concernant le travail et travailler sont des processus inséparables. Apprentissage et travail sont effectués de telle façon que le savoir est retenu dans l'organisation en le partageant au sein de diverses équipes. » On rejoint là la notion d'organisations apprenantes, développée par Wenger.

Perspectives

Le profil de formateur qui émerge de cette analyse est complexe et ambitieux : les compétences requises sont issues de disciplines diverses, principalement de la (socio)linguistique, de l'analyse des discours et de la didactique. Cela étant, il serait peu déontologique de laisser toute la responsabilité du succès des formations sur le lieu de travail aux seuls formateurs et aux institutions qui les forment et qui les emploient. La recherche, dans une perspective interdisciplinaire, est interrogée : les disciplines doivent investir le champ de l'utilisation de la langue et du langage dans les organisations de travail, chacune avec sa propre perspective et avec ses propres instruments. L'étape ultérieure consiste à agencer les résultats obtenus dans chaque branche disciplinaire, à les articuler et à développer des matériaux pour la formation en langue seconde sur le lieu de travail. Ce n'est qu'à ce prix que l'on pourra offrir des curricula de formation de formateurs qui leur permettent de faire face à des demandes de formation exigeantes et particulièrement ardues à conduire.

Avec cet article, nous avons esquissé une perspective nouvelle pour l'enseignement et l'apprentissage de la langue seconde sur le lieu de travail, la formation de formateurs et la recherche. Nous souhaitons à cette occasion engager le lecteur à chercher des solutions européennes à des problèmes communs : manque de recherche, de méthodes, de formation de formateurs, offre limitée, etc. Même si les descriptions linguistiques doivent être spécifiques à chaque langue, cela n'empêche pas d'envisager le long chemin que l'on pourrait faire ensemble en coordonnant les efforts déjà initiés dans chaque pays. On pourrait notamment espérer que le Conseil de l'Europe et la Communauté européenne lancent des programmes de recherche et de développement sur la communication sur le lieu de travail en vue d'améliorer la perfor-

2. « workers tend to learn... in the workplace collectively, where learning about the job is inseparable from doing the job. Learning about, and doing the job is carried out in ways that hold knowledge inside the organisation by sharing it in teams » (cité par Holland, 2006).

mance communicative des salariés immigrés et natifs, d'enrichir la formation de leurs formateurs, d'établir des réseaux transnationaux de chercheurs et de praticiens afin de favoriser l'échange des résultats, des méthodologies et des réflexions. D'une certaine manière, cet article est aussi une incitation à s'engager dans cette direction. Nous laisserons à ce propos le dernier mot à A. de Saint-Exupéry, auquel on attribue cette invitation : « Quand tu veux construire un bateau, ne commence pas par rassembler du bois, couper des planches et distribuer du travail, mais réveille au sein des hommes le désir de la mer grande et large. »

CHALLE, O. (2002), *Enseigner le français de spécialité*, Paris, Economica.

DE FERRARI, M. (2006), « Développer la formation linguistique au titre de la formation professionelle continue en entreprise » in *Migrations études*, n° 133, Direction de la population et des migrations, Paris.

FARRELL, L. (2001), « The "new word order" : workplace education and the textual practice of globalisation » in *Pedagogy, Culture and Society* 9 (1), pp. 57-74.

GEE, J.P. (1998), *The new literacy studies and the « social turn »*, Madison, University of Wisconsin - Madison Department of Curriculum and Instruction (mimeo).

GREEN, B. (1997), *Literacy information and the learning society*. Joint conference of the Australian Association for the teaching of English, the Australian Literacy Educators' Association and the Australian School Library Association, Darwin.

GRÜNHAGE-MONETTI, M. (2000) (sous la direction de), *Zweitsprache am Arbeitsplatz – Sprachbedarfe und – bedürfnisse von Arbeitsmigrant/innen : Konzepte des Sprachenlernens in berufsbezogenen Kontext*, ECML/Europarat.

URL : http://www.ecml.at/documents/reports/WS200005G.pdf

GRÜNHAGE-MONETTI, M. & HALEWIJN, E. & HOLLAND, C. (2003), *Odysseus – La langue seconde sur le lieu de travail*, Strasbourg, Conseil d'Europe.

GRÜNHAGE-MONETTI, M. (2004), « Language Provision at the Workplace for Speakers of Other Languages : A Democratic and Economic Imperative » in *Language learning for Work in a Multilingual World*, London, CILT, pp. 54-64.

GRÜNHAGE-MONETTI, M. & HOLLAND, C. & SZLABEWSKI-ÇAVUS, P. (Eds.) (2005), *Training for the Integration of Migrant and Ethnic Workers into the Labour Market and Local Community*, Baltmannsweiler, Schneider Verlag.

ILLERIS, K. (2003), *The three dimensions of learning : contemporary learning theory in the tension field between the cognitive, the emotional and the social*, Roskilde University Press. (English translation is available from NIACE, UK).

ILLERIS, K. (2003), « Towards a contemporary and comprehensive theory of learning » in *International Journal of Lifelong Education* vol. 22, n°4, pp. 396-406.

HOLLAND, C. & FRANK, F. & CHISHOLM-CAUNT, J. (2001), *Breaking down Barriers, Certificate in workingplace language, literacy and numeracy training for adult basic education tutors and co-ordinators*, NIACE, Lancaster.

HOLLAND, C. (2006), *Workplace Literacy in the UK, NZ and Australia*, paper delivered in Ottawa 16 may.

LIEDKE, M. & REDDER, A. & SCHREITER, S. (2002), « Interkulturelles Handeln lehren – Ein diskursanalytischer Trainingsansatz », in Brünner G. Fiehler R. Kindt, W. (Hrsg.), *Angewandte Diskursforschung*, Band 2, Radolfzell, Verlag für Gesprächsforschung, pp. 148-179.

MENZ, F. (2000), *Selbst-und Fremdorganisation im Diskurs. Interne Kommunikation in Wirtschaftsunternehmen*, Wiesbaden, Deutscher Universitätsverlag.

WENGER, E. (1998), *Communities of practice : learning, meaning and identity*, Cambridge University Press.

WENGER, E. (2005), http://www.ewenger.com

WODAK, R. (1995) « Critical linguistics and critical discourse analysis », in Verschueren, J. & Östman, J-O. & Bloomaert, J. (eds), *Handbook of Pragmatics*, Amsterdam, J. Benjamins, pp. 204-10.

Langue et situations de travail : décloisonner pour mieux articuler

MARIELA DE FERRARI
DIRECTRICE DES PROGRAMMES DU CLP
(COMITÉ DE LIAISON POUR LA PROMOTION
DES MIGRANTS ET DES PUBLICS
EN DIFFICULTÉ D'INSERTION)

Depuis la réforme de la formation professionnelle (Loi du 4 mai 2004) et la possibilité de prendre en compte l'apprentissage de la langue française parmi les axes de financement, la problématique inhérente à la formation linguistique en entreprise monte en puissance en France et ce, pour tous les niveaux de qualification.

Si pendant des années la compétence linguistique en français des salariés appartenait au domaine des compétences sociales – et par voie indirecte, scolaires – l'ensemble des études et des recherches convergent aujourd'hui pour qu'on situe cette compétence au sein du domaine professionnel dès lors qu'elle se joue dans des actes de communication effectués en situation de travail. Cela dit, l'évolution des pratiques pédagogiques est lente. Rattachée au domaine des « savoirs de base », évaluée souvent à travers des référentiels de « français généraliste » menant à des certifications de même nature, la compétence linguistique s'évalue « à part » et est traitée de façon dissociée des compétences professionnelles. D'où le caractère novateur de la démarche consistant à élaborer un outil d'évaluation des compétences de communication en situation de travail, qui privilégie la question de la maîtrise de la langue et de la pertinence du discours en contexte professionnel.

La formation en mouvement

Notre démarche s'inscrit dans un ensemble d'évolutions au sein du monde de la formation en France. En la matière, c'est la branche de la

47

*Lanque et situations
de travail; décloisonner
pour mieux articuler*

propreté, concernée massivement par la question des besoins linguistiques de ses salariés, qui a le plus avancé dans le domaine du «Français Langue Professionnelle», allant jusqu'à créer un CQP (Certificat de Qualification Professionnelle) qui inclut des compétences langagières. Il s'agit d'un véritable travail de recherche de cohérence et d'efficacité qui avait commencé par la mise en place de formations aux «écrits professionnels» et qui s'est accompagné d'ingénieries et de pratiques souhaitant croiser «le linguistique» aux situations professionnelles. Reste à démultiplier le dispositif – homogène et uniforme pour le moment – afin de former le maximum d'agents du nettoyage.

D'autres projets émergent également dans les branches de l'hôtellerie-restauration et du travail intérimaire, mais de façon ponctuelle et isolée. Les organismes de formation investis dans ce type d'interventions connaissent par ailleurs une véritable mutation. Issus pour la plupart du milieu associatif, leur professionnalisation s'est effectuée tout au long des trente dernières années et s'accélère aujourd'hui avec les récents cadrages juridiques qui impliquent de nouvelles compétences pour beaucoup d'entre eux, en particulier par rapport aux marchés privés et aux liens avec l'entreprise.

Les représentations de leurs pratiques se sont construites, comme le rappelle Hervé Adami (2005) de façon empirique : «le domaine de la formation linguistique des immigrés apparaît dans les années 1960 et 1970, quand des humanistes, des syndicalistes, des militants associatifs commencent à organiser, dans un cadre associatif, des cours du soir pour alphabétiser les travailleurs qui n'ont jamais été scolarisés, ou très peu, dans leur pays d'origine…. Le domaine social, institutionnel et pédagogique de la formation se forme, construisant ses propres références pédagogiques fondées sur la primauté de l'expérience de terrain, sur les particularités de son public…»

Mais par delà les questionnements sur leur rôle, une fois sensibilisés au Français Langue professionnelle, les responsables des organismes ainsi que leurs formateurs poussent la logique jusqu'au bout : ils demandent notamment des outils d'évaluation spécifiques leur permettant de positionner et situer les compétences des salariés afin de mettre en place des réponses pertinentes. Dans un même temps, ils s'interrogent sur la validité des certifications de français langue générale pour les publics concernés, désireux de rattacher les formations qu'ils sont en train de concevoir à des certifications elles aussi adaptées au «Français Langue Professionnelle».

Pour notre part, nous centrerons notre réflexion exclusivement sur la question de l'évaluation des compétences, en retraçant les choix ayant présidé à la création de notre outil de positionnement.

É valuer / positionner, pour quoi faire ?

Avant toute opération de formation, il est d'usage de positionner les publics à former, tant pour connaître leur niveau, leurs besoins que pour constituer des sous-groupes homogènes pouvant partager des objectifs communs ou encore pour identifier des possibilités de parcours individualisés. Or, jusqu'à présent, il n'existait pas de référentiel de positionnement articulant le linguistique au professionnel.

De façon générale, le positionnement permet de situer, sur une échelle définie de compétences, des acquis dans un domaine donné. Dans le cas qui nous occupe, il s'agit de compétences langagières en contexte professionnel (degré de verbalisation de l'activité, degré de maîtrise des écrits professionnels, degré de maîtrise de la communication orale avec des collègues). La notion de positionnement donne du sens à l'évaluation initiale – dite diagnostique – et permet de projeter les épreuves proposées à l'évalué(e) par rapport à leur finalité : situer des acquis dans les axes de compétences explorés. Simultanément, ce positionnement permet d'analyser les écarts et les besoins en formation en fonction des manques observés sur chaque domaine de compétence.

Afin de compléter et préciser les référentiels « généraux » pouvant être utilisés dans les formations professionnelles ou qualifiantes, nous avons donc conçu un outil transversal de positionnement, qui devrait permettre, en amont de la formation, de :
• situer les acquis et les besoins en communication en français (aussi bien à l'oral qu'à l'écrit) en contexte professionnel ;
• visualiser en un seul coup d'oeil les acquis par rapport aux composantes plurielles de la communication en situation de travail ;
• analyser avec les éventuels formés les compétences nécessaires à la tenue de leur poste de travail ainsi qu'à des dynamiques de promotion, favorisant également l'auto - évaluation et la prise de recul ;
• définir de façon concertée les priorités et les objectifs de formation en termes de compétences communicatives qui tiennent compte de leurs composantes (discursive, cognitive, critique, socio - affective) ;
• présenter aux commanditaires de la formation les résultats de l'évaluation initiale des salariés sous forme d'acquis afin de mettre en perspective les besoins de l'entreprise avec ceux des évalués et de définir des objectifs de formation ;
• comparer en fin de formation les évolutions opérées dans l'ensemble des composantes, au regard du positionnement initial.

Cette démarche de positionnement vient compléter l'analyse des

49

*Lanque et situations
de travail; décloisonner
pour mieux articuler*

besoins effectuée de façon plus large et plus approfondie en amont de toute formation.

Il est par ailleurs clair que nommer des compétences comporte le danger en contexte professionnel de contribuer à des processus d'exclusion ou de rupture. Nous avons veillé à positionner les acquis afin d'éviter le risque de créer «un outil de sélection, qui va casser les coopérations, alors qu'il importe, si l'on demande à quelqu'un de communiquer, de pouvoir lui dire comment il peut y arriver et de construire des chemins d'acquisition», pour reprendre la mise en garde d'Yves Lichtenberger (2005).

Il est important également de garder à l'esprit qu'en G.R.H. (gestion des ressources humaines), le management de la «compétence» est abordé dans une perspective gestionnaire, qui tend vers une recherche de la performance en entreprise. De fait, la finalité première de l'ingénierie de formation en entreprise[1] est «la recherche d'une optimisation de l'investissement» en tant qu'elle participe «d'une logique de renforcement de l'efficacité de l'action, voire de la rentabilité». L'arrière-plan de ces modes de fonctionnement est celui des sept «défis majeurs» auxquels sont aujourd'hui confrontées les entreprises[2] : mutations technologiques, internationalisation et mondialisation, mutations économiques, évolution démographique, évolution sociologique, dialogue social, défis réglementaires.

On mesure à quel point ces nouvelles logiques contribuent au traitement transversal des compétences, bien au delà du traitement «métier». Il convient donc de préciser le statut de la notion de compétence qui à nos yeux ne rejoint pas la problématique de «l'adaptabilité» mais celle de l'interaction des savoir-faire et des environnements auxquels les salariés sont confrontés et qui les font évoluer souvent à leur insu – en particulier lorsqu'ils n'ont pas «appris à apprendre» dans des contextes formels.

O *ù il est question de compétence(s)...*

Si le rôle premier d'un organisme de formation n'est pas de gérer les compétences des formés – en l'occurrence des salariés – avec l'approche que nous développons, l'organisme se met néanmoins en position de mesurer celles-ci. Il convient donc de bien préciser le concept de «compétences» et l'usage qui en sera fait lors des situations d'évaluation.

Dans le cadre conceptuel que nous proposons, l'organisation apprenante (et enseignante en soi) est considérée comme une situation

1. Jouvenot, C. (2005), «Référentiels de compétences: acteurs et processus» in *Élaborer des référentiels de compétences,* ANACT.
2. Ardouin, T. (2006), *Ingénierie de formation pour l'entreprise,* Dunod.

d'immersion dans laquelle tout salarié évolue et se transforme. Toute situation de travail est tenue pour une situation de communication qui traite de l'information et qui reproduit, quel que soit le degré de qualification, trois macro-actes de langage : « Dire de faire », « Faire : parler de, écrire sur », « En rendre compte[3] ».

Ces communications se réalisent auprès de deux types d'interlocuteurs ou destinataires, internes et externes à l'entreprise. Les environnements internes à l'entreprise sont généralement les « supérieurs hiérarchiques » et « les collègues », tandis que les environnements externes sont le plus souvent « les clients », « les fournisseurs » et « les contrôleurs ou inspecteurs ». Cette approche permet de saisir toute situation professionnelle à travers le croisement de ces éléments, et d'en dégager des compétences spécifiques à chaque mode communicationnel (interne : proche / hiérarchique – externe : clients / fournisseurs / contrôles).

Nous sommes alors proche de la définition des compétences professionnelles centrée sur la communication proposée par l'étude *Mobilités professionnelles et compétences transversales* réalisée par le Centre d'Analyse Stratégique[4] qui structure la compétence professionnelle autour de quatre composantes : relationnelle, technique, organisationnelle et « de marché ». Ce dernier volet renvoie à la dimension commerciale de toute communication en entreprise. Elle se traduit en « stratégies commerciales », à travers des questions telles que : « comment segmenter un marché pour entrer en contact avec le client au bon niveau, comment décrypter ses besoins… »

La dimension cognitive, sur laquelle se fonde en partie la compétence technique, n'est pas indépendante de la socialisation au sein de l'entreprise. Là aussi, on peut évoquer « les stratégies sociales d'apprentissage », de la langue et du métier tout à la fois. Et l'idée que les « relations sociales d'apprentissage sont aussi un apprentissage des relations sociales »[5] est valable pour tout débutant dans un métier en général comme pour un salarié migrant arrivant pour la première fois dans une entreprise française en particulier.

L'un des intérêts majeurs de ce traitement transversal des compétences semble concerner la composante relationnelle, traitée jusqu'à présent sous l'angle des « savoir-être ». Les compétences sont pensées comme des « savoir-faire communicatifs » et relèvent de la responsabilité collective, en l'occurrence de la formation professionnelle. À nos yeux, les aspects socio-affectifs et « comportementaux » de la compétence interactionnelle font partie, à part entière, du savoir-faire professionnel puisque les actes sont requis en situation de travail, donc en contexte professionnel.

Les compétences à évaluer (et à faire évoluer au cours de la formation)

3. Notre perspective rejoint donc la logique de Louis Faverge, à l'origine de cette conception dans le champ des Ressources Humaines.
4. Afriat, Christine, Gay, Catherine, Loisil Florence, Centre d'Analyse stratégique, 2006 (collection « Qualifications et prospective »).
5. De Conninck, Frédéric (2002), « Des nouvelles postures cognitives dans le travail aux nouveaux processus sociaux d'apprentissage », in *Éducation Permanente*, n° 143, Arcueil.

51

*Langue et situations
de travail ; décloisonner
pour mieux articuler*

sont donc multiples et articulées les unes aux autres, avec cependant une forte composante linguistique et discursive.

Sont ainsi considérées dans notre outil de positionnement toutes les dimensions nécessaires à la production de discours pertinents c'est-à-dire adaptés aux situations dans lesquelles ils sont émis (ou reçus) produits (ou transmis).

En premier lieu, on aborde la dimension discursive et communicative : dire de faire – de façon directe ou indirecte –, dire comment faire, rapporter, expliquer ce que l'on fait – comment on fait –, justifier, se justifier, excuser, s'excuser, décrire pour faire faire, rendre compte. Cette dimension permet de faire circuler l'information et de vérifier la transmission depuis l'émission d'une consigne (orale, écrite, gestuelle) jusqu'à sa réalisation et sa vérification. Cette dimension inclut la connaissance des modes socioculturels adaptés (en fonction des contextes situationnels – branche, métier, type d'entreprise, ancienneté des collègues, rapports sociaux intra-entreprise…) Elle comporte également la composante linguistique (formes sonores et graphiques nécessaires aux actes de communication souhaités).

Est également prise en compte la dimension cognitive : observer pour comprendre un mode de fonctionnement, décrypter, établir des liens, inférer, organiser, établir des priorités, anticiper, percevoir les activités et les modes de communication. Ces opérations accompagnent la compréhension et la production des discours. Plus elles seront développées, plus l'évolution communicative se fera de façon autonome et l'environnement professionnel sera perçu comme source permanente d'apprentissage.

Intervient également la dimension critique et pragmatique : plus la compétence communicative sera développée plus les intentions perçues et transmises seront variées. Concernant la compétence critique elle aussi, elle se développe avec l'aisance, la fluidité et la capacité à s'auto-évaluer. Elle permet de mesurer le degré de recevabilité de son propre discours et autorise – ou légitime – l'émission en fonction du destinataire, par exemple le fait de réfuter – ou pas – à bon escient (à qui, à quel moment, comment).

Enfin on n'oubliera pas la dimension socioaffective : elle permet de réajuster sa communication en fonction des réactions des différents environnements (interne, externe) et de gérer son rapport à l'erreur (par exemple, produire malgré le regard de l'Autre, pas forcément bienveillant ; se sentir légitime dans son affirmation même si celle-ci est mal formulée et malgré une étrangeté réelle ou perçue). La compétence socio-affective permettra de « prendre sur soi » la part de dysfonctionnements (blagues, ironies…) relationnels tout en restant en communication. Elle peut empêcher ou provoquer des paralysies et des blocages de toutes sortes). Moins elle sera travaillée, plus les malentendus et les mauvaises perceptions produiront d'échecs de communication.

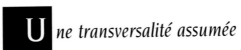U ne transversalité assumée

L'approche par compétences en situation de travail présentée ci-dessus transcende les domaines et les métiers. Notre outil repose sur une lecture transversale de l'entreprise et du monde du travail. Cet outil de positionnement se distingue donc des référentiels de compétences qui sont construits en fonction des qualités requises pour occuper un poste précis dans un domaine donné. C'est même pour cette raison que nous évitons de parler de lui comme d'un référentiel de positionnement et avons préféré le mot plus neutre d'outil.

Nous insistons en effet sur le fait que cet outil se situe en retrait et en complémentarité de la logique des branches professionnelles et a fortiori de la logique «métiers». Dans notre perspective de transversalité, le travail est considéré de manière synthétique. Ayant identifié des situations-types communes à toute activité de travail, quels que soient le domaine et le métier, cet outil permet de positionner par rapport à la compétence à communiquer et à la connaissance de ses environnements organisationnels.

Nous avons donc cherché à établir en toute logique ce qu'est aujourd'hui travailler dans des modèles d'organisation divers et contemporains, en France (grosse entreprise, entreprise familiale, particulier employeur, entreprise individuelle). Nous avons essayé de constituer un socle commun de situations de travail exprimées comme des unités minimales de communication, à savoir mettre en mots, gérer, orchestrer (par la geste, la voix, le comportement).

Ainsi, «la question de la transférabilité des compétences oblige à s'éloigner des situations de travail concrètes pour monter en généralité. On parle alors volontiers de compétences transversales ou génériques[6]». Dans notre cas, la transversalité se veut surtout interprofessionnelle. L'outil proposé vise dans un premier temps le positionnement, en ciblant les pratiques langagières transversales en situation professionnelle. Il s'en tient donc à une notion de la transversalité qui transcende les différents contextes des cœurs de métiers, et met en avant l'articulation entre ces compétences techniques et les relations aux environnements (clients, fournisseurs, collègues, supérieurs hiérarchiques).

6. Combes, M.-C. (2005), «Identifier la dimension collective des compétences pour gérer le travail», in *Élaborer des référentiels de compétences*, ANACT.

53

*Lanque et situations
de travail ; décloisonner
pour mieux articuler*

A utour de la notion de progression

Selon l'expression de Guy Jobert « la professionnalisation est le processus faisant évoluer une catégorie de praticiens d'un statut occupationnel vers un statut professionnel[7] ». Dans cette perspective de professionnalisation, nous avons retenu quatre dynamiques, à même de faire évoluer les compétences communicatives.

La première dynamique va de l'environnement immédiat et récurrent à l'inconnu : on commence par maîtriser les compétences liées aux communications récurrentes et familières auprès d'interlocuteurs et destinataires connus, pour évoluer vers la maîtrise des compétences dans des contextes de plus en plus formels et éloignés de sa pratique quotidienne, habituelle. Ces ouvertures permettront de mobiliser ces compétences auprès d'autres salariés. Des compétences d'encadrement pourront se développer grâce à ces évolutions.

Un autre axe de progression permet de passer de l'observation au décryptage et à l'autonomie : l'importance de la conscientisation des cheminements vers la compétence maîtrisée s'effectue à travers le croisement des aspects cognitifs du discours. L'explicitation des modes de fonctionnement et la verbalisation de ces rapports favorisera la mise en place de discours distanciés et de plus en plus complexes.

La troisième dynamique de progression part de la communication simple pour aller vers les actes discursifs complexes et imbriqués : en début de « maîtrise occupationnelle », on sera capable de nommer, décrire et parler de qu'on voit/entend/lit à des interlocuteurs / destinataires connaissant (partageant) les références de ces mêmes environnements. Les moyens linguistiques (parcellaires et/ou imprécis) permettent d'atteindre ce type de discours. Ces compétences maîtrisées, on pourra évoluer vers des actes complexes et imbriqués : expliquer en vue de se justifier ; raconter en vue de convaincre ; décrire en vue de faire faire. Ces compétences discursives se réalisent auprès d'interlocuteurs / destinataires ne connaissant pas forcément les références des thématiques abordées, ce qui suppose de la part du locuteur/émetteur des compétences d'explicitation des évidences et des modes de fonctionnement.

Enfin une dernière sorte de progression va de la transcription au transcodage : plus la compétence communicative sera développée, plus les messages reçus pourront être transcodés afin d'être adaptés aux interlocuteurs / destinataires concernés. Ainsi, des messages circulant entre collègues pourront être transformés en messages recevables auprès des supérieurs hiérarchiques et/ou des clients. De la même façon des messages reçus de la part des clients pourront être transcodés en fonc-

7. Cité dans Ardouin, T. (2006), *Ingénierie de formation pour l'entreprise,* Dunod.

tion d'une intention donnée pour être transmis à des collègues et/ou à des supérieurs hiérarchiques.

M ise en forme

Après avoir esquissé l'arrière-plan conceptuel de notre outil de positionnement, nous en développerons les contours et la présentation matérielle. Notre outil ne prend pas de prime abord la forme d'une grille ou d'un descripteur de compétences. Il se présente comme une carte de compétences, avec une série d'axes traversés par des cercles concentriques. Ce mode de présentation nous a été inspiré par la proposition circulaire des compétences interculturelles de Geneviève Zarate (2004).

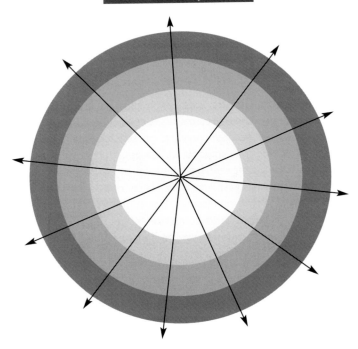

La carte de compétences

	Capacité d'intervention sur l'organisation de l'activité ou de l'institution		Le poste de travail dans le chaînage (en amont et en aval) des activités
	Vision d'ensemble de l'activité de l'entreprise ou de l'organisation		Occupation du poste de travail / centration sur les tâches

55

*Lanque et situations
de travail; décloisonner
pour mieux articuler*

Nous avons identifié onze axes qui sollicitent les compétences communicatives au travail : la perception du poste de travail, la perception du secteur d'activité, la perception du cadre réglementaire ; la verbalisation de l'activité effectuée, la gestion des relations au sein de l'équipe, les interactions professionnelles, la gestion des nouvelles technologies, les écrits professionnels, la gestion des consignes, la gestion de l'activité, la gestion de l'information. Ces axes sont traversés par quatre cercles concentriques : les compétences du premier cercle sont celles qui assurent l'occupation d'un poste de travail et la centration s'effectue sur les tâches et la connaissance de l'environnement immédiat au poste occupé.

Dans le deuxième cercle, la compréhension des cadres dans lesquels s'inscrit le poste permet aux salariés de s'en détacher pour saisir l'ancrage dans les dynamiques organisationnelles (équipe, hiérarchie, cadres réglementaires). Il commence à utiliser et à maîtriser des supports de plus en plus diversifiés. Les modalités de transmission de consignes sont elles aussi de plus en plus diversifiées. Les ouvertures qui s'opèrent au sein d'un palier rendent le/la salarié(e) de plus en plus autonome par rapport à des communications et des tâches mémorisées et répétées.

La distance acquise par rapport à son poste de travail et ses tâches quotidiennes permet à partir du troisième cercle, de sensibiliser aux différents environnements relationnels, de « parler de », de « rendre compte de » à des interlocuteurs ou à des destinataires, eux aussi, très diversifiés. La connaissance du secteur et des organisations favorise des explicitations en situation de communication externe (clients, fournisseurs, contrôles).

Le quatrième cercle permet de consolider les compétences du troisième palier et développe de plus en plus des compétences d'encadrement, en particulier du fait de la compréhension et de la maîtrise des enjeux (liées aux tâches du poste, au fonctionnement de l'entreprise et du secteur et des relations au sein du personnel).

Ces découpages sont effectués à des fins pédagogiques pour identifier des pôles de compétences liés aux composantes cognitive, organisationnelle et communicationnelle des compétences transversales au travail. Mises en circularité et en interaction, ces compétences pourront être répertoriées sur la cartographie des compétences après avoir été évaluées. Les situations évaluatives pourront être conçues à partir des descripteurs et des exemples présentés dans des grilles correspondant aux quatre cercles décrits ci-dessus.

Démarche de positionnement

La cartographie des compétences et les grilles qui y sont associées ne sont bien entendu que la face émergée d'une démarche d'évaluation – positionnement plus vaste, complémentaire d'un travail d'ingénierie de formation qui prend appui sur des référentiels «métiers» d'une part et, d'autre part, sur l'analyse des besoins recueillis sur chaque site ou espace professionnel concerné par la formation visée.

Il conviendra d'analyser pour chaque situation d'évaluation, en fonction des types de communication privilégiés par l'entreprise ou la branche concernées, les compétences à considérer et à privilégier. Par exemple, pour les métiers d'aide à la personne, ce seront les compétences communicatives auprès des «clients» ou les compétences relationnelles dites de «marché» qui seront visées, alors qu'une micro-entreprise avec moins de cinq salariés devra sans doute développer les communications entre collègues et leur hiérarchie, en situation de proximité.

Au complet, la démarche d'ensemble que nous proposons comporte quatre phases :

– Entretien avec l'évalué(e) suivi de propositions d'activités orales/écrites permettant de mesurer les acquis et les besoins en communication et d'auto-évaluation par rapport à une cartographie de compétences (en lien avec son poste de travail et/ou son souhait d'évolution). On peut imaginer par exemple un échange informel sur une journée de travail (lieux, horaires, déroulement des tâches, transmission des consignes, description des environnements). L'évaluation pourra alterner l'individuel et le collectif en fonction du nombre de salariés à évaluer/former.

– Identification des savoir-faire communicatifs – à l'oral, à l'écrit, en transcodage – et situation dans des grilles de positionnement. Cette phase permet de situer le degré d'apprentissage et d'automatisation de la lecture-écriture (une grille spécifique a été conçue à partir du référentiel A1.1 correspondant aux premiers acquis en français[8], en déclinant des exemples pour des situations professionnelles). Peuvent être explorés la connaissance des cadres réglementaires, le rapport à l'écrit.

– Identification des compétences en réception écrite (et éventuellement transcodage «écrit-oral ou écrit-écrit»). À la fin de cette phase, l'évaluateur (trice) est en mesure de situer l'ensemble des acquis sur les grilles de positionnement correspondant à la compréhension et la productions orales et aux transmissions écrites.

– Restitution des résultats du positionnement : à la personne évaluée, aux commanditaires de la formation, aux acteurs de la formation concernée. Lors de cette phase, la parole est rendue à l'évalué(e) qui peut donner son avis, réagir, questionner, proposer des éléments sur

8. Beacco, J.-C., De Ferrari, M., Lhote, G., Tagliante, C., *Le niveau A1.1 pour les premiers acquis en français*, Didier, 2006.

57

*Lanque et situations
de travail ; décloisonner
pour mieux articuler*

ses compétences et ses besoins et peut ainsi contribuer activement à la définition d'objectifs de sa formation ultérieure.

Ce type de démarche facilite la définition des objectifs de formation de concert avec l'intéressé(e). Une communication claire et transparente pourra ainsi être engagée avec le/les commanditaire/s. Le fait de visualiser les compétences maîtrisées sur un document valorise les acquis et pose un autre regard sur les besoins langagiers. L'approche proposée devrait permettre de sortir la formation linguistique en entreprise des logiques dites « d'alphabétisation », « illettrisme » ou encore savoirs « de base » pour intégrer définitivement les compétences communicatives dans le cadre des savoir-faire professionnels.

P *erspectives*

L'outil de positionnement transversal présenté à grands traits dans cet article n'est pour l'heure qu'un prototype. Ce premier travail a pu être mené grâce au concours du FASILD National (Fonds d'action et de soutien pour l'intégration et la lutte contre les discriminations) et de la DPM (Direction de la Population et des Migrations). La réalisation dudit outil de positionnement a fait partie d'une « Démarche-action » à laquelle ont participé une quinzaine d'organismes de formation. Il sera expérimenté tout au long de l'année 2007 afin de vérifier son efficacité et de lui apporter les modifications éventuelles proposées par les professionnels de la formation. Parallèlement, différentes grilles et descripteurs sont en cours de réalisation, dont certaines pour les personnes maîtrisant partiellement la lecture/écriture mais confrontées cependant sur leur lieu de travail à la nécessité de communiquer en français. Des déclinaisons par secteurs d'activité pourraient être également envisagées, au gré des collaborations qui se nouent avec différentes branches professionnelles.

Bibliographie

ADAMI, H. (2005), « Les faux-jumeaux didactiques » in *Le français dans le monde* n° 339, p. 23-26, CLE International.

AFRIAT, C., GAY, C. & LOISIL, F. (2006), *Mobilités professionnelles et compétences transversales*, Centre d'analyse stratégique, 20, Collection « Qualifications et prospective ».

ARDOUIN, T. (2006), *Ingénierie de formation pour l'entreprise*, Dunod.

ARNAUD, C. (2005), « L'usage du référentiel des compétences lors de l'apprentissage de nouvelles fonctions dans le cadre nouvelles organisations » in JOUVENOT, C. & PARLIER, M., *Élaborer des référentiels de compétences*, ANACT.

BEACCO, J.-C., DE FERRARI, M., LHOTE, G. & TAGLIANTE, C. (2005), *Niveau A1.1 pour le français. Référentiel et certification (DILF) pour les premiers acquis en français*, Didier.

BEGUIN, P. (2006), « Une approche opérative de la simulation », in *Éducation Permanente* n°166.

BRONCKART, J.P., BULEA & E., POULIOT, M. (2005), *Repenser l'enseignement des langues : comment identifier et exploiter les compétences*, Presses Universitaires du Septentrion.

COMBES, M.-C. (2005), « Identifier la dimension collective des compétences pour gérer le travail » in JOUVENOT, C. & PARLIER, M., *Élaborer des référentiels de compétences*, ANACT.

COMBES, M.-C. (2002), « La compétence relationnelle : une question d'organisation », in *Travail et Emploi*, n° 92, ministère de l'Emploi, DARES.

DE CONINCK, F. (2002), « Des nouvelles postures cognitives dans le travail aux nouveaux processus sociaux d'apprentissage », in *Éducation Permanente* n° 143, Arcueil.

DEJOURS, C. (1995), « Analyse psychodynamique des situations de travail et sociologie du langage » in BOUTET, J., *Paroles au travail*, L'Harmattan.

DIETRICH, A. (2005), « Le référentiel de compétences : formes et représentations d'un outil de gestion » in JOUVENOT, C. & PARLIER, M., *Élaborer des référentiels de compétences*, ANACT.

FILLIETTAZ, L. & BRONCKART, J.-P. (2005), *L'Analyse des actions et des discours en situation de travail. Concepts, méthodes et applications*, Peeters.

GENESTET, V. (2005), « Nommer, définir les compétences, un enjeu stratégique, mais une démarche exigeante » in JOUVENOT, C. & PARLIER, M., *Élaborer des référentiels de compétences*, ANACT.

JOUVENOT, C. (2005), « Référentiels de compétences : acteurs et processus » in JOUVENOT, C. & PARLIER, M., *Élaborer des référentiels de compétences*, ANACT.

LE BOTERF, G. (1997), *Compétence et Navigation professionnelle*, Éditions d'Organisation.

LE BOTERF, G. (2001), *Construire les compétences individuelles et collectives*, Éditions d'Organisation.

LICHTENBERGER, Y. (2005), « Les démarches compétences pour faire face à ce qui change » in JOUVENOT, C. & PARLIER, M., *Élaborer des référentiels de compétences*, ANACT.

SANTELMAN, P. (2002), *Qualification ou compétences. En finir avec la notion d'emplois non qualifiés*, Éditions Liaisons.

TEIGER, C. (1995), « Parler quand même, les fonctions des activités langagières non fonctionnelles » " in BOUTET, J., *Paroles au travail*, L'Harmattan.

ZARATE, G. & GOHARD-RADENKOVIC, A. (2004), *La Reconnaissance des compétences interculturelles : de la grille à la carte*, Didier, Les Cahiers du CIEP.

ZARIFIAN, P. (2001), *Le Modèle de la compétence. Trajectoire historique, enjeux actuels et propositions*, Éditions Liaisons.

Pédagogie de l'oral en contexte professionnel à l'ère du numérique : réflexion sur une démarche innovante

HERVÉ DE FONTENAY
DIRECTEUR DU DÉPARTEMENT DES PROGRAMMES DE LANGUES
ANGLAISE ET FRANÇAISE, UNIVERSITÉ MC GILL

MARION VERGUES
CENTRE D'ANGLAIS ET DE FRANÇAIS, UNIVERSITÉ MC GILL

L'objectif de cet article est double. Il témoigne d'une part d'une expérience pédagogique innovante dans l'enseignement de la communication orale en contexte professionnel ; il s'attache d'autre part à mieux cerner comment le numérique bouleverse nos pratiques d'enseignement et par conséquent le « design pédagogique » de toute formation qui compte accorder, en présentiel (et non seulement hors classe), une place de choix aux technologies de l'information et de la communication en éducation (TICE). Cette expérience pédagogique a été réalisée à l'occasion du lancement d'un nouveau cours de niveau avancé portant sur les techniques de communication orale. Nous partions du constat qu'en classe, les technologies étaient relativement peu utilisées pour l'oral en comparaison de l'écrit. Il s'agissait donc de comprendre comment pouvait s'articuler la mise en relation (ce que l'on pourrait appeler le réseautage) et l'intégration des nouveaux outils choisis, de peser leur hypothétique plus-value pédagogique et de saisir la façon dont leur utilisation infléchirait nos stratégies d'enseignement et les stratégies d'apprentissage de nos étudiants.

Le français pour la communication professionnelle dans le contexte québécois

La mise sur pied d'un nouveau dispositif de formation offre des conditions favorables pour lancer des projets d'expérimentation, des pratiques pédagogiques innovantes et sert souvent de point d'appui pour entamer une réflexion didactique appliquée à l'expérience vécue sur le terrain. À la base de cet article, un nouveau cours de niveau avancé intitulé *Techniques de communication orale*, qui s'insère dans un ensemble de dix cours menant au *Certificat de compétence de l'Université McGill – Français pour la communication professionnelle*. Offert par le Centre d'éducation permanente de l'Université McGill, à Montréal, ce cours accueille une clientèle étudiante dont la grande majorité est hautement scolarisée et déjà pleinement engagée dans la vie professionnelle. Ces étudiants, dont la plupart est issue de communautés culturelles variées, baignent quotidiennement dans un environnement socioprofessionnel à divers degrés bilingue ou même plurilingue. L'éventail des professions représentées peut être très large, de l'avocat au consultant en marketing en passant par la spécialiste en informatique, l'ingénieur dans le domaine de l'aéronautique ou encore la pharmacienne. Si ces étudiants s'adressent dans un premier temps à l'université Mc Gill pour sa réputation, c'est la possibilité de suivre un cours à visée professionnelle qui les séduit. La perspective de cheminer dans un programme sanctionné par un certificat de compétence les retient dans un second temps. Cette forme de certification s'avère être un atout de taille pour ces professionnels puisqu'elle représente en quelque sorte une « garantie de compétence » en langue française, de même qu'une plus-value en termes d'actualisation des connaissances, non négligeable auprès des employeurs, dans un monde professionnel bilingue et en évolution permanente.

Que ce cours soit leur premier pas dans le cursus ou au contraire qu'ils aient déjà suivi des cours en aval, ces étudiants sont classés au seuil du niveau avancé sur notre échelle de compétence par rapport aux niveaux inférieurs. En ce qui concerne l'oral, cela signifie une « aire de performance » qui se distribue à travers les différentes compétences (discursives, linguistiques, stratégiques, pragmatiques, etc.)

Malgré le titre du cours, c'est bien la communication en situation professionnelle qui est à l'avant-scène dans cette formation, donc au cœur des objectifs d'apprentissage et de l'enseignement, et non les techniques de présentation orale. Cela dit, l'étude et la pratique de ces dernières jouent un rôle important d'articulation dans ce cours et répondent à deux objectifs trop souvent laissés-pour-compte :

*Pédagogie de l'oral en
contexte professionnel
à l'ère du numérique :
réflexion sur une
démarche innovante*

– maximiser l'impact que la maîtrise de ces techniques peut avoir sur la performance et ultimement sur l'apprentissage de la langue ;
– développer une habileté à manœuvrer la communication dans le cadre de certains formats qui font appel à des techniques précises et qui sont de pratique courante dans le monde professionnel.

Des études de terrain récentes confirment le rôle crucial que jouent dans le monde du travail les aptitudes à communiquer oralement ; Crosling et Ward (2002) révèlent que sur la liste des sept habiletés les plus recherchées par les employeurs, la communication orale arrive au troisième rang. Ces résultats confirment ce que d'autres études, aux États-Unis notamment, avaient déjà souligné. Ce qui est relativement nouveau toutefois dans cette étude, c'est qu'elle met en évidence le rôle crucial que jouent les échanges naturels et spontanés au sein d'une organisation, rôle tout aussi important que celui des communications plus formelles (réunions, présentations, entrevues, etc.) et de leurs protocoles. Or, dans le domaine du français sur objectifs spécifiques (FOS), ces échanges sont souvent négligés, car sans paramètres clairs ni finalité fonctionnelle précise. Le rôle appréciable que jouent les communications spontanées ne surprend guère si l'on tient compte de la redéfinition des statuts professionnels et des changements dans l'organisation du travail qui, depuis quelques années, ont bousculé les rapports entre employés ainsi qu'entre employés et supérieurs. Le travail en équipe, devenu aujourd'hui dans plusieurs milieux tant une norme qu'« un outil permettant d'atteindre des objectifs de flexibilité et d'adaptabilité » est un de ces changements qui, par extension, bousculent les paramètres de la communication orale en situation professionnelle. Outre ces échanges naturels et spontanés, les communications orales en situation professionnelle se conjuguent sous maints formats et à des degrés de spécialisation divers : la présentation devant public, la négociation, l'entretien, la persuasion, la rétroaction, la démonstration, la session d'information, les réunions, le conseil, l'entrevue, etc. Bien entendu, le cours *Techniques de communication orale* n'a pas la prétention de couvrir ce vaste lot ; il s'en tient à certains formats qui requièrent des techniques spécifiques (présentation en public, négociation, etc.) et à des micro-situations de communication visant à développer des savoir-faire moins spécialisés et transversaux. C'est d'ailleurs là que les besoins spécifiques des étudiants peuvent être pris en charge.

Au plan méthodologique, le cours fait principalement appel aux approches communicatives et à la pédagogie du projet. Cette approche exige de soigner tout particulièrement le design pédagogique, car l'enseignant contrôle moins les objets d'apprentissage, qui se présentent sous la forme d'une constellation en mouvement plutôt que sous une forme linéaire ou hiérarchisée. Le cours s'articule autour de trois savoir-faire (la présentation, la négociation et la soumission) auxquels sont attachés trois projets collaboratifs dont la réalisation se fait en triade et s'étale sur le trimestre[1].

1. Premier projet : chaque groupe choisit un secteur d'activité et imagine une Organisation sans but lucratif qui, après cinq ans d'existence, fait le bilan de ses activités et présente ses projets devant un groupe de commanditaires (le reste de la classe). Ces derniers doivent décider s'ils annulent, maintiennent ou augmentent leur contribution financière. Le deuxième projet simule une séance de négociation sur des conditions de travail. Là aussi, chaque groupe d'étudiants bâtit la situation : profil de l'entreprise, acteurs, conjoncture et « objets » de négociation. Quant au troisième projet, il s'articule autour de différents appels d'offre lancés par la Ville de Montréal qui appellent autant de soumissions. Chaque groupe développe le profil du soumissionnaire en fonction d'un des appels d'offre, puis prépare une « soumission orale » présentée devant un comité de la ville (le reste de la classe).

Chaque projet est paramétré à l'avance et comprend des objectifs que les étudiants devront respecter et sur lesquels ils seront évalués. Toutefois, et ceci est fondamental, ces paramètres et ces objectifs laissent à chaque groupe une grande latitude pour négocier le profil et les caractéristiques de son projet à partir des centres d'intérêt, des besoins ou encore de la curiosité de ses membres. Par ailleurs, chaque projet débouche sur la simulation d'une situation de communication complexe[2]. Pour que le « produit final » atteigne les objectifs visés, un travail de préparation s'impose. Ce travail collaboratif se fait d'une part en classe lors de périodes réservées, d'autre part en ligne sur la plateforme WebCT Vista[3] par le biais d'étude de documents (écrits, audio ou vidéo) préparés à cet effet, ainsi que de mises en commun et d'échanges inter étudiants sur le forum de discussion.

Autour de ces trois projets-simulations gravitent d'autres contenus et activités d'apprentissage, ainsi que la pratique de micro-situations de communication spécifiques. Le volet purement linguistique n'est pas abordé de front, à l'exception du vocabulaire. Disons à des fins de schématisation que le savoir linguistique est couvert :
– de façon implicite dans le cadre des activités du projet ;
– de façon ponctuelle en classe que ce soit dans les phases préparatoires aux activités ou lors des retours et des mises en commun ;
– de façon méthodique par le biais d'exercices systématiques offerts en ligne sur WebCT Vista. Il s'agit d'exercices à faire en auto-apprentissage destinés à mieux outiller l'étudiant sur des éléments linguistiques liés aux activités de classe (vocabulaire, marqueurs et mots charnières, locutions verbales, expressions idiomatiques, concordance, registres de langue, etc.).

L'ère du numérique en présentiel et à distance

Par sa nature et ses objectifs, ce cours nous semblait offrir un cadre approprié pour expérimenter une intégration forte des technologies en salle de classe et souder dès le départ cette composante à notre réflexion pédagogique. Cela signifiait tout d'abord nous défaire de la vision des TICE en tant que supports externes, aussi sophistiqués soient-ils. Notre démarche reposait sur le constat que le recours aux TICE est plus souvent au service du linguistique, de l'écrit et de la lecture que de la communication orale proprement dite (à l'exception des communications en mode synchrone et de la compréhension travaillée en laboratoire)[4]. Nous avons aussi pris la mesure de l'expansion phénoménale des « technologies nomades » qui associent texte, son et

2. Dans le cas du premier projet, il s'agit de défendre devant les commanditaires le bilan et les projets d'avenir de son OSBL. Le groupe fait donc sa présentation qui sera suivie d'une période d'échanges au cours de laquelle les commanditaires (la classe) poursuivent leur évaluation de l'OSBL et décident en bout de ligne s'ils augmentent, maintiennent, réduisent ou annulent leur contribution financière à cet organisme.

3. WebCT Vista est une plateforme qui propose un environnement de cours virtuel. Grâce à divers outils, dont des outils de communication, cette plateforme permet de gérer des classes de façon personnalisée, ainsi que des contenus pédagogiques très diversifiés.

4. Nombreux sont les observateurs qui affirment avoir observé, comme Élizabeth Brodin, qu'un des effets du multimédia a été « une revalorisation de l'écrit, sans abaissement de l'oral ». Un tel constat implique que l'oral n'a pas été enrichi, ou au mieux, pas dans les mêmes proportions. In *Table ronde : Regards croisés sur le multimédia*, Les cahiers de l'Asdifle, Actes des 19e et 20e Rencontres, p. 105.

image (téléphones/appareils photos/caméras, émergence de la baladodiffusion, etc.). Ces «technologies nomades» forcent un réajustement majeur (entre autres à cause de la pression grandissante de nos étudiants qui souhaitent se servir de ces canaux médiatiques dans leur apprentissage) et ouvrent des champs de possibilités dont il faut rapidement mesurer le potentiel pédagogique.

Ajoutons-y le fait que nous disposions de nouveaux outils technologiques (enregistreur numérique, caméra, logiciel Camtasia[5], ordinateur Tablet[6] doté d'applications diverses, accès Internet sans fil) qui pouvaient jouer un rôle d'intégration pédagogique important en salle de classe et apporter une plus-value significative tant au niveau de l'enseignement que des apprentissages. Cette intégration forte de ces outils en salle de classe n'aurait pas été envisagée de la même façon si nous n'avions pas disposé, en parallèle, du dispositif d'enseignement à distance WebCT Vista. Ce dispositif bien connu, dont nous utilisions déjà la plupart des fonctions, allait pouvoir jouer un rôle accru en tant que lieu virtuel de mutualisation des ressources, de redistribution des travaux/projets, d'échanges collaboratifs hors classe, lieu aussi pour l'accompagnement pédagogique et les parcours en auto-apprentissage.

Si l'on se réfère à la pyramide d'apprentissage développée par National Training Laboratories[7] qui est à la base de l'approche par résolution de problèmes, l'utilisation des technologies, couplée à une pédagogie de la coopération, a un impact évident sur l'apprentissage. «Les gens retiennent environ 20 % de ce qu'ils voient et 30% de ce qu'ils entendent. Ils se souviennent par contre de 50% de ce qu'ils voient et entendent, et près de 80% de ce qu'ils voient, entendent et font simultanément[8]». La technologie n'est bien évidemment pas chose nouvelle, ni le constant renouvellement qu'elle porte dans son essence. Plus neuf est le vertigineux facteur exponentiel de son développement. Par rapport aux technologies disponibles il y a une dizaine d'années, l'environnement numérique d'aujourd'hui non seulement amplifie considérablement les possibilités pédagogiques, mais les présente de façon radicalement différente. En effet, il ne s'agit plus de sortir de sa boîte à outils le support convenable pour telle ou telle séquence dans une progression linéaire plus ou moins unique, mais de dessiner, au cœur d'une constellation de canaux médiatiques, un parcours pédagogique cohérent. Dans un modèle d'enseignement collaboratif, ce design pédagogique est par nature partiel, car le projet collaboratif et la prise en charge de l'apprentissage par l'apprenant exige que ce dernier ait son mot à dire et construise un espace d'intervention qui échappera au contrôle de l'enseignant. Dans le cadre de notre cours, nous avons choisi dès le départ d'inclure dans notre «design» quatre outils «neufs» (l'enregistreur numérique, l'application PowerPoint, le logiciel Camtasia et l'ordinateur portatif Tablet), de pousser leur exploitation pédagogique aussi loin que possible et d'amener ainsi un maillage techno-

5. Camtasia est un logiciel qui capture l'activité de l'écran en direct, c'est-à-dire le mouvement du curseur, la saisie de texte, l'interaction avec les boîtes de dialogue, etc. tout en enregistrant simultanément la voix et/ou l'image au besoin. Les sessions sont sauvegardées sous forme de clips vidéo.

6. Ordinateur portable disposant d'un écran tactile sur lequel on peut écrire avec un stylet. L'écriture manuelle est numérisée et peut soit être mémorisée telle quelle, soit être convertie en caractères typographiques standard. L'ordinateur peut être utilisé indifféremment en mode clavier traditionnel ou en mode écriture manuscrite.

7. Dale, E. (2005), Learning pyramid, Bethel, ME: National Training Laboratories. Voir annexe 1.

8. Rai Jagdish. (2006). ICT for Curriculum Support and Teaching. *Documentation Research and Training Centre (DRTC) Conference on ICT for Digital Learning Environment,* 11th–13th January, Bangalore, p. 3. Consulté en octobre 2006 (https://drtc.isibang.ac.in/handle/1849/224. (Notre traduction)

pédagogique plus harmonieux entre le présentiel et le en-ligne, entre la salle de classe et la plateforme WebCT Vista.

Parallèlement à notre volonté de capitaliser sur un meilleur maillage entre les technologies «hors classe» et celles utilisées en présentiel, nous cherchions également à rapprocher la classe d'un environnement professionnel déjà globalement numérisé et qui a massivement recours à divers canaux médiatiques (Internet, courriel, intranet, commerce en ligne, téléconférences, enregistrements digitalisés, tablette d'écriture, présentation PowerPoint, etc.). Or, nous savons qu'il y a une corrélation directe entre l'utilisation des technologies de l'information et l'organisation du travail, et que cette réalité a un impact direct sur la gamme de compétences recherchées par les employeurs. Dans les milieux de travail, cela se traduit par un champ de responsabilités plus large pour les employés, des mécanismes de prise de décision plus décentralisés et une place plus grande pour le travail d'équipe et l'autogestion[9]. À cela s'ajoutent les nouvelles exigences liées à la mobilité du travail qui requièrent de la part des travailleurs une capacité d'adaptation (incluant l'adaptation technologique) considérable. Ainsi, la présence des technologies dans le cours tant dans sa structure que dans sa proposition pédagogique, faisait donc écho à un savoir-faire professionnel transversal incontournable. Elle apportait de surcroît le bénéfice non négligeable d'une maîtrise partielle du vocabulaire semi spécialisé de l'informatique (ex.: téléchargement, fournisseur d'accès, logiciel, webmestre, foire aux questions, glisser-déposer, page d'accueil, signet, fil de discussion, etc.). Plusieurs de nos étudiants nous ont fait remarquer que, dans de nombreux milieux de travail, la connaissance de cette terminologie constitue un facteur clé pour l'utilisation du français dans les communications professionnelles électroniques.

SALLE VIRTUELLE EN PRÉSENTIEL: L'ORDINATEUR TABLET ET WEBCT VISTA

La plateforme WebCT Vista introduite par l'ordinateur tablet s'est imposée d'elle-même comme le lieu de cette convergence entre enseignement – apprentissage et univers numérique. Nous n'aborderons pas ici l'étude des multiples fonctions déjà largement explorées de WebCT mais identifierons deux cadres d'exploitation, en présentiel et à distance, particulièrement pertinents pour notre cours de communication orale.

WebCT Vista, présente en classe par le biais de l'ordinateur du professeur, devient un moteur d'apprentissage dans les opportunités d'interaction qu'elle provoque. Cela oblige à revoir les pratiques d'enseignement comme une démarche intégrée au profit de l'interaction et non plus comme de simples activités périphériques visant à développer une compétence isolée dans un cheminement linéaire. Les liens vers les documents audio, vidéo, articles, diaporamas PowerPoint et autres

9. Bresnahan, Timothy F., Erik Brynjolfsson, Lorin M. Hint. (1999). Information technology and Recent Changes in Work Organization Increase the Demand for Skilled Labor. Consulté en novembre 2006: http://www.stanford.edu/~tbres/research/Brookings%20volume.pdf

*Pédagogie de l'oral en
contexte professionnel
à l'ère du numérique :
réflexion sur une
démarche innovante*

exercices en ligne ne représentent pas seulement des modes d'accès à l'information et de construction de savoirs mais sont autant de canaux médiatiques propres aux activités d'apprentissage définies en fonction des contenus thématiques, contextes professionnels et situations de communication. Ancrés dans la réalité socioprofessionnelle simulée par les projets (supportée par WebCT Vista), les étudiants sont invités à transcender leur vécu socioprofessionnel dans un format pédagogique collaboratif. Dans cette logique, les étudiants accèdent à de nouvelles stratégies d'apprentissage. L'ordinateur portable de l'enseignant devient « le centre de ressources virtuelles du cours » autour duquel les étudiants se rendent à loisir à la recherche d'un document ou d'une référence sur Vista dans le cadre du projet. Un groupe de travail s'instaure, dont l'apprenant fait partie par une sorte de va-et-vient entre l'information source, l'information partagée et enfin l'information appropriée dans le cheminement commun du projet. Une communauté d'apprentissage dynamique se constitue par la mutualisation de connaissances. Tout en générant de nouvelles pratiques, cet accès direct à l'information participe au développement de savoir-faire parce que l'étudiant centré sur son apprentissage prend conscience de ses besoins et adopte de nouvelles stratégies en conséquence.

Nous avons aussi assisté à un autre phénomène intéressant, celui des étudiants qui apportent en classe leur propre ordinateur profitant de la connexion sans-fil à leur disposition et avons constaté que cette double approche (étudiants – ordinateur du professeur et étudiants – ordinateur personnel) avait été un véritable catalyseur pour les interactions orales inter-étudiants intervenant à plusieurs niveaux : l'habilité procédurale, les savoir-faire (négocier, persuader, etc.) et les compétences transversales professionnelles (la présentation sur Power Point par exemple). Mrowa-Hopkins (2000) a montré combien la dynamique marquant les échanges oraux dans un climat de travail collaboratif autour de l'ordinateur a un impact direct sur l'apprentissage d'une langue tout en affectant positivement la performance orale en comparaison d'un travail de groupe au sein d'une classe conventionnelle. Nous sommes convaincus que cette équation binaire d'interaction apprenants / professeur – ordinateur et apprenants – apprenants met en place un cadre privilégié au développement de l'autonomie d'apprentissage et de l'autonomie langagière (l'interaction et la communication dans un modèle collaboratif) au sens où Germain et Netten les définissent[10].

WebCT Vista s'importe en présentiel et s'exporte pour devenir un prolongement de la salle de classe. Cela répond aux exigences d'une clientèle professionnelle hyper-mobile en offrant un accès à la classe virtuelle en tout temps et en tout lieu. Plusieurs étudiants en déplacement professionnel fréquent n'auraient pas pu poursuivre cette formation sans la disponibilité de cette plateforme. Par ailleurs, WebCT Vista sied parfaitement à un enseignement de type collaboratif en accompa-

10. Germain, C. & Netten, J. (2004), « Facteurs de développement de l'autonomie langagière en FLE/ FLS » in *Revue Internet francophone pour chercheurs et praticiens*, alsic.org, Vol. 7, pp. 55-69. Consulté en novembre 2006 : http://alsic.u strasbg.fr/Menus/ framearc.htm

gnant les projets pédagogiques fonctionnant eux-mêmes sur le principe du mode de travail partagé, à savoir en classe et à l'extérieur de la salle de classe. La page d'accueil du cours adopte une organisation modulaire en conséquence où les projets sont représentés par les icônes La présentation (projet 1), La négociation (projet 2), L'offre de service (projet 3). Cette vitrine donne accès à des dossiers multi-formats (audio, vidéo, document Word, diaporamas PowerPoint, etc.) et multi-contenus (articles, émissions radio, fiche du projet, ressources, exercices auto-corrigés, etc.) pour chaque projet. Une telle flexibilité correspond parfaitement au principe de fonctionnement du cours et aux attentes des étudiants tout en en faisant un compagnon de route polyvalent pour l'évaluation.

L'ENREGISTREUR NUMÉRIQUE AU SERVICE DE LA RÉTROACTION-ÉVALUATION

Nous ne pouvions aborder un cours au design pédagogique largement imprégné des technologies sans mentionner la question de l'évaluation de la performance en communication orale de nos étudiants. Nous voulions éviter de faire avec les «nouvelles technologies ce que nous avions fait jusqu'à présent avec les «anciennes». Il s'agissait donc de transposer harmonieusement le principe d'enregistrement en passant de l'enregistreur à cassette à l'enregistreur numérique tout en apportant une plus-value pédagogique à ce processus. C'est ce que nous avons fait en couplant WebCT Vista et l'enregistreur numérique à notre démarche pour tendre vers une rétroaction plus complète, personnalisée et cohérente. Le principe de départ est que les étudiants sont évalués en situation d'interaction contextualisée. Chaque projet mène à un «produit», une présentation-simulation. Si nous prenons le cas du projet 2, les groupes d'étudiants sont évalués sur la simulation de leur négociation (au cours de laquelle le professeur joue le rôle d'arbitre). Chaque simulation est suivie d'un échange avec le groupe-classe dont le rôle est de commenter tant l'argumentaire déployé que les diverses stratégies utilisées pendant la négociation. Leur performance est enregistrée à l'aide de l'enregistreur numérique. WebCT Vista intervient alors pour la redistribution des fichiers numériques dans un dossier destiné à l'évaluation. Le fichier est téléchargé sur WebCT et rendu accessible aux seuls membres du groupe. Ensuite, le professeur propose une rétroaction individuelle sous deux formats : il enregistre ses commentaires sur la performance orale de chaque apprenant et remplit une grille d'évaluation en fonction des compétences visées (linguistique, pragmatique, discursive, communicative) et des techniques de présentation orale. Ces deux derniers fichiers sont téléchargés sur la plate-forme et deviennent accessibles non plus au groupe mais uniquement à l'apprenant évalué.

67

*Pédagogie de l'oral en
contexte professionnel
à l'ère du numérique :
réflexion sur une
démarche innovante*

Cette restitution mobilise l'apprenant et l'oblige à être actif dans sa capacité à prendre en charge son évaluation dans l'interaction avec WebCT Vista et les fichiers sonores numériques. L'accès aisé aux fichiers sonores permet à chaque étudiant d'écouter autant de fois qu'il le désire sa présentation, les commentaires du professeur et de faire le lien avec sa grille d'évaluation. Le professeur évalue l'acte de communication en fonction des objectifs du projet, commente la prise de parole tant préparée que spontanée ainsi que l'interaction avec les autres étudiants lors de la simulation. Il insiste aussi sur certains facteurs particulièrement importants en situation professionnelle (protocoles, techniques, registres de langue, etc.). Il peut même insérer ses commentaires dans le fichier initial de la présentation des étudiants et proposer des activités découlant de la rétroaction. Les apprenants ont tous reçu favorablement cette expérience parce qu'ils avaient l'impression de bénéficier d'une rétroaction plus personnalisée et plus pointue. Après la première rétroaction, ils opèrent des ajustements majeurs en termes de précision et d'aisance linguistiques et d'adaptation au contexte socioculturel, au message et à son intention. Les actualisations les plus évidentes touchaient les hésitations ou pauses d'ordre discursif, les tics de langage, la prononciation des sons, les liaisons, l'imprécision pragmatique socioculturelle (tutoiement/vouvoiement par exemple).

Notre pratique pédagogique confirme que le principe de la rétroaction sous format numérique apporte une plus-value certaine pour l'apprenant ; la prochaine étape consistera à filmer nos apprenants lors de leurs présentations orales évaluées grâce au logiciel Camtasia afin de prendre en considération toutes les composantes de la communication verbale et non verbale et de tendre vers une rétroaction intégrée.

Les fichiers numériques dans les contenus du cours ou sous forme de rétroaction s'insèrent de façon cohérente et dynamique à l'environnement d'apprentissage global à l'image de plusieurs modes de communication utilisés dans le monde professionnel. L'enregistreur banalise l'acte d'enregistrer numériquement tout comme le fait de parler à une machine, ce que nous faisons déjà quand nous nous adressons à des compagnies de service. Cette situation de communication sans locuteur vivant, nous la vivons justement déjà au quotidien, entre autres lorsque nos étudiants apportent leur propre enregistreur numérique en salle de classe.

POWERPOINT OU COMMENT TIRER PROFIT
DES DANGERS POTENTIELS DE L'APPLICATION

Plusieurs raisons ont motivé notre choix de faire de PowerPoint un outil pédagogique majeur dans notre cours. Tout d'abord une évidence : « PowerPoint est l'application la plus populaire au monde pour présenter des informations, et peu de décisions d'affaires se prennent sans cet outil[11]». Comment ne pas prendre acte de cette réalité dans un cours portant sur les techniques de communication professionnelle ? L'utilisation de PowerPoint répondait donc à l'une de nos préoccupations : réduire autant que faire se peut l'écart entre l'espace professionnel et celui de la formation en langue. La seconde raison résidait dans la convivialité, la polyvalence et la transférabilité (sur supports divers) de PowerPoint, des caractéristiques essentielles tant pour nous que pour nos étudiants. Finalement, nous estimions que cette application avait un potentiel pédagogique encore mal exploité et qu'elle pouvait jouer un rôle plus diversifié, plus dynamique et plus complexe que son rôle traditionnel de support pour présentation.

PowerPoint avait cependant déjà fait l'objet de sévères critiques, tant dans le monde professionnel que dans celui de l'éducation. En fait, «PowerPoint a été attaqué sous de multiples angles. Experts visuels, éducateurs, psychologues, cadres supérieurs ainsi que les media ont critiqué l'application (Guernsey, 2001 ; McKenzie, 2000 ; Norvig, 2003 ; Nunberg, 1999 ; Schwartz, 2003 ; Thompson, 2003 ; Tufte, 2003 ; Zuckerman, 1999)[12]». Ce programme contribuerait à une dilution des idées, mettrait l'accent sur le support plutôt que sur le message, distrairait le présentateur comme son public ou encore inhiberait les échanges et la créativité. D'autres auteurs ont souligné que la cause d'une mauvaise présentation PowerPoint n'est pas l'application, mais les déficiences des présentateurs eux-mêmes, dès lors qu'ils ne maîtrisent pas les techniques de rhétorique de base[13] (Barrett, 2004). Non seulement nous partageons cette lecture, mais nous pensons que PowerPoint, à cause justement de ses effets potentiellement pervers, constitue un point d'ancrage fort approprié pour réfléchir aux principes de la communication professionnelle et à ses techniques. Ainsi, le cours permet aux étudiants d'identifier les risques d'une utilisation trop assujettie au médium. Par ailleurs, l'expérience a montré que l'utilisation guidée de PowerPoint aide les étudiants à prendre toute la mesure du non verbal (voix, regard, gestuelle, positionnement, et dans un autre ordre d'idée, l'importance du visuel) dans le succès ou l'échec d'un acte de communication donné. Ces «langues non verbales» semblent avoir, entre autres, un rôle décisif dans la compréhension discursive de la langue seconde[14].

Au-delà de son utilisation pour les présentations des étudiants, Power-Point s'est révélé être une «plateforme» capable d'intégrer harmonieusement différents objets didactisés. Nous avons en effet monté de nombreuses «séquences d'enseignement» en diaporama, en utilisant certaines fonctions avancées de l'application (création d'objets indépendants, jeux personnalisés d'animation, insertion d'images, de documents audio ou vidéo, etc..)

11. Thompson Clive. (2003). PowerPoint makes you dumb, *New York Times*, December 17, 2003. (Notre traduction).

12. Barrett Deborah J. (2004). The Power of PowerPoint: Providing MBAs a Leadership Edge, in *Proceedings of the 2004 Association for Business Communication Annual Convention*, p. 1. Consulté en octobre 2006 : http://www.business communication.org/c onventions/Proceedings/ 2004/PDFs/14ABC04.PDF. (Notre traduction).

13. Ibid, p. 2

14. Kida, T. (2003), "Le rôle des indices visuels dans la compréhension discursive en langue seconde", in *Marges Linguistiques*, Numéro 5, M.L.M.S. éditeur.

69

*Pédagogie de l'oral en
contexte professionnel
à l'ère du numérique:
réflexion sur une
démarche innovante*

■horaires maîtrisés
■salaires augmentés
■emplois créés

35 H
remettons bien
les pendules
à l'heure!

Selon vous, les femmes
travaillent-elles en moyenne
moins / autant / plus d'heures
que les hommes par semaine ?

Véritable parcours pédagogique, ces diaporamas visent généralement différents objectifs (linguistique, communicatif, discursif ou encore culturel) et intègrent des composantes variées faisant appel à différentes stratégies d'enseignement: éléments déclencheurs (une thématique par exemple), propositions de débats, contenus théoriques, exercices d'application (le vocabulaire par exemple), simulations, jeux de rôle ou encore documents audio ou vidéo. On comprend donc que durant ces séquences, le professeur jouera tantôt son rôle traditionnel, tantôt un rôle d'animateur (débats), d'accompagnateur, de personne ressource ou encore de gestionnaire du temps. Il reste toutefois le maître du diaporama et décide de la durée de chaque étape du parcours selon ses priorités. Cette utilisation de PowerPoint requiert une commande à distance afin de pouvoir circuler librement dans la classe et être au cœur de l'action lorsque les étudiants travaillent en tandem, en triade ou en groupe plus nombreux. Fort positive, la réponse des étudiants à ces «diaporamas PowerPoint» se traduit d'abord par une participation accrue mais surtout plus spontanée. Leurs commentaires, en second lieu, nous permettent de dire qu'ils apprécient le montage graphique, la variété des contenus-activités, les pauses interactives (mises en situation, discussions ou exercices en tandem, etc.) et finalement l'enchaînement des éléments dans une continuité logique qui fait de chaque diaporama un mini-module d'enseignement. Ils réclament la mise en ligne de ces diaporamas dès que possible après le cours afin de reprendre ces séquences en autonomie quand ils le désirent.

Nous mettons également en ligne, que ce soit dans un espace privé pour l'étudiant ou dans un espace partagé, les diaporamas des étudiants une fois ceux-ci corrigés par le professeur. Pour la rétroaction et la correction, nous disposons de deux outils que l'on peut combiner: le stylet de l'ordinateur tablet, qui permet de faire une correction manuscrite du PowerPoint (ou encore d'un document Word) directement sur l'écran sans passer par le clavier, et le logiciel Camtasia qui permet d'enregistrer des commentaires audio à même PowerPoint en suivant le déroulement du diaporama. L'ordinateur Tablet offre d'intéressantes possibilités même s'il est encore d'utilisation complexe et délicate. Le fait de pouvoir écrire sur l'écran comme sur une feuille de papier constitue en quelque sorte le maillon qui manquait aux applications telles que Word ou PowerPoint pour qu'elles soient conviviales au niveau de la rétroaction/correction. En classe, le stylet joue le même rôle que le marqueur sur les transparents à l'exception du fait qu'il permet aussi de naviguer librement d'une application à l'autre ou sur Internet. Quant à Camtasia, ou à ses équivalents, l'application offre sans aucun doute les possibilités les plus novatrices au niveau pédagogique. Elle permet de créer des enregistrements audio ou vidéo en parallèle avec des captures d'écran dynamiques (Camtasia enregistre les changements d'écran, les déplacements de souris et l'écriture manuscrite par stylet). On imagine tout le potentiel de cet outil pour la rétroaction et l'importante dimension interactive qu'il permet d'ajouter à des documents Power-point, Word ou autres.

Conclusion

La mise sur pied de ce cours a permis de nous lancer dans une expérimentation, devenue au fil du temps une recherche-action, dont nous ne mesurions au départ ni les ramifications ni les implications. Une première conclusion s'impose : la conception, la didactisation, le design pédagogique et la manipulation efficace des outils technologiques dont nous avons parlé dans cet article exigent de la part du professeur de nouvelles compétences, un « savoir-faire polymorphe » dont la maîtrise même partielle représente un véritable défi, et cela à plusieurs niveaux (temps, ressources, formation, etc.)[15]. La deuxième conclusion met la première en perspective : les résultats obtenus nous ont convaincus de l'indéniable plus-value pédagogique des outils que nous avons mis au service de la communication orale en situation professionnelle. Cela force toutefois un regard différent sur ces outils qu'il ne s'agit plus de voir comme des greffes technologiques plus ou moins heureuses à un enseignement mais comme des acteurs à part entière dans la démarche pédagogique initiale et dans la conception d'une formation en présentiel. Même si les expérimentations dont nous avons fait état restent à être validées, nos observations nous autorisent à dire que les dispositifs techno-pédagogiques mis en place ont permis d'offrir aux étudiants des stratégies d'apprentissage non seulement plus performantes, mais surtout mieux adaptées, entre autres grâce à leur polyvalence, à leur pertinence professionnelle en phase avec les situations de communication variables qu'ils doivent affronter au travail. Rien ne reste statique dans l'ère du numérique, ce qui alimente à la fois l'insécurité et le renouvellement créatif. Ceci est doublement vrai dans un enseignement en présentiel lorsque le projet pédagogique se veut délibérément collaboratif. Le numérique est bel et bien une réalité exponentielle que nos étudiants se chargeront rapidement de nous rappeler si nous ne nous engageons pas résolument à lui donner forme et sens dans notre enseignement.

Bibliographie

BARBOT, M.-J. (2006), « Rôle de l'enseignant-formateur : l'accompagnateur en question », in *Mélanges CRAPEL*, numéro 28. Consulté en novembre 2006 :
http://revues.univnancy2.fr/melangesCrapel/article_melange.php3?id_article=282

BARRETT, D. (2004). « The Power of PowerPoint : Providing MBAs a Leadership Edge », in *Proceedings of the 2004 Association for Business Communication Annual Convention*, p. 1. Consulté en octobre 2006 :
http://www.businesscommunication.org/conventions/Proceedings/2004/PDFs/14ABC04.PDF

BRESNAHAN, T., BRYNJOLFSSON, E. & HINT, L. (1999), *Information technology and Recent Changes in Work Organization Increase the Demand for Skilled Labor*. Consulté en novembre 2006 :
http://www.stanford.edu/~tbres/research/Brookings%20volume.pdf

BRODIN, E. (1997) « Multimédia et français langue étrangère, Table ronde : Regards croisés sur le multimédia », *Les cahiers de l'Asdifle*, Actes des 19e et 20e Rencontres, p. 103.

CHINNERY, G. (2005), « Speaking and Listening Online, A Survey of Internet Resources » in *English Teaching Forum*, Volume 43, Number 3.

CROSLING, G. & WARD, I. (2002), « Oral Communication : the workplace needs and uses of business graduate employees », in *English for Specific Purposes*, volume 21, Number 1, pp 41-57.

DALE, E. (2005), *Learning pyramid*, Bethel, ME: National Training Laboratories.

DE FONTENAY, H. (2002), « L'apport des TICE à l'enseignement-apprentissage du FOS, Y a-t-il un français sans objectif(s) spécifiques(s) ? », *Les cahiers de l'Asdifle*, Actes des 29e et 30e Rencontres, p. 149.

GAMLIN, G. (2005), « Digital Voice Recordings in Online Learning Environments », in PacCALL *Journal*, Volume 1, Number 1, Pp. 53-62.

GERMAIN, C. & NETTEN, J. (2004), « La précision et l'aisance en FLE/ FL2 : définitions, types et implications pédagogiques » in *Marges Linguistiques*, M.L.M.S. éditeur.

HILL, M. & STOREY, A. (2003), « Speak Easy: online support for oral presentation skills », in *ELT Journal*, Volume 57/4, Oxford University Press.

JAGDISH, R. (2006), « ICT for Curriculum Support and Teaching », *Documentation Research and Training Centre (DRTC)*, Conference on ICT for Digital Learning Environment, 11th – 13th January, Bangalore, p. 3. Consulté en octobre 2006 : https://drtc.isibang.ac.in/handle/1849/224

KIDA, T. (2003), « Le rôle des indices visuels dans la compréhension discursive en langue seconde », in *Marges Linguistiques*, Numéro 5, M.L.M.S. éditeur.

15. De Fontenay, H. (2002), « L'apport des TICE à l'enseignement-apprentissage du FOS, Y a-t-il un français sans objectif(s) spécifiques(s) ?, Les cahiers de l'Asdifle, Actes des 29e et 30e Rencontres, p. 149.

MAES, J., WELDY, T. & ICENOGLE, M. (1997), «A Managerial Perspective: Oral Communication Competency Is most Important for Business Students in the Workplace», in *The Journal of Business Communication*, Vol. 34, Number 1, pages 67-80.

MROWA-HOPKINS, C. (2000), «Une réalisation de l'apprentissage partagé dans un environnement multimédia», in *Revue Internet francophone pour chercheurs et praticiens*, alsic.org, Vol. 3, numéro 2, pp. 207–223. Consulté en novembre 2006: http://alsic.u-strasbg.fr/Menus/framearc.htm

PATHAK, A. (2001), «Teaching and Assessing Multimedia-Based Oral Presentations», in *Business Communication Quaterly*, Volume 64, Number 4, pages 63-71, by Association for Business Communication.

PORTINE, H. (1998), «L'autonomie de l'apprenant en questions», in *Revue Internet francophone pour chercheurs et praticiens*, alsic.org, Vol. 1, numéro 1, pp 73-77. Consulté en novembre 2006: http://alsic.u-strasbg.fr/Menus/framearc.htm

RENNER, H. (1999), «Plurilinguisme à visée professionnelle: de la formation à l'action», in *Les cahiers de l'Asdifle, De nouvelles voies pour la formation*, numéro 11.

THOMPSON, C. (2003), «PowerPoint makes you dumb», in *New York Times*, December 17, 2003.

Annexe

The learning pyramid

Average Retention Rate

Lecture — 5%
Reading — 10%
Audio-visuel — 20%
Démonstration — 30%
Discussion Groups — 50%
Practice by doing — 75%
Teach others / immediate use of learning — 90%

La tâche, un moyen pour optimiser l'enseignement/ apprentissage de l'anglais aux spécialistes d'autres disciplines dans le contexte universitaire français

JEAN-PAUL NARCY-COMBES
PROFESSEUR, UNIVERSITÉ PARIS 3, DILTEC

MARIE-FRANÇOISE NARCY-COMBES
PR, UNIVERSITÉ DE NANTES, CERCI.

Le contexte européen favorise aujourd'hui le développement de formations sur objectifs spécifiques, investissant ainsi le champ largement ouvert par le domaine des langues pour spécialistes d'autres disciplines (LANSAD) qui lui-même avait emboîté le pas aux formations en anglais proposées par les anglo-saxons sous le nom de *English for Specific Purposes* (ESP). Si on admet que l'approche didactique consiste à s'interroger sur la spécificité du contexte d'enseignement/apprentissage et sur les spécificités du domaine de spécialité (contenus et genres discursifs), c'est-à-dire à prendre la mesure de l'existant avant de décider, en fonction des résultats, quels dispositifs et quelles tâches mettre en place, puis à évaluer l'efficacité du dispositif et à dégager les apports au savoir en didactique des langues, nous voyons que c'est un vaste champ de recherche qui s'ouvre ici à cette discipline.

Ainsi que nous le rappellent Chapelle (2003) et Jordan (2004) la mesure d'une action ou d'un dispositif d'apprentissage doit se faire en termes d'une théorie d'acquisition de L2, ce qui nous conduira dans une première partie à rappeler les principes théoriques auxquels nous adhérons. Puis nous proposerons deux exemples illustrant deux contextes différents d'enseignement/apprentissage induisant deux types de contenus : la langue académique (*Academic English*) dans la mesure où certains cours qui y entraînent préparent ponctuellement à ce que l'on peut considérer comme des pans d'activité professionnelle future (au travers du résumé, du compte-rendu, de l'investigation de la presse spécialisée) ; et la langue d'une profession (*Professional English*), en l'occurrence l'enseignement, la recherche, les métiers de la langue, la conception de logiciels, mais aussi la logistique et les affaires.

Considérations théoriques : état des lieux

Nous retiendrons pour notre propos deux relations triangulaires qui s'avèrent incontournables. Dans ces relations, chaque élément qui la compose est indissociable des deux autres et pourtant est souvent traité isolément. Il s'agit là de métaphores opératoires issues d'une synthèse de diverses théories (Jordan, 2004, Narcy-Combes, J.-P., 2005). La première concerne langue, culture et savoirs et la seconde lie langue, langage et parole ou discours. On peut voir, entre autres, sur ce point Calvet (2004) et Narcy-Combes, J.-P. (2005). L'une implique de construire des dispositifs d'apprentissage des langues autour d'un contenu socioculturel authentique (savoirs propres à un domaine défini) pour que les apprenants l'acceptent comme légitime. L'autre distingue et réunit le langage, c'est-à-dire la faculté que les humains ont développée pour communiquer, mais également pour organiser leur monde, faculté que certains comme Auroux (2001) considèrent comme une technologie, la parole (le discours) qui est la réalisation physique de ce langage, et la langue. Cette dernière est d'abord appréhendée comme système, puis comme outil de communication, qui reflète les différentes formes que les divers groupes humains donnent à la parole. Les descriptions de ces langues s'ordonnent sur un continuum entre un point de vue purement linguistique à un extrême, où se situe la compétence linguistique, et purement sociolinguistique à l'autre, où se trouve la compétence de communication telle que la décrivent Hymes et Halliday par exemple, suivant le regard que ces descriptions privilégient c'est-à-dire la conception de la langue comme système ou comme outil.

Les technologies actuelles nous permettent d'enregistrer la parole/le discours avec plus de certitude qu'autrefois comme le montre le développement de la linguistique de corpus. Toute proposition de système descriptif ne restera pourtant qu'une approximation de la réalité dans la mesure où l'accès à la parole ne donne pas accès à l'organisation cognitive interne qui permet de l'émettre. L'hypothèse à laquelle nous adhérons avance que ce n'est pas sur la langue que l'on peut s'appuyer pour mettre en place initialement une formation de L2, mais sur de la

75

La tâche, un moyen pour optimiser l'enseignement/ apprentissage de l'anglais aux spécialistes d'autres disciplines dans le contexte universitaire français

parole et/ou du discours, c'est-à-dire sur des situations d'emploi avéré. Comme l'a rappelé Gaonac'h (2005), les chercheurs qui se sont penchés sur le fonctionnement langagier et l'apprentissage de L2, en particulier au niveau de la connaissance explicite (le savoir déclaratif) signifient que cette dernière doit permettre des opérations très rapides quand le système mémoriel est défaillant. Les apprenants devront donc déterminer comment rendre opérationnelle leur connaissance linguistique au vu de cette contrainte et ce devra être un des rôles des enseignants (médiateurs) que de les aider à le faire.

En complétant ce qui précède par une incursion en psycho et neurolinguistique (Robinson, 2001 et 2002), notre positionnement est le suivant : la production langagière relève tantôt de la production automatisée de modèles tout faits (*exemplars* ou instances, terme employé par Fayol, 2002) adaptés à la situation de communication, donc à l'emploi que l'on veut en faire, tantôt d'une application de règles qui correspond davantage à la conception traditionnelle selon des modalités pas encore déterminées. Les théories de l'acquisition nous rappellent par ailleurs que pour parvenir à apprendre et à produire, l'apprenant de L2 a besoin de traiter du sens, de focaliser son attention et d'être conscient que toutes ses activités cognitives sont nativisées. En effet, le lien entre la conscience, la langue et la culture maternelles (Robinson, 2001 et 2002) explique l'existence d'un processus de nativisation qui conduit tout individu à analyser initialement l'inconnu selon les critères du connu. Dans le cas de l'apprentissage d'une L2, l'apprenant perçoit et analyse les données langagières selon des critères personnels, et non propres à la L2, ce qui impose une forme de médiation compensatrice. De plus, les mêmes sources rappellent que ce qui est appris, le savoir explicite (déclaratif pour certains), ne permet que de mieux (se) repérer et ne se transfère pas directement en savoir implicite ou procédural. Ces données théoriques conduisent à privilégier un cadre de fonctionnement spécifique : l'approche par les tâches.

Une tâche selon Rod Ellis est un ensemble d'actions réalistes qui donnent lieu à une production langagière «non-scolaire» ou pour reprendre les termes qu'il utilise de «*real-world activities*» (R. Ellis 2003 : 3) et de «*real world processes of language use*»(R. Ellis 2003 : 10). La tâche est une activité cohérente et organisée ce qui permet d'assurer un repérage efficace, si par repérage on entend la perception et la compréhension des écarts dans L2, ou entre L1 et L2, ou entre ce qui a été produit et ce qui était attendu. Elle est interactive ou pas, mais elle inclut la gestion du sens en lien avec le monde réel, avec un objectif défini, et le résultat pragmatique obtenu prime sur la performance langagière. Du fait de son caractère réaliste, de son enracinement dans le concret, de son orientation vers un résultat, la tâche présente de fortes affinités avec l'enseignement des langues à visée professionnelle, orienté vers la poursuite d'objectifs spécifiques et la recherche d'efficacité.

Par ailleurs, la tâche a toujours une durée, comprend des étapes. Elle assure le déclenchement des processus d'apprentissage, et permet une évaluation formative, ou information critique, personnalisée. Toutes les tâches ne sont pas nécessairement du même ordre, et l'organisation d'un apprentissage à partir de tâches suscite encore des interrogations (Benoit, 2004), en particulier au niveau de la progression. Des macro-tâches complexes et réalistes se combinent avec des micro-tâches qui favorisent l'entraînement. On retrouve des présupposés théoriques semblables dans l'approche actionnelle telle que la définit le Conseil de l'Europe (voir Puren 2004, par exemple). La réflexion sur les dispositifs (Pothier 2003, Narcy-Combes 2005) conduit à envisager la mise en place de dispositifs qui proposeront aux apprenants un travail combinant le présentiel et le travail individuel autonome avec tutorat, associé autant que faire se pourra avec un centre de ressources en langues. Sur le terrain, des organisations différentes seront proposées en fonction des spécificités des contextes rencontrés.

T âches transversales à différentes disciplines

Dans une UFR[1] de sciences du langage et dans une UFR de didactique du FLE, des dispositifs d'apprentissage de l'anglais en auto-direction avec soutien accueillent les étudiants (qui relèvent ainsi du domaine LANSAD puisque l'anglais n'est pas la discipline de leur diplôme). Dans ces dispositifs, à divers niveaux du cursus, en fonction des exigences du programme, de l'examen et de la durée du semestre, il est demandé aux apprenants de réaliser des macro-tâches qui peuvent être des condensés de textes (*abstracts*), des enregistrements (monologues ou dialogues), des tâches d'écoute ou de lecture, voire même des exposés scientifiques (par exemple : *Bulgarian dialectology, A Basic Overview of HPSG* ou *Topic and Logical Subject in Hungarian*). Ces tâches correspondent à celles qui peuvent être exigées dans un cursus universitaire français mais préparent également à de futures situations de travail comme des réunions d'équipes, des colloques, etc.

Dans un cursus long de français ou d'anglais, on pourrait envisager d'incorporer ces tâches dans une simulation globale ou de créer des parcours didactiques variés, mais dans le cas évoqué, le dispositif LANSAD est beaucoup plus ramassé dans le temps. L'analyse des conditions institutionnelles a mis en évidence les contraintes suivantes : chaque dispositif mis en place doit correspondre à une unité d'enseignement (UE) organisée en groupes de travaux dirigés (TD), pouvant accueillir jusqu'à 30 étudiants de niveaux hétérogènes, en séances de 1 heure 30 à 2

1. Unité de Formation et de Recherche.

heures sur des semestres de 12 semaines, avec un peu de travail hors encadrement (THE dorénavant). Ces UFR ne sont équipées ni de laboratoires de langues, ni de centres de langues. Dans de telles conditions, l'efficacité et l'individualisation du travail des étudiants sont limitées. Comment les améliorer sans augmenter indûment la charge des enseignants ? Ce changement ne peut se faire sans déstabiliser les représentations des uns et des autres, ce qui passe par un dialogue contradictoire entre les tuteurs et les étudiants pour induire une réflexion sur la validité des diverses représentations qu'ils se construisent.

La façon dont les apprenants sont répartis dans les TD ne permet pas d'établir un programme commun qui, de toute façon, ne pourrait maintenir la motivation de tous les apprenants. Ces derniers sont, de ce fait, responsables du contenu et de la forme de leurs tâches. Il reste à l'enseignant à suivre le travail des apprenants, en sachant, d'une part, que l'UE est comptabilisée pour 18 heures (ou 24 heures) de TD et leur préparation et, d'autre part, que chaque étudiant doit rendre 10 tâches, demandant deux heures de travail chacune pour 18 h ou 13 pour 25 h. L'enseignant reçoit donc 300 tâches par semestre par groupe qu'il anime ce qui lui impose de passer 3 à 6 minutes par tâche pour ne pas être «débordé».

Les références théoriques, et les résultats des premières expériences, ont permis de penser qu'il serait plus efficace que le suivi consiste à donner des conseils, en L1 ou L2 suivant ce qui parait le plus efficace, en fonction des problèmes d'apprentissage qui sont repérés, et non en fonction du détail relevé des productions d'énoncés non conformes aux normes attendues, que nous appelons PNCA pour ne plus parler d' «erreurs». Néanmoins, il semble plus raisonnable de concevoir des modalités de travail qui réduisent le risque de ces PNCA. Dans les divers modules, tous les étudiants ne travaillent pas avec la même implication, ni la même efficacité, mais le contrat qui leur est proposé impose un effort minimal qui est plus conséquent que la participation aux activités d'un TD traditionnel. En effet, dans la mesure où on propose à l'apprenant de travailler chez lui l'équivalent des 18 heures de travail encadré (correspondant aux anciens TD) et un peu moins de THE, (correspondant à l'ancien travail à la maison) soit un total de 25 heures environ, il ne sera pas possible de percevoir les progrès nettement, sauf si son implication conduit l'étudiant à faire un effort plus grand que ce qu'on attend de lui. Un travail traditionnel ne donnerait pas de résultats plus perceptibles, ne serait-ce que parce qu'en 25 heures les résultats sont difficilement mesurables, mais, souvent, personne ne se pose la question des progrès quand l'approche ne surprend pas : quand on leur demande leur avis par des questionnaires anonymes, les apprenants expriment souvent leurs craintes des effets des innovations en termes de notes ou de réussite aux examens, jamais ils ne le font d'eux-mêmes dans des cours «traditionnels» dont ils ne questionnent pas la validité.

Le mode de travail retenu suit les positions théoriques, pratiques et méthodologiques évoquées plus haut dans cet article. Dans le cadre de l'UE qui propose un travail sur toutes les compétences, plusieurs types de tâches sont suggérés. Dans une première séance de présentation, animée en L1 surtout si les apprenants sont de niveaux inférieurs à B2 du CECRL, l'enseignant tuteur donne deux fiches aux étudiants :

• fiche 1 : descriptif du cours (objectifs, approche, calendrier de remise des tâches et des rencontres avec le tuteur, modalités d'évaluation) et comment contacter le tuteur.

• fiche 2 : techniques de travail suggérées pour chacun des types de tâches.

Il les commente et en débat avec eux. Ses objectifs sont de familiariser les étudiants avec le dispositif et de les rassurer pour qu'ils acceptent le contrat après avoir exprimé leurs interrogations. La séance se termine par quelques minutes où les étudiants rédigent en L1 un texte sur leur perception du module et leurs attentes d'une part, et d'autre part ils sont invités à produire en L2 quelques phrases (mini condensé d'un court article par exemple) qui donneront une idée de leur niveau de compétence en langue. Le tuteur obtient ainsi des renseignements fort utiles. Il peut d'ailleurs répondre par courriel aux inquiétudes qu'il perçoit à travers ce petit test, ce qui permet d'établir dès le départ une relation de confiance. La première séance met ainsi en place le «comment faire», la première des 10 tâches remise dès la semaine suivante pour «lancer le mouvement» du semi présentiel, révèle le «comment chacun fait», en fonction de qui il est, de son niveau et de ce qu'il a compris. Quant à la première rencontre de tutorat, elle met en place le «comment on continue» pour être plus efficace et permet l'ajustement des conditions du module à chacun. Dans un contexte où le temps est compté, cette première rencontre peut se faire collectivement, sans dépasser toutefois le chiffre de douze étudiants. Il est préférable de «convoquer» les étudiants en groupes par courriel dans la plage horaire attribuée aux modules le jour de cet entretien de tutorat. On peut rendre à chacun sa tâche avec un commentaire personnel non menaçant, puis répondre aux questions en redonnant les conseils techniques qui n'ont pas été compris et expliquer les raisons théoriques qui justifient ces conseils. Quelle que soit la clarté des explications contenues dans la fiche, et celle des explications et des réponses données dans la séance de présentation, la première rencontre de tutorat amènera l'enseignant à reprendre de nombreuses fois comment il convient de faire. À partir de la seconde rencontre de tutorat, le tuteur suggérera clairement des changements de techniques, voire de type de tâches, en fonction des résultats de chacun. Dans le cas d'un résumé, les critères pris en compte pour l'évaluation lors de l'entretien de tutorat doivent permettre de mesurer l'implication de l'étudiant et de lui donner des conseils: longueur, domaine, complexité et densité de l'article initial, rapport de longueur entre le condensé et l'article, technique majeure de rédaction et degré de créativité. En rendant chaque tâche, le tuteur prend en compte dans ses commentaires comment ajuster la longueur, la densité et la complexité de l'article aux capacités de l'étudiant en fonction du temps passé et des résultats.

Pour le condensé d'un article, le rapport de longueur dépend de la technique choisie par l'étudiant, donc de son niveau de maîtrise de la langue. Pour la première technique (T1) le condensé comprend des phrases entières, voire des paragraphes entiers, importés directement du texte original (copier-coller). Si l'essentiel de l'article n'y est pas, l'étudiant ne l'a pas compris. On lui conseille de continuer avec T1 en ajustant la longueur, la complexité et la densité de l'article à la baisse. Dès que le condensé résume l'article efficacement, l'étudiant passe à l'étape suivante. Avec la seconde technique (T2), l'apprenant supprime des parties de phrases ou de paragraphes. S'il ne le fait pas à propos ou si le condensé ne synthétise pas l'article avec efficacité, l'apprenant garde T2. La troisième technique (T3) est celle où l'apprenant remanie le texte. Au début de T3, l'apprenant gagne à prendre un article plus court. Remanier un texte est long et ardu. Quand l'apprenant y parvient, on lui conseille d'allonger progressivement les articles, puis de devenir authentiquement créatif en arrêtant le copier-coller. Il peut être alors utile pour lui d'utiliser une technique s'appuyant sur des concordanciers, résultats de l'exploration de corpus de textes, qui affichent toutes les occurrences des mots ou des expressions avec un extrait de leur contexte à gauche et à droite. Plus l'article s'allonge, plus le remaniement devient personnel et révèle le niveau «réel» de production écrite que l'étudiant a atteint. Cependant on atteint rarement ce stade en un seul semestre. Le rôle du tuteur consiste à suggérer une technique et non à corriger les productions non conformes aux attentes. On déclenche ainsi les processus d'apprentissage qui, selon les théories de référence, permettront d'atteindre la phase suivante (Narcy-Combes, 2005). Le travail du tuteur n'en est pas moins complexe (recueillir physiquement ou numériquement les tâches, les classer, déterminer le niveau de compréhension, la technique suivie, l'efficacité de l'apprenant, apprécier son travail et le conseiller). Les autres tâches proposées suivent la même approche, qu'il s'agisse de compte-rendu de texte audio, rapport de lecture ou d'écoute seul ou en binôme, avec écart d'information ou d'opinion.

Nous avons également mis en place une UE de communication scientifique orale en anglais à destination des étudiants en Master 2 recherche et en doctorat en sciences du langage et didactique des langues (FLE largement). La séance de présentation a été suivie de la première étape qui consistait à demander aux étudiants de lire un article puis de le transformer en série de titres, sous-titres, en-têtes de paragraphes. Le plan est alors envoyé à l'enseignant qui relève les problèmes à résoudre. Une première rencontre de bilan a alors lieu. La seconde étape consiste à faire une communication d'entraînement à partir de ce plan et à l'envoyer à l'enseignant qui relève les problèmes à résoudre. Ce dernier peut proposer des micro-tâches, en ligne dans notre cas, puisque nous ne disposons pas de centre de ressources, concernant la spécificité de la langue du domaine, l'expression écrite, etc. Au cours de la troisième étape, les étudiants ont à préparer un authentique exposé en procédant à distance de la même manière. Ils envoient selon leurs besoins le plan, puis un enregistrement d'une répétition ou de leur présentation Powerpoint avec enregistrement. L'enseignant relève les problèmes à résoudre et propose des micro-tâches en ligne pour l'expression orale, mais également les techniques de présentation et d'argumentation en communication scientifique orale. Des séances d'exposés en groupes n'excédant pas douze étudiants sont alors organisées. La cinquième étape amène les étudiants à faire l'exposé devant le groupe. L'enseignant évalue si les problèmes ont été résolus. Après cette cinquième étape, les étudiants tiennent compte de leurs points faibles pour se préparer à un second exposé devant le groupe. Les étudiants n'ont donc que 4 séances en commun, et l'enseignant n'en anime que 8 au maximum, mais il doit assurer le suivi des tâches qu'il reçoit en étant sélectif... son travail se limite à organiser, suivre et donner du *feedback*. Ce dispositif repose sur l'hypothèse que les manipulations conduisant au plan, puis le passage du plan à un exposé d'entraînement, enfin la reprise de ce passage pour l'exposé final conduiront à l'acquisition et que le fait d'agir (*Learning by doing*) facilitera le passage à des procédures implicites. Les étudiants s'investiront dans le dispositif si les attentes sont réalistes et l'environnement non menaçant.

Le dispositif est complété par des questionnaires de satisfaction remplis par les étudiants et des devoirs sur table lors de la dernière rencontre de tutorat qui permettent de voir si les étudiants ont accompli leur travail et s'il a été efficace. Les résultats de la première année de fonctionnement ont témoigné d'une grande implication des étudiants, de la satisfaction des UFR et de celle des étudiants, et d'une progression appréciable du niveau de compétence des étudiants.

L *angue professionnelle*

La méthodologie de conduite de cours précédente a également été testée dans des cursus d'anglais des affaires, en particulier en Master 1 dans une filière de Langues Étrangères Appliquées (LEA), après analyse

81

La tâche, un moyen pour optimiser l'enseignement/ apprentissage de l'anglais aux spécialistes d'autres disciplines dans le contexte universitaire français

du contexte d'enseignement/apprentissage. Le besoin identifié des entreprises de disposer d'experts capables de comprendre et d'interpréter les causes éventuelles d'incompréhension entre deux partenaires commerciaux (Geoffroy 2001), donc de résoudre les conflits d'interprétation potentiels semble pouvoir offrir un débouché spécifique aux étudiants de la filière à condition de les sensibiliser au fait que la compétence linguistique n'est pas nécessairement synonyme de compétence de communication et que cette dernière suppose des compétences socioculturelles et interculturelles. La formation doit donc leur proposer un dispositif susceptible de les rendre capables de reconnaître et d'analyser les différences culturelles, de développer leur intelligence interculturelle, et de mettre en œuvre des capacités linguistiques et comportementales adaptées au contexte culturel de leur domaine d'expertise.

D'autre part, le contexte institutionnel n'est pas favorable aux étudiants de la filière. Celle-ci souffre en effet d'un manque d'intérêt et d'investissement de la part des enseignants qui lui préfèrent des filières plus valorisantes, et, par voie de conséquence, d'un manque crucial de travaux de recherche sur lesquels appuyer l'enseignement universitaire. À cela, ajoutons un conservatisme sévère, obstacle à tout changement en profondeur. Du côté des étudiants, il convient de noter une forte déperdition des effectifs entre la première année et le Master 1, et une attitude majoritairement passive issue de représentations essentiellement transmissives sur l'apprentissage. Celles-ci sont renforcées par l'organisation du dispositif universitaire autour de CM: TD: TP[2]. Ces appellations varient en fonction des effectifs qui composent les groupes: 18 pour les TP, 45 pour les TD et plus pour les CM en amphithéâtre. Ces effectifs sont fort éloignés de ceux des groupes qui ont été étudiés dans les recherches sur l'Anglais de spécialité (*ESP: English for specific purposes*) et pourtant, ces étudiants doivent maîtriser un anglais parfaitement en phase avec les situations professionnelles réelles et les représentations des cultures d'entreprise (même s'ils ne sont pas de futurs hommes d'affaires).

Ce contexte conduit à se demander que proposer pour des étudiants si démunis, afin de surmonter les insuffisances du système. C'est le travail du didacticien de prendre en compte ces données, et d'essayer d'en compenser les faiblesses, pour réaliser au mieux une organisation en cohérence avec les théories didactiques du moment dans le contexte offert. Nous avons décidé de faire de l'heure de cours magistral, qui représente une contrainte institutionnelle, une phase de sensibilisation et d'input. Nous y avons assuré la présentation, l'explication et l'illustration des concepts. Nous avons choisi des exemples montrant l'importance des connaissances interculturelles dans l'entreprise d'aujourd'hui, pour ensuite présenter, expliquer et illustrer les outils nécessaires à l'analyse des différences de cultures. Il s'agissait de donner aux

2. Cours magistraux, Travaux dirigés, Travaux pratiques.

étudiants des outils d'analyse qui leur permettent de comprendre ce qui se passe lors des interactions interculturelles dans l'entreprise et les sensibiliser aux effets de contexte et aux implications pragmatiques qui en découlent. Dans la mesure du possible et malgré les effectifs (plus de 100 étudiants), les interactions entre l'enseignant et les étudiants sont favorisées par un jeu de questions/réponses qui peut être initié par chacun des participants à l'échange.

Les heures de travaux dirigés et de travaux pratiques ont été consacrées à une phase de mise en œuvre autour de tâches. L'objectif était de permettre la construction de savoirs et savoir-faire complexes autour de la réalisation d'une tâche mais aussi de mettre en œuvre des capacités linguistiques et comportementales adaptées au contexte culturel du domaine d'expertise des étudiants. Sur le modèle de la simulation globale, le travail proposé visait à intégrer différentes capacités autour d'un projet d'entreprise. Par groupes de quatre les étudiants avaient pour tâche l'élaboration d'un dossier autour de la thématique suivante : organisation/présentation de l'entreprise, développement d'un nouveau produit avec prise en compte du consommateur, du marché (ciblage, positionnement), étude de la distribution, promotion, étude des possibilités à l'export. Le dossier à constituer devait comprendre un courrier concernant un problème lié au projet développé, le compte-rendu de la réunion également liée au projet et supervisée par les lecteurs, une présentation de l'entreprise et du projet (produit, marché, étude des coûts, etc...) sous forme de présentation orale (copie de transparents supports, notes...), un projet de communication publicitaire et une fiche pays en vue de l'exportation. Les différentes étapes donnaient lieu à des présentations orales et une soutenance orale était prévue pour la validation finale.

Parallèlement, un travail oral était mené avec les lecteurs autour de deux thèmes : l'entretien d'embauche et la réunion d'affaires. La séance concernait deux groupes de quatre étudiants, chaque groupe occupant trente minutes par séance. Pour ce travail, les étudiants devaient avoir préparé la tâche à l'avance. Chaque groupe déterminait au préalable le profil du poste à pourvoir dans l'entreprise, rédigeait et communiquait aux autres membres du groupe leur CV. Le groupe prenait connaissance des CV et réfléchissait aux modalités de l'entretien d'embauche. Pour ce faire un support vidéo était proposé. Au plus tard la veille du jour de passage, les CV et le profil de poste étaient communiqués au lecteur pour qu'il puisse apporter les commentaires appropriés. Le jour prévu pour la réalisation de la tâche deux candidats et deux « examinateurs » étaient tirés au sort. Chaque candidat passait pendant 10 minutes, puis le jury décidait qui serait embauché en justifiant son choix. De même, les étudiants devaient organiser une réunion de travail sur un problème rencontré lors de leur projet. Le travail devait être préparé et les étudiants devaient savoir à l'avance sur quel sujet allait porter la discussion et quelle décision devait être prise à l'issue de la réunion. La réunion devait déboucher sur une décision. Les étudiants désignaient un secrétaire de séance dont le rôle consistait à prendre les notes pour permettre au groupe de rédiger ensuite le compte-rendu de la réunion. Le rôle du lecteur était d'évaluer la performance des étudiants et de leur donner un retour sur celle-ci, et également de les aider à revoir la partie écrite.

Diverses aides étaient proposées. Un dossier en anglais comportant les principaux concepts de marketing, des aides méthodologiques sur comment faire un exposé oral en entreprise, comment utiliser les supports visuels, comment utiliser les graphiques, etc., une étude de cas permettant de visualiser les interactions entre les différentes activités de l'entreprise (projet, courrier, meeting…), une ou deux études de cas permettant de comprendre l'importance des paramètres interculturels dans les situations d'entreprise et des études de vidéo sur le lancement d'un nouveau produit, sur les différences culturelles et sur la publicité.

Il nous semblait que la nature de la tâche était en étroite relation avec les intérêts des étudiants, qu'elle offrait une exposition longue et variée aux différents aspects du langage de spécialité dont ils avaient besoin et nécessitait de s'approprier des compétences liées à leur domaine d'étude : l'anglais des affaires. Elle présentait suffisamment de variété et répondait assez à leurs préoccupations pour susciter une réelle motivation et l'investissement personnel nécessaire à l'apprentissage. Le travail en groupe contribuait à développer une aptitude au travail en équipe nécessaire en entreprise et offrait la possibilité d'interactions et de négociations pour faciliter la mise en place de compétences. L'évaluation finale mettait en œuvre un savoir-faire utile à développer dans la perspective de leur future carrière dans la mesure où elle consistait en une présentation orale de leur travail devant plusieurs personnes.

Ce dispositif a permis d'impliquer de manière satisfaisante les étudiants dans les activités proposées. Pour une majorité d'entre eux, ils se sont fortement motivés pour les mener à bien et ont fourni un travail considérable et mesurable, ce qui confirme que lorsque les étudiants se voient confier ce type de tâches, ils produisent.

Les problèmes rencontrés sont liés aux difficultés qu'ils ont à comprendre les finalités de la formation du fait que ce qui est demandé est éloigné de leur expérience universitaire et heurte leurs représentations. Il est donc nécessaire d'en tenir compte. D'autre part, l'efficacité du travail sur la langue a besoin d'être améliorée par des micro-tâches individualisées et réalisées en centre de ressources, ce qui n'a pas été possible, faute de moyens. Enfin les étudiants semblent avoir du mal à venir trouver leur enseignant pour du conseil.

Ce qui fait l'originalité de cette approche c'est surtout de la mettre en œuvre sur des grands nombres sans modifier la structure du macro-système et en lien avec des théories. Le contexte engendre de grandes difficultés pour mesurer les résultats, et même pour mesurer la satisfaction des étudiants dans la mesure où ils sont loin de tous répondre aux questionnaires distribués. Le travail en équipe incontournable qu'elle implique est inhabituel à l'université française.

Au final, la façon dont ces UE sont organisées suscite davantage d'implication et d'investissement de la part des étudiants ; il est possible de postuler qu'elles sont plus efficaces qu'auparavant. Cette dernière remarque demande à être tempérée par le fait que les étudiants sont pris par de multiples tâches qu'on leur demande de réaliser dans des conditions qui sont loin d'être les meilleures que l'on puisse trouver. Par ailleurs, il serait nécessaire de disposer de moyens d'entraînement plus efficaces afin de pouvoir proposer les micro-tâches nécessaires. Dans d'autres contextes plus favorables, il serait possible de proposer une rétroaction (*feedback*) plus riche conduisant à des micro-tâches mieux adaptées, et un temps pour le questionnement et le débat afin de mieux cerner les besoins spécifiques de chacun.

onclusion

Le présent article et les dispositifs évoqués posent la question de l'accès aux réalités professionnelles (écrits, raisonnements, modes de fonctionnement) dans les cours universitaires de langues vivantes pour les disciplines autres. Mais comment concevoir des formats de cours économiques et pertinents à la fois, tout en visant la complexité du réel et des situations de travail ?

Les dispositifs centrés sur les tâches, sont une réponse possible mais ils vont à l'encontre des pratiques traditionnelles ; la recherche une fois de plus, a déstabilisé les représentations des acteurs de la relation enseignement/apprentissage. Au lieu de proposer une progression du simple au complexe, ainsi que le préconisent les instructions en formation des maîtres, ces dispositifs mis en place à l'université partent du complexe (la macro-tâche) et restent dans le complexe faute de pouvoir opérer autrement en raison du déficit chronique de moyens dont souffre l'institution. Car c'est en partant du complexe que l'on est le plus efficace. En effet, en proposant d'abord des micro-tâches, on risque de n'avoir le temps que de faire des micro-tâches et donc d'empêcher l'apprenant de mesurer les besoins que sollicitent les tâches sociales que son futur métier ou ses études lui imposent ; dans un tel cas, il sera tenté de se bloquer sur les processus de bas niveau (Gaonac'h, 1990). En proposant des tâches complexes, on se rapproche des conditions de l'acquisition de la langue maternelle : en effet, lors de l'acquisition de la L1, les enfants commencent par aborder la complexité de la relation à l'autre, avant d'aborder, en classe, les micro-tâches qui lui permettront d'élucider le fonctionnement du système linguistique. Certes, il ne s'agit pas dans notre cas d'apprenants en langue maternelle : les effets de la nativisation se font particulièrement sentir. On peut espérer que sensibilisés à ces effets, les apprenants auront recours à des micro-tâches dès que nous aurons les moyens de leur en proposer. En ce qui concerne ces micro-tâches, les études en cours sur les systèmes de production par instances et par règles et leurs effets sur la progression des apprenants permettront sans doute de mieux comprendre les processus à l'œuvre et favoriseront ainsi des avancées significatives sur leur conception. Notre travail d'enseignants du secteur LANSAD nous a fait gérer des objectifs spécifiques en prenant également en compte les spécificités des contextes institutionnels et en y répondant d'une façon qui respecte les apports des théories sans perdre le sens du réel. Pour être plus efficace, il faudrait de profondes modifications du contexte qui ne relèvent plus de la didactique de L2 !

Bibliographie

AUROUX, S. (2001), «Le langage n'est pas dans le cerveau». In Dortier.J-F (coord). *Le Langage*, Auxerre, Editions Sciences humaines.

BENOÎT, W. (2004), *L'Approche par tâches dans l'apprentissage de l'anglais de spécialité: opérationnalisation contrôlée dans l'enseignement supérieur*, Thèse de doctorat, Université de Nantes.

CALVET, J.-L. (2004), *Essais de linguistique. La langue est-elle une invention des linguistes?*, Paris, Plon.

CHAPELLE, C. A. (2001), *Computer Applications in Second Language Acquisition*, Cambridge, CUP.

CHAPELLE, C. A. (2003), *English Language Learning and Technology*, Amsterdam and Philadelphia, John Benjamins.

ELLIS, R. (2003), *Task based Language Learning and Teaching*, Oxford, OUP.

FAYOL, M. (2002), Production du langage. *Encyclopédie des Sciences cognitives*, Vol X. Paris, Hermès.

GAONAC'H, D. (2005), «Les différentes fonctions de la mémoire dans l'apprentissage des langues étrangères», Conférence plénière au XXVIIIe Congrès de l'APLIUT, IUT de Toulon Sud Var, 2-4 juin 2005.

GAONAC'H, D. (1990), «Acquisition et utilisation d'une langue étrangère», *Le français dans le monde*, février-mars, Paris, Edicef.

GEOFFROY, C. (2001), *La Mésentente cordiale*, Grasset/ Le Monde, Paris.

HALLIDAY, M.A.K. (1978), *Language as social semiotics*, London, Edward Arnold.

HYMES, D. (1972), «On Communicative Competence», in PRIDE, J.B. & HOLMES, J. (eds), *Sociolinguistics*, Hammondsworth, Penguin.

JORDAN, G. (2004), *Theory Construction in Second Language Acquisition*, Amsterdam, John Benjamins.

NARCY-COMBES, J.-P. (2005), *Didactique des langues et TIC: vers une recherche-action responsable*, Paris, Ophrys.

NARCY-COMBES, M.-F. (2006), *La Communication interculturelle en anglais des affaires*. Rennes, Presses Universitaires de Rennes.

NARCY-COMBES, M-F. (2003), «La communication interculturelle en anglais des affaires: transfert ou conflit d'interprétation?» ASp 39/40, pp 119-129.

POTHIER, M. (2003), *Multimedias , dispositifs d'apprentissage et acquisition des langues*. Paris, Ophrys.

PUREN, C. (2004), «De l'approche par les tâches à la perspective co-actionnelle» in *Les Cahiers de l'APLIUT*, vol. 23, no 1, pp. 10-26.

ROBINSON, P. (2002), *Individual Differences and Instructed Language Learning*, Amsterdam/Philadelphia, John Benjamins.

ROBINSON, P. (2001), *Cognition and Second Language Instruction*, Cambridge, CUP.

Enjeux

METTRE LES THÉORIES AU SERVICE DE LA DEMANDE SOCIALE

Hervé Adami
Georgeta Cislaru, Stavroula Katsiki,
Frédéric Pugnière-Saavedra,
Frédérique Sitri, Marie Veniard

ACCOMPAGNER LES POLITIQUES

Claire Extramiana
Marianne Kayed, Sylvia Dancose
Jean-Marc Mangiante

Dire le savoir-faire en contexte professionnel : problèmes, enjeux et perspectives.

HERVÉ ADAMI
MAÎTRE DE CONFÉRENCES À L'UNIVERSITÉ NANCY 2
CRAPEL/ATILF/CNRS, UMR 7118

Présentation du projet : l'élaboration d'un référentiel d'évaluation linguistique pour les salariés des métiers de la propreté[1]

Une équipe du CRAPEL/ATILF travaille à la réalisation d'un référentiel d'évaluation linguistique pour les métiers de la propreté. Le FAF Propreté (Fonds d'Assurance Formation), Organisme Paritaire Collecteur Agréé (OPCA) de ce secteur industriel, pilote le projet parce qu'il met en place des démarches de Validation des Acquis de l'Expérience et des formations pour les salariés. Or ces démarches risquent de ne pas aboutir en raison d'une insuffisante maîtrise de la langue de la part des salariés qui sont, pour une importante partie d'entre eux, non francophones. Le FAF Propreté a décidé de prendre le problème en compte et de mettre en place une démarche originale : le dossier de validation des acquis sera constitué par le salarié avec l'aide d'un accompagnateur qui aura notamment pour tâche d'aider à sa mise en forme à l'écrit. La présentation finale du dossier est prévue sous la forme d'une soutenance orale du salarié devant un jury. Le référentiel a ainsi pour objectif premier d'évaluer la capacité des salariés à interagir avec l'accompagnateur : sans cela, la constitution du dossier, et à plus forte raison sa soutenance, ne sont pas envisageables. Le référentiel a aussi pour objectif d'évaluer les compétences linguistiques des salariés susceptibles de suivre une formation professionnelle « classique ». En

1. Le travail dont nous faisons état dans cet article est une commande privée en cours de réalisation. Pour cette raison, nous n'entrerons pas dans un certain nombre de détails qui relèvent de la confidentialité ainsi que nous en avons convenu avec notre partenaire, le FAF Propreté. Comme nous l'expliquons dans la dernière partie de ce papier, des recherches ultérieures devraient nous permettre d'approfondir le sujet et d'en publier les résultats.

effet, les salariés qui ne seraient pas en mesure de suivre une formation, eux aussi pour des raisons de maîtrise de la langue, seraient dirigés vers des formations linguistiques si l'évaluation par le référentiel en démontrait la nécessité.

Ce référentiel se situe donc en amont des validations d'acquis ou des formations. Cet outil doit être opérationnel parce que de lui dépend une décision aux enjeux importants, c'est-à-dire l'engagement dans un dossier de VAE, pour l'entreprise et pour le salarié, en termes de coût, de stratégie, d'organisation et d'efforts pour l'un et l'autre partenaire. Or, c'est précisément parce que le référentiel induit des choix opérationnels qu'il faut évaluer des compétences linguistiques liées au travail, aux besoins du salarié et de l'entreprise. Celui-ci, suivant en cela la demande très précise du FAF Propreté, doit évaluer des capacités à dire des savoir-faire, à verbaliser, à expliciter des pratiques professionnelles. L'élaboration de ce référentiel permet de poser, ou de reposer, des questions d'ordre théorique qui doivent trouver, en l'occurrence, des réponses pratiques et concrètes puisqu'il s'agit de construire un outil opérationnel. C'est aussi la raison pour laquelle les problèmes pratiques précèdent les questions théoriques dans cet article.

É valuer la verbalisation des savoir-faire professionnels

Ce référentiel porte donc sur la verbalisation des savoir-faire professionnels dans le cadre d'une démarche de validation des acquis de l'expérience (VAE) et sur l'évaluation linguistique des salariés susceptibles de suivre une formation. Les salariés concernés par la VAE constituent un dossier avec un accompagnateur qui les aide à le formaliser. L'objectif du référentiel est d'évaluer les compétences linguistiques de ces salariés pour savoir s'ils sont capables de mener à bien cette démarche. La maîtrise des savoir-faire professionnels ne suffit pas : les salariés doivent être capables de dire leur savoir-faire et de défendre leur dossier devant un jury. Or cet exercice présente un certain nombre d'obstacles et de difficultés pour le salarié mais aussi pour l'évaluateur. En effet, il s'agit de mesurer une compétence que le salarié exerce peu à son poste de travail. Grosjean (2001) établit un continuum concernant les rapports entre langage et activité : elle voit à une extrémité du continuum « quelques échanges minimaux entièrement dépendants de l'action matérielle » qu'elle appelle « échanges opérationnels de coaction ». À l'autre extrémité, elle identifie « des activités entièrement conduites par le biais du langage ».

La situation des agents des métiers de la propreté correspond aux échanges opérationnels de coaction. Les échanges concernant le travail ont lieu essentiellement entre les agents et les cadres qui donnent les consignes ou qui vérifient le travail. La part langagière du travail est limitée et la situation de communication à laquelle les salariés vont être confrontés avec l'accompagnateur pour la démarche de validation des acquis de l'expérience est donc inédite : il s'agira de parler de leur pratique professionnelle, ce qu'ils n'ont ni l'habitude ni le besoin de faire, ou en tous cas pas sous cette forme. Le référentiel, quant à lui, intervient encore en amont de cet échange : il n'évalue pas un savoir-faire à travers la verbalisation mais la verbalisation elle-même. Or, cette situation pose un certain nombre de problèmes méthodologiques et pratiques.

Le premier concerne l'objet même de l'évaluation, c'est-à-dire la langue : s'agissant de verbalisation de savoir-faire professionnels, l'évaluation ne pouvait porter que sur les pratiques langagières professionnelles. Mais ces pratiques ne se laissent pas approcher si facilement et l'on connaît les effets indésirables de la présence de l'observateur sur le comportement langagier des acteurs. Nous avons demandé à des responsables de chantier d'enregistrer leurs échanges avec les agents. Le corpus que nous avons recueilli a servi de base pour créer les supports de l'évaluation en compréhension orale. De même, pour évaluer l'écrit, expression et compréhension, nous avons utilisé des documents de travail (fiches techniques, fiches de poste, etc.) et sommes partis de situations-problèmes réalistes pour stimuler le déclenchement de la production d'écrits. Enfin, pour évaluer l'expression orale, des photos de chantiers potentiels ou d'outils ont servi de supports déclencheurs de la parole. Les compétences langagières évaluées sont ainsi liées aux postes de travail et à la réalité de l'expérience professionnelle : nous n'avons pas voulu évaluer la maîtrise d'une langue posée a priori comme un objet indépendant des conditions réelles de production de la parole et du discours.

Le deuxième problème pratique concerne les conditions de passation de l'évaluation. Puisque nous posions comme base de travail la réalité des situations de communication professionnelles, il s'agissait alors d'aller jusqu'au bout de cette logique. L'évaluation n'est pas une situation de communication neutre mais une interaction particulière qui peut interférer avec l'objectif final : les personnes évaluées pourraient ainsi éprouver des problèmes non pas pour mettre en mots leurs pratiques professionnelles, mais pour gérer l'interaction/évaluation qui est censée mesurer cette capacité. L'évaluation est une interaction asymétrique qui engage deux acteurs aux statuts sociaux et interactionnels très différents. Cette interaction, qui n'est ni neutre ni transparente, s'interpose comme un élément nécessaire et incontournable mais éventuellement parasitant. Plusieurs types de problèmes nous sont ainsi apparus.

Le premier concerne la situation matérielle de communication, le cadre physique de l'évaluation/interaction. Nous avions déjà remarqué, à l'écoute des enregistrements qui ont servi de support pour les tests de compréhension orale, que les expressions déictiques sont très nombreuses au cours des interactions entre la responsable de site et ses agents. Ces interactions ont lieu sur le chantier et un grand nombre d'unités linguistiques font référence aux lieux mêmes où les agents doivent intervenir. Ces expressions déictiques sont aussi des références qui renvoient à un savoir partagé, à une connaissance et à une expérience concrètes et communes des lieux. Ces lieux connus, parce qu'ils sont concrètement investis, font partie du contexte épistémique des interactions entre les agents et leur responsable de site. Dans le domaine des métiers de la propreté, la pratique professionnelle est indissociable, par définition, de ces lieux, des locaux, des pièces, des couloirs, des coins et des «racoins» comme le dit la responsable de site. Parler de cette pratique professionnelle suppose donc que l'on parle de ces lieux et de ces endroits où les agents travaillent tous les jours. Or, si la parole au travail est ancrée dans ce contexte matériel qui représente non seulement un cadre de travail mais la raison d'être de ce travail, comment évaluer ces pratiques langagières autrement que dans ce contexte ou dans un endroit qui lui ressemble? Ce choix n'est pas dicté par une volonté de faciliter la tâche de la personne évaluée mais plutôt de ne pas la lui compliquer. Il ne s'agit en aucun cas de faire passer un test de maîtrise du français mais de mesurer une capacité à verbaliser ses pratiques professionnelles. Dans une situation «ordinaire» de communication, le contexte est un élément qui fait partie intégrante de l'interaction et il n'y a donc aucune raison objective de mener cette évaluation hors du contexte de travail. Ce qui signifie aussi concrètement que nous admettons comme pertinentes, dans des limites que nous avons fixées, des formes de communication qui font appel à des déictiques, qui renvoient à des objets ou à des endroits visibles lors de l'évaluation, ou à des signes mimogestuels qui désigneraient ces objets ou ces lieux.

Le troisième problème méthodologique concerne les consignes des différentes activités. Les personnes évaluées sont susceptibles de rencontrer des problèmes à l'écrit et le référentiel prévoit de les évaluer sur ce point. Mais les deux autres compétences langagières, compréhension et expression orale, devaient être évaluées sans recourir à l'écrit. Nous avons donc prévu que les consignes soient données à l'oral, par l'évaluateur, le plus souvent en s'appuyant sur des photos qui représentent des lieux, du matériel ou des situations de travail. Ces consignes sont données de façon à ce que la personne comprenne immédiatement ce que l'on attend d'elle. Ceci renvoie une nouvelle fois à la question centrale de l'interaction/évaluation: elle représente un moyen de parvenir à l'objectif, qui est de mesurer le degré de maîtrise de certaines compétences langagières, mais elle ne doit pas constituer un écran qui pourrait biaiser la lecture des résultats. Nous avons ainsi prévu des «consignes pour les consignes», c'est-à-dire un guide méthodologique concernant la passation des tests, dans lequel nous tentons d'expliciter et de répertorier les vices méthodologiques qui pourraient court-circuiter l'évaluation.

Enfin, dernier problème d'importance : comment travailler avec les référentiels techniques de la branche ? Ces référentiels détaillent très précisément les compétences techniques que doivent maîtriser les agents et les agents de maîtrise, poste par poste. Ces compétences portent sur les tâches à effectuer, les machines à utiliser, les procédures à mettre en œuvre selon les chantiers et les problèmes rencontrés. Ces compétences représentent donc exactement ce que le salarié doit savoir faire selon le poste qu'il occupe. Le référentiel que nous mettions au point ayant pour but d'évaluer la capacité des salariés à *dire ce qu'ils savent faire*, il semblait alors évident que ces référentiels techniques devaient constituer notre base de travail. La première question que nous nous sommes posée à ce sujet a été la suivante : est-ce qu'il faut considérer le travail réel ou le travail prescrit ? Les ergonomes ont montré que cette différence est une constante et que le travail prescrit par les référentiels techniques par exemple n'est sans doute pas le travail effectivement réalisé par les agents sur le terrain. Mais, puisque l'objectif ultime est ici une procédure de Validation des Acquis de l'Expérience, c'est-à-dire une procédure certifiante inscrite dans le cadre institutionnel de la branche professionnelle, il ne pouvait s'agir que du travail prescrit. La reconnaissance ou non des pratiques non prescrites est l'affaire des évaluateurs techniques, pas de la nôtre. Une autre interrogation est apparue à propos des référentiels techniques : fallait-il les suivre poste par poste, compétence par compétence, ou était-il possible de les aborder de façon plus transversale ? La réponse nous a été apportée par l'analyse des référentiels eux-mêmes : d'une part les compétences techniques correspondant aux différents postes sont souvent redondantes et, d'autre part, les actes langagiers nécessaires pour dire le savoir-faire ne sont pas aussi nombreux que les compétences techniques. Nous avons ainsi «extrait» des référentiels techniques les actes langagiers nécessaires pour ce *savoir dire* et les avons pris pour objectifs de l'évaluation.

Ces problèmes méthodologiques et pratiques ne sont pas les seuls que nous ayons rencontrés. Nous avons choisi de mentionner ceux-ci parce qu'ils nous permettent d'engager d'ores et déjà une réflexion plus théorique, sur un certain nombre d'éléments qui concernent les pratiques langagières au travail. Actuellement, le référentiel est en phase de finalisation : il va maintenant entrer dans une phase d'expérimentation qui nous apportera les informations nécessaires pour les ajustements. Mais c'est la mise en œuvre du référentiel sur le terrain qui devrait nous apporter des informations capitales sur les problèmes que nous avons soulevés ici et sur d'autres que nous allons aborder.

Problématiques théoriques émergentes

Les réflexions proposées « à chaud » dans cet article sont surtout d'ordre méthodologique parce que le travail d'élaboration du référentiel est en cours. Mais ces problèmes méthodologiques induisent des problèmes théoriques auxquels nous avons dû trouver une solution pratique compte tenu de la commande. Ils devront faire l'objet, au-delà du référentiel, d'une réflexion plus approfondie. Ce sont ces questions théoriques, soulevées par l'élaboration du référentiel, que nous allons aborder ici.

QUESTIONS DE LANGUE

Le premier problème méthodologique évoqué concernait l'objet même de ce que doit évaluer le référentiel, c'est-à-dire une compétence langagière. Le simple fait de parler de compétence langagière suppose déjà un choix théorique. La commande du FAF Propreté était claire : évaluer les *capacités linguistiques* des salariés entamant une démarche de VAE ou une formation. Il ne s'agissait donc pas d'une évaluation des compétences linguistiques *en général* mais de l'évaluation de compétences langagières *en particulier*. En effet, savoir si les personnes évaluées maîtrisaient le *français* n'a pas de sens : il s'agissait de savoir si elles étaient en mesure, pour les unes, de verbaliser leur savoir-faire professionnel et pour les autres, de maîtriser la part langagière du travail propre à certains postes de travail des métiers de la propreté. Il était donc bien question de maîtriser des compétences spécifiques. D'autre part, il s'agissait bien de compétences *langagières*, et non pas *linguistiques*, parce qu'elles ne relèvent pas du pur système de signes saussurien mais de l'énoncé total, qui intègre les aspects verbaux, non verbaux, para-verbaux et contextuels : l'évaluation de compétences linguistiques, même spécifiées, n'auraient pu rendre compte de la réalité des pratiques langagières au travail. Or, qu'en est-il de cette réalité ? Sur ce point, de très nombreux travaux ont fait progresser la connaissance dans ce domaine. Si l'on sait mieux, grâce à l'ergonomie, à la sociologie, à la psychologie du travail mais aussi grâce aux sciences du langage, quelle est la place, la fonction, les enjeux individuels et collectifs de la parole au travail, on en connaît peut-être moins la nature. Cette « nature » ne peut être une essence verbale que l'on réussirait à extraire de son contexte pour l'analyser à l'état pur. Cette « nature » est forcément contextualisée parce que la parole au travail est consubstantielle à la situation.

La parole au travail c'est donc d'abord une situation, bien décrite et analysée par Lacoste (1995), mais ce n'est pas que ça. Évaluer des compétences langagières nous amène forcément à nous interroger sur le matériel linguistique, sur le verbal lui-même. L'examen des référentiels techniques, nous l'avons dit, a permis d'en extraire un nombre limité d'actes de paroles nécessaires à la verbalisation du savoir- faire. Il fallait passer du *savoir-faire* au *savoir dire le savoir-faire* et il nous est apparu que cela passait d'abord par la réalisation de ces actes de parole. Cependant, il est aussi très vite apparu que la verbalisation passait par un élément incontournable : le lexique spécifique des métiers de la propreté. Nous savions dès le départ que le lexique de métier représentait un élément majeur de la parole au travail mais nous avons découvert que le lexique était bien plus qu'un moyen de nommer des objets, des procédures ou des espaces : son omniprésence est le signe de la nécessité pratique de *parler le même langage*, en l'occurrence d'utiliser les mêmes mots, pour être efficace. Quel que soit le nom que portent les objets, les tâches ou les procédures, l'essentiel est que tous les salariés comprennent de quoi il est question. Mais le contrôle des nominations est sans doute aussi un enjeu social pour l'entreprise et pour les salariés qui utilisent souvent leur propre lexique en exerçant une activité de renomination et en créant un lexique parallèle. Boutet (2001) explique que « certaines entreprises tentent aujourd'hui de casser cette renomination qui leur échappe et d'imposer une certaine façon de parler, au moyen de dispositifs de formation, d'édition de glossaires, de dictionnaires. » Dans le cas des métiers de la propreté, nous n'avons, pour le moment, aucune certitude quant à l'utilisation d'un lexique issu d'une activité de renomination. Nos recherches ultérieures devraient nous apporter quelques éclairages mais, faute d'informations sûres et, compte tenu de la commande qui nous est faite, nous devions construire notre référentiel sans tenir compte de l'existence éventuelle de ces « verbalisations endogènes » comme les appelle Boutet. Cependant, la question demeure : si les salariés utilisent un lexique parallèle et surtout s'il est important et très usuel, cela risque de poser des problèmes à ceux qui ont déjà des difficultés concernant la maîtrise du français non professionnel. Les francophones auront sans doute moins de difficultés à « traduire » le lexique officieux en lexique officiel mais les non francophones risquent de buter sur la question. Or, nous le rappelons, le référentiel doit évaluer une capacité à verbaliser un savoir-faire. Si le salarié est capable de dire ce qu'il fait ou ce qu'il doit faire dans telle ou telle situation de travail, on pourrait donc considérer l'évaluation comme positive, quels que soient les mots qu'il utilise puisqu'il aura su verbaliser. Mais puisqu'il s'agit d'une démarche de VAE, donc d'une procédure certifiante, le lexique retenu ne peut être que le lexique technique officiel de la branche. De plus, ces verbalisations endogènes, à la différence du lexique standardisé, possèdent des «dialectes», des variétés spécifiques à une entreprise, une région, un chantier ou à une équipe. Afin ne pas pénaliser les personnes qui utiliseraient sans le savoir des mots appartenant à un lexique parallèle, nous alerterons les évaluateurs de cette éventualité dans le guide pédagogique conçu à leur intention. Nous avons aussi prévu, dans les grilles d'évaluations où sont portés les résultats, des espaces qui consignent des formes verbales non conventionnelles.

QUESTIONS D'INTERACTION

Les interactions verbales sur le lieu de travail sont aussi multiples et différentes que les situations qui les engendrent. Quel que soit le genre de discours (réunions de travail ou de chantier, entretien d'embauche ou d'évaluation, discussions informelles, etc.), les échanges langagiers subissent sans cesse de multiples influences. Ces dernières sont particulièrement pesantes en situation de travail étant donné la complexité des relations entre les participants : interactions entre cadres et subordonnés, entre cadres, entre opérateurs, sur le chantier ou en dehors de celui-ci, etc. (André, sous presse).

Dans le cas qui nous intéresse ici, la question de l'interaction est posée à plusieurs niveaux : interaction entre l'accompagnateur et le salarié qui va constituer son dossier de VAE et entre l'évaluateur et le salarié qui veut entamer une démarche de formation. Il s'agit à chaque fois d'une interaction dont les objectifs sont différents mais dont le type est le même : c'est une interaction asymétrique où l'un des interactants occupe une position haute et l'autre une position basse, l'un et l'autre ayant des statuts différents dans et hors de l'interaction. L'évaluateur est dominant et conduit l'interaction. Dans une constitution de dossier de VAE, l'interactant en position haute n'est pas évaluateur mais l'accompagnateur qui conduit les échanges dans la mesure où il sait ce qui doit figurer dans le dossier : il joue le rôle de l'expert dans une interaction de type consultation. Le rôle de l'évaluateur ou de l'accompagnateur est donc essentiel et c'est pourquoi nous avons précisé, dans le guide pédagogique, un certain nombre de règles de conduite langagières, interactionnelles ou kinésiques par exemple qui devraient permettre que l'interaction ne biaise pas les résultats de l'évaluation, ou le moins possible en tous cas. Par exemple, les consignes ne doivent pas être données de manière trop formelle et trop scolaire et, le cas échéant, elles sont reformulées. La consigne est un moyen et pas un objectif de compréhension. La passation des tests d'évaluation doit ressembler le plus possible à une interaction symétrique, avec des échanges et des tours de parole qui permettent d'évaluer les compétences langagières que l'on attend de la personne et pas sa capacité à comprendre ce que lui dit l'évaluateur ou ce qu'il attend d'elle. L'évaluateur a pour rôle de faire parler la personne et non de l'interroger. L'évaluateur est bien un acteur de l'interaction et en définissant explicitement son rôle dans l'interaction/évaluation, nous pensons éviter un certain nombre de pièges. Sur ce point, comme sur d'autres sur lesquels nous allons revenir, la mise en pratique du référentiel nous apportera des lumières et nous confirmera ou non la justesse de ce choix.

QUESTIONS DE VERBALISATION

C'est en fait la question théorique centrale : la mise en mots des pratiques professionnelles est un exercice particulièrement difficile pour les salariés, quels que soient leurs niveaux de qualification ou de responsabilités. L'évidence du geste, de l'habitude, les conduites stéréotypées, les connivences professionnelles, la proximité et l'ancienneté dans le poste, tout cela fait que les savoir-faire professionnels sont rarement verbalisés. Les personnes testées n'ont donc aucune habitude de verbalisation de leurs savoir-faire et leurs difficultés ne présupposent pas qu'elles soient incompétentes. Pour les salariés des métiers de la propreté, cette difficulté de verbalisation est accentuée : pour les non francophones bien sûr mais aussi pour les francophones dont les habitus culturels ne portent pas vers le verbe. Dans la pratique professionnelle des milieux populaires, le geste et l'action comptent, mais beaucoup moins la parole et encore moins l'écrit (Adami, 2001). On apprend son métier en faisant, en refaisant, en regardant, en imitant et en reproduisant un geste et un savoir-faire. C'est la pratique et l'expérience concrète et physique du travail qui prédomine au détriment d'une approche distanciée, conceptualisée, formalisée. Comme l'écrit Verret (1996, p24) : « C'est le propre des cultures sensorielles, posturales et gestuelles de s'indiquer plus dans le "faire voir", "voir faire" et "faire comme" que dans "l'entendre dire", pour ne pas dire l' "écouter faire" ! ». Le faible niveau de formation et de qualification, voire son inexistence, renforce encore cette tendance ; et plus l'expérience est longue, plus le rapport pratique et non distancié au travail risque d'être dominant. Dans ces conditions, évaluer un savoir-faire professionnel par la verbalisation peut poser un problème majeur : c'est d'ailleurs la raison pour laquelle le FAF a décidé de mettre en place ce référentiel d'évaluation linguistique en amont des procédures de VAE et des formations. C'est sans doute un tournant dans la tradition professionnelle des métiers de la propreté qui ont choisi de prendre le problème à bras-le-corps. On mesure aussi les obstacles que vont rencontrer des salariés « sortis du rang » qui jusque-là pouvaient envisager de faire carrière par des promotions basées sur le savoir-faire et les compétences techniques.

Perspectives de recherche et perspectives didactiques

Une phase d'expérimentation du référentiel est prévue afin d'ajuster le dispositif et d'en corriger les défauts. Le référentiel sera ensuite mis en place et utilisé par des organismes de formation choisis par le FAF Propreté. Nous garderons bien sûr le contact avec le FAF et les organismes de formation utilisateurs pour suivre l'évolution du référentiel mais aussi pour entamer un travail de recherche sur ce terrain. Nous avons là, potentiellement, un corpus énorme permettant de travailler dans de multiples directions. Ce corpus pourrait être constitué des entretiens enregistrés, audio et/ou vidéo, entre les évaluateurs ou les accompagnateurs et les salariés, des productions écrites des personnes évaluées par les tests, de leurs productions orales pour le test d'expression orale, etc. Ce corpus nous permettrait de travailler sur un très grand nombre de personnes, de situations, de cas individuels ou collectifs et ouvrirait des pistes pour l'analyse des interactions, sur les compétences de verbalisation des personnes faiblement ou non qualifiées, sur leurs rapports à l'écrit et à la langue, etc. En effet, si la part langagière du travail est mieux connue maintenant, la voix des personnes à faible capital culturel et symbolique est toujours aussi mal connue et entendue. C'est une occasion de l'entendre et de la comprendre.

L'autre piste qui se profile est d'ordre didactique : notre travail de recherche doit pouvoir déboucher sur les questions de formation des salariés dans le domaine de la propreté. Cette formation peut être linguistique et elle concernerait les personnes que le référentiel aurait révélées en difficulté et qui pourraient bénéficier de cette formation. Depuis la loi du 4 mai 2004 relative à la formation professionnelle tout au long de la vie, l'apprentissage de la langue française a été inscrit dans le code du travail et des milliers de salariés, du secteur de la propreté ou d'ailleurs, pourraient en bénéficier. L'autre type de formation à réexaminer concerne les salariés en formation continue : en fonction de ce que l'on sait des salariés des métiers de la propreté, et notamment du nombre très important de non francophones parmi eux, on peut s'interroger sur la pertinence de formations techniques qui ne prendraient pas en compte le facteur linguistique. Nous serions alors dans le cadre d'une approche inédite : il ne s'agirait ni de FOS, ni de Français Professionnel (Mourlhon-Dallies, 2006) mais de l'apprentissage en français de Disciplines Non Linguistiques (DNL) à orientation technique et professionnelle. Dans cette configuration, le français professionnel n'est plus une fin en soi mais un moyen. Il s'agirait de réfléchir à la nature de ce français pour qu'il soit plus efficace, pour qu'il ne soit pas un obstacle mais un véritable outil pour la formation. Un certain nombre d'échecs de formations continues pourrait peut-être s'expliquer par la non maîtrise de ce français en DNL, y compris pour certains francophones.

On le voit, à partir de ce travail sur la conception d'un référentiel, de multiples questions surgissent dont nous n'avons donné ici qu'un aperçu très sommaire. Cette question de la formation linguistique en français en milieu professionnel ouvre des pistes de recherche et d'expertise qui devront mobiliser des disciplines et des paradigmes qui jusque là travaillaient de façon parallèle : sociolinguistique des rapports entre travail et langage, ergonomie, sociologie du travail, psychologie d'un côté et didactique du français de l'autre. Dans ce domaine comme dans d'autres, c'est le terrain et sa complexité qui imposent cette convergence.

Bibliographie

ADAMI, H. (2001), « L'oralité et la métalangue dans les rapports au langage des scripteurs/lecteurs en insécurité à l'écrit », *Mélanges CRAPEL*, n° 25. pp 7-37.

ANDRE, V., « Un chercheur en sociolinguistique dans une réunion de travail en entreprise », *Actes du Colloque Applications et Implications en Sciences du Langage*, Paris V, L'Harmattan, sous presse.

BOUTET, J. (2001), « Les mots du travail », in A. Borzeix, B. Frankel, *Langage et travail*, CNRS Editions.

GROSJEAN, M. (2001), « Verbal et non-verbal dans le langage au travail », in A. Borzeix, B. Frankel, *Langage et Travail : communication, cognition, action*, CNRS Editions.

LACOSTE, M. (1995), « Parole, activité, situation », in BOUTET J. (Dir.), *Paroles au travail*, L'Harmattan. pp 23-44.

MOURLHON-DALLIES, F. (2006), « Penser le français langue professionnelle », *Le français dans le monde*, n° 346.

VERRET, M. (1996), *La Culture ouvrière*, l'Harmattan.

Quelle continuité entre l'analyse de discours et la formation professionnelle ? Le cas des écrits de signalement de l'enfant en danger

Georgeta Cislaru, Stavroula Katsiki,
Frédéric Pugnière-Saavedra,
Frédérique Sitri, Marie Veniard.
SYLED-CEDISCOR Université Paris 3, Université Paris X
et Université Technologique de Compiègne.

La loi du 15 mars 2002 autorise les familles – parents et mineurs – concernées par une mesure d'assistance éducative à accéder, sans passer par un avocat, à leur dossier judiciaire, avec pour conséquence de mettre en avant les écrits des travailleurs sociaux qui assurent la continuité du circuit de la protection de l'enfant en danger. Selon le Carrefour national de l'action éducative en milieu ouvert (CNAEMO), la majorité des équipes éducatives ont, à l'annonce de cette réforme, fait du travail sur l'écrit une priorité (Gargoly 2003 : 30). La demande des professionnels en matière de formation est explicite. La dimension interprétative des écrits en question et les exigences rédactionnelles, qui concernent aussi bien le contenu, soumis à des contraintes textuelles et pragmatiques de cohérence, de pertinence et de clarté, que la forme des écrits, rendent insuffisants les conseils d'écriture normatifs (« écrivez/n'écrivez pas ») tels qu'ils apparaissent dans les guides pratiques de présentation du champ de la protection de l'enfant. Ces prescriptions négligent une dimension fondamentale du langage, son efficacité, liée à la dimension interprétative de celui-ci. Notre démarche en revanche s'appuie sur le postulat de la non-transparence de la langue.

101

*Quelle continuité entre
l'analyse de discours et la
formation professionnelle?
Le cas des écrits
de signalement de
l'enfant en danger*

Ainsi, ce qu'écrit S. Pène (2001: 309) à propos des écrits de travail engagés dans la «démarche qualité» nous semble valable dans le champ de la protection de l'enfant (mais pas seulement): «Ce n'est pas l'euphorie d'une langue standardisée et transparente qui fait l'efficacité du discours "qualité", en particulier sa puissance transformatrice. C'est au contraire la dysphorie des accidents de communication[1], amenant chaque acteur à entrer dans un processus intersubjectif d'interprétation à partir des mêmes objets». À partir de ce postulat, quelles sont les implications méthodologiques d'une démarche d'analyse de discours ouvrant sur des opérations de formation dans le champ des écrits de l'enfance en danger?

Du linguistique au professionnel

Les liens entre analyse de discours et enseignement des langues (par exemple, l'enseignement du français langue étrangère ou langue maternelle) ne datent pas d'hier. Traditionnellement, l'analyse de discours met au service de la didactique des langues son savoir-faire descriptif et interprétatif, en identifiant les éléments linguistiques récurrents qui sont caractéristiques d'un domaine, en structurant les données et en donnant accès aux réseaux de communication qui se tissent à l'intérieur d'une aire discursive spécifique (J. Peytard et S. Moirand, 1992: 85-86). L'analyse de discours contribue ainsi à «conceptualiser [les] pratiques professionnelles en articulant la nature des activités au travail (avec leurs visées pragmatiques, leurs opérations logico-discursives, leur ancrage culturel) à des configurations «types» de formes linguistiques (F. Mourlhon-Dallies 2005: 10).

Cependant, si les formes linguistiques abordées dans cet article sont envisageables comme des traits rédactionnels récurrents dans le domaine auquel elles se rapportent, nous voudrions surtout montrer qu'elles portent une efficacité, en vertu de leur contextualisation. Notre travail d'analyse du discours s'appuie en effet sur une forte contextualisation des données, laquelle permet de dégager une série de formes linguistiques participant à la ligne argumentative globale des écrits du signalement d'enfant en danger. De telles formes apparaissent, de ce fait, comme signifiantes en contexte, ce qui laisse penser que les résultats fournis par l'analyse ne peuvent être transposés tels quels dans une formation, par exemple en tant que listes de formes à employer (ou à proscrire).

Nous pensons que pour éviter que l'analyste n'impose ses propres catégories, il est nécessaire de mettre à l'épreuve ces résultats par un travail d'échange avec les professionnels du champ concerné, puisque

1. C'est-à-dire l'embarras dans lequel les accidents de communication peuvent mettre les acteurs de l'échange, et qui est un élément déclencheur de processus de co-interprétation.

ce n'est qu'en fonction des catégories de ce champ que pourront être identifiées les formes linguistiques caractéristiques du domaine. Nous posons par conséquent dans cet article les bases d'un projet de formation aux écrits du champ de la protection de l'enfant en danger.

Au plan méthodologique, nous nous appuierons sur les étapes de la démarche en FOS proposée par J.-M. Mangiante et C. Parpette (2004 : 7-8) : demande de formation, analyse des besoins, collecte de données (qui réactive l'analyse des besoins), analyse des données et élaboration des activités. Tout en sachant qu'adopter une démarche d'analyse de discours nous imposera de reconsidérer la transition entre analyse des données et élaboration des activités. La description du champ de la protection de l'enfant en danger constitue la contextualisation nécessaire à l'analyse des besoins et permettra de mettre en évidence différentes contraintes qui influent sur la rédaction des rapports. À la suite de cela, nous présenterons deux analyses complémentaires visant la mise en valeur du rôle des formes linguistiques dans ces écrits professionnels. Nous nous appuierons enfin sur ces résultats pour définir les conditions et les objectifs d'une mise à l'épreuve des données de l'analyse par les critères des professionnels.

Les écrits du signalement : contextualisation et paradoxes

Le signalement est un acte écrit destiné à porter à la connaissance d'une autorité judiciaire ou administrative, une situation réelle ou présumée de danger ou de mauvais traitement d'une personne de moins de 18 ans. L'autorité administrative (Conseil Général[2]) intervient dans la mise en place d'un dispositif de recueil d'informations et de réponses aux situations d'urgence alors que l'autorité judiciaire intervient quand, cumulativement, l'enfant est en danger (grave, avéré et actuel) et que les parents ne peuvent mettre fin à cette situation de danger, comme il leur incombe au titre de l'autorité parentale[3].

Les dossiers mis à notre disposition pour l'étude sont hétérogènes : ils sont constitués de notes de situation, de notes de synthèse, de rapports éducatifs[4]… De fait, chaque type d'écrit correspond à une étape dans le processus du signalement, lequel repose sur un circuit institutionnel particulièrement balisé. Nos analyses ont porté pour l'essentiel sur des rapports éducatifs, c'est-à-dire des écrits qui mettent en récit un ensemble de faits concernant l'enfant et son environnement familial avec l'objectif, pour le rédacteur, d'élaborer le diagnostic d'une situation.

2. La loi du 10 juillet 1989 relative à la prévention des mauvais traitements à l'égard des mineurs et à la protection de l'enfance, donne compétence au Président du Conseil Général.
3. L'article 375 du code civil concerne les mineurs dont la santé, la sécurité ou la moralité sont en danger et dont les conditions d'éducation sont gravement compromises. La référence à la santé ou à la sécurité de l'enfant vise les situations de maltraitance ou de négligences, c'est-à-dire aussi bien les mauvais traitements que le manque de soins.
4. La note de situation est faite par un professionnel du milieu social ou scolaire. Elle porte sur un ou des éléments qui se rapportent à un mineur en danger ou présumé en danger. La note de synthèse est un écrit rédigé par un psychologue ou un psychiatre. Elle constitue en l'espèce une pièce du signalement qui va étayer la conclusion du rapport. Le rapport retrace l'ensemble du processus du signalement. La conclusion du rapport évoquera les solutions envisagées pour le mineur.

103

Quelle continuité entre l'analyse de discours et la formation professionnelle ? Le cas des écrits de signalement de l'enfant en danger

L'acte d'écriture du signalement s'inscrit dans un champ professionnel bien délimité, celui de la protection de l'enfance, où des professionnels dans le cadre de leurs fonctions occupent des places privilégiées d'observation et d'accompagnement. Ce champ professionnel est également marqué par un jargon spécifique qui renvoie aux acteurs du signalement (comme assistante sociale, AS) aux mesures (Ordre de placement provisoire, OPP) mais également aux institutions (Aide sociale à l'enfance, ASE).

Au sein de ce paysage professionnel, l'acte d'écriture d'un signalement s'inscrit dans une dynamique qui met en jeu plusieurs instances à l'intérieur d'un système de communication.

Le signalement émane, dans la plupart des cas, d'éducateurs spécialisés, de psychologues ou d'assistantes sociales rattachés à un service social. Ces acteurs professionnels peuvent également prendre le signalement en charge à la suite d'une note d'information émanant du système éducatif ou de services médicaux (constat médical).

Les écrits du signalement sont de droit destinés au président du Conseil Général en cas de protection administrative ou au Procureur de la République en cas de protection judiciaire. Ils sont également consultés par d'autres professionnels qui auront à intervenir auprès de la famille : psychiatre, famille d'accueil… Enfin, depuis 2002, ces écrits sont accessibles aux intéressés. Les lecteurs sont donc multiples, professionnels ou non.

Au plan du contenu, l'écrit du signalement porte sur deux aspects principaux : sur la réalité du danger et sur la capacité des parents à se mobiliser et à coopérer avec les services. Les dossiers constitués ont pour visée principale de préconiser une intervention. En effet, l'écrit de signalement a pour but d'informer les autorités compétentes de comportements déviants, d'irrégularités comportementales d'un mineur qui se mettrait en danger, d'un changement de situation ou d'éléments nouveaux et inquiétants concernant l'enfant.

L'acte d'écriture du signalement s'inscrit dans une série d'attendus extra-textuels constitutifs du champ :

– des attendus institutionnels en termes d'organisation thématique[5] de l'écrit. Celui-ci vise à recueillir des éléments objectifs concernant les conditions de vie de la famille, le développement et la santé de l'enfant.

– des attendus sociétaux en termes de comportements intra-familiaux. En effet, il est attendu par exemple que parents et enfants aient chacun leur espace pour dormir et que l'enfant ait une sexualité qui correspond à son âge.

– des attendus en termes de contraintes rédactionnelles. Celles-ci sont subordonnées à un paradoxe caractéristique de l'aide sociale, prise

5. M. Manciaux et alii. considèrent qu'un signalement comprend des informations sur les éléments suivants :
– L'environnement de l'enfant signalé : famille, état civil, situation budgétaire, conditions de santé, d'éducation…
– La situation de l'enfant signalé et les faits d'origine du signalement : description des faits constatés ou supposés par des certificats médicaux, hospitalisation, constats…
– L'évaluation de la famille du point de vue de son histoire : lieu d'origine, ascendance, date d'arrivée, intégration dans le quartier, dans l'école, dans le voisinage, la famille est-elle élargie ? Y a-t-il eu des maladies graves, des handicaps, un décès, des ruptures, un déménagement…
– Le signalement rédigé doit comporter les signalements et les mesures antérieurs,
– L'information selon laquelle l'enfant et la famille ont été mis au courant de la démarche.
(1997 : 463-467).

entre la fonction d'aide et celle de contrôle, paradoxe matérialisé par un destinataire double du discours : le juge et la famille. Le rapport est le plus souvent l'unique source d'information du magistrat pour enfant, c'est « le document à partir duquel le juge des enfants prépare le débat d'audience. C'est dans ce document qu'il lit ce qui, a priori, pourra servir à retenir ou à écarter la notion de danger pour les mineurs concernés » (Huyette 2003 : 399). L'exercice, décrit par P. Rousseau (1992), consiste donc à informer le juge sans qu'une expression trop brutale ou trop catégorique rompe le lien entre l'éducateur et la famille[6].

La présentation de ces attendus met en évidence différentes contraintes liées à la protection de l'enfant. De là découle une partie des besoins des scripteurs, qui seraient à prendre en compte dans une formation à visée professionnelle. Nous y ajouterons une autre contrainte, de type rédactionnel, liée aux objectifs pragmatico-linguistiques des rapports. Compte tenu des objectifs visés, la relation des faits constitue une part importante des écrits de signalement et des rapports éducatifs[7], comme il est souligné dans le guide du Conseil Général des Alpes-Maritimes (2004 : 65) :

> « Il est indispensable d'accorder une très grande attention à la précision du recueil des informations. Ce recueil conditionne très fortement la qualité de la réponse apportée à la situation. »

Cette recommandation de relater des faits peut entrer en contradiction avec une autre injonction qui définit le rapport non pas comme un simple récit de la vie d'une famille mais comme un texte dont l'objectif est de synthétiser une situation afin de proposer une intervention. Précisément, « [l]e rapport écrit du signalement doit se concevoir en fonction de sa CONCLUSION » (Académie de Grenoble, document non daté). Ces deux injonctions apparaissent paradoxales puisqu'il est fait appel en même temps à l'objectivité du recueil des faits et à la subjectivité d'un texte argumentatif.

Pour éviter la confusion entre les deux niveaux, les guides de rédaction recommandent de séparer la relation des faits de leur analyse :

> « Chaque paragraphe doit comporter d'abord des faits, des dates, des observations, des exemples concrets, des illustrations confortant chaque affirmation. [...] Ce n'est que dans un second temps, de façon nettement séparée, que le rédacteur doit proposer son analyse des dysfonctionnements en s'écartant des faits et utiliser sa compétence pour avancer une explication à ce qui a été relevé. [...] Il peut enfin s'il le souhaite, ce qui est opportun, proposer une décision au magistrat. » (Huyette 2003 : 407)

6. En effet, la compréhension du rapport par les familles permet, selon A. Grevot (2004 : 23), d'améliorer la qualité des audiences.

7. Toutefois, il est important de noter que la charge de la preuve n'est pas du ressort de l'éducateur.

Une telle distinction résulte d'une conception largement idéalisée de la langue alors que, comme nous allons le voir, l'interprétation se construit tout au long du rapport et apparaît dans la mise en récit des faits (en dehors même de la question préalable de la sélection des faits). Une formation à l'écriture viserait donc à faire prendre conscience aux travailleurs sociaux de la non-transparence des faits de langue, plutôt que d'envisager d'emblée l'écriture en tant que savoir-faire.

105

Quelle continuité entre l'analyse de discours et la formation professionnelle ? Le cas des écrits de signalement de l'enfant en danger

De l'argumentation aux formes linguistiques ... et retour

Si, dans les guides de rédaction comme dans les écrits de signalement, nous constatons l'attention portée au lexique, ce dont témoigne l'absence de formulations visiblement stigmatisantes[8], en revanche, on n'observe pas la même sensibilité pour des formes syntaxiques comme la concession, la négation ou, dans une moindre mesure, le discours rapporté qui participent pourtant, de façon plus ou moins directe, à l'élaboration d'une ligne argumentative tout au long du rapport. Or une formation à la rédaction gagnerait à faire prendre conscience de la valeur sémantique de formes linguistiques.

La ligne argumentative d'un rapport, c'est-à-dire la dynamique argumentative qui se construit au fil du texte pour appuyer la préconisation finale, peut se manifester par la récurrence de certaines formes linguistiques. Nous avons choisi comme illustration une enquête sociale concernant une famille dans laquelle le père est alcoolique et laisse de ce fait ses deux filles adolescentes se débrouiller toutes seules, la mère étant décédée récemment. La rédactrice suit la ligne argumentative suivante : « le père est dans l'incapacité de s'occuper correctement de ses filles » et propose une mesure d'assistance éducative. Deux formes linguistiques récurrentes, le discours rapporté et certains connecteurs argumentatifs, viennent soutenir cette ligne, laquelle peut d'ailleurs entrer en concurrence avec l'avis d'autres intervenants mentionnés dans le rapport, qui sont également en faveur d'une aide éducative, mais aux yeux de qui l'alcoolisme du père semble moins inquiétant.

Les préconisations des guides de rédaction destinés aux professionnels au sujet du discours rapporté portent principalement sur les types de discours rapporté à utiliser en fonction des sources : DD (discours direct) pour les enfants, DI (discours indirect) pour la famille et les intervenants extérieurs. Mais d'autres usages, notamment argumentatifs, ont été mis au jour (Cislaru et Sitri, 2006). Ainsi, il est révélateur de comparer la manière dont sont retranscrits l'entretien avec le père (1) et l'entretien avec sa fille aînée (3).

> (1) Il affirme vouloir se faire suivre « une fois par mois » en privé sur le plan psychiatrique. Monsieur B. prend « 5 antidépresseurs, tranquillisants, et somnifères ».
> Il a été incarcéré à deux reprises en janvier puis en février pour « conduite en état d'ivresse ». Son permis de conduire lui a été retiré. [...]

8. Ainsi, on relève des « femmes de mœurs légères », des accusations de « paresse », dans des rapports de la fin du XIXe siècle, voir Delcambre 1997.

Nous parviendrons à savoir qu'il a été licencié en 2000 «l'usine a fermé». Il étant «comptable pendant 20 ans au même endroit».

Le compte-rendu de l'entretien est émaillé de fragments de discours du père sous forme de modalisations autonymiques d'emprunt, c'est-à-dire de segments qui sont simultanément en usage et en mention[9]. Cependant, cette mise à distance sémiotique porte sur des éléments dont la signification par rapport au récit n'apparaît pas centrale, et ce dans un environnement qui ne comporte pas systématiquement un verbe de parole qui viendrait identifier la catégorie du DI. Le discours oscille donc entre propos rapportés au DI («il affirme vouloir se faire suivre») et non prise en charge de certains éléments (prise de médicaments, conduite en état d'ivresse). Si on relie ce constat à la conclusion de l'entretien avec le père (2), on peut faire l'hypothèse que l'absence de prise en charge énonciative est liée au fait que la rédactrice n'adhère pas au discours du père :

(2) Tel qu'il se présente au service, il n'apparaît pas dans la capacité d'assumer l'éducation et la prise en charge de deux adolescentes.

Ce procédé participe d'autant plus à une disqualification du père qu'un tout autre dispositif est utilisé pour rendre compte de l'entretien avec la fille aînée :

(3) Malgré cela, Lydie ne peut que nous dire que son père rencontre de grosses difficultés. Il ne peut que faire la cuisine et s'organiser financièrement. C'est Lydie qui s'occupe du ménage, du rangement avec une aide parcimonieuse de sa sœur. En ce qui concerne les courses, la famille se rend tous les samedis matin au magasin, le père avec une ou deux filles. Lydie nous confie qu'elle ne laisse jamais son père y aller tout seul car «il prend n'importe quoi dans le caddie, il ne voit qu'à travers la viande, moi, je veux manger des fruits et des légumes».

Le DI, forme basée sur la reformulation du dire de l'autre par le locuteur principal, est utilisé pour les propos auxquels la rédactrice adhère[10]. Toutefois on observe un retour à la modalisation autonymique d'emprunt à la fin de l'extrait, qui signe à nouveau la mise à distance : les choix nutritionnels de Monsieur semblent considérés comme insatisfaisants. Tout se passe comme si la restitution des paroles au discours direct rendait visible la faute ou le déficit d'éducation : les remarques de Lydie parlent littéralement «d'elles-mêmes», permettant de dénoncer la carence éducative comme une évidence.

Un autre procédé de disqualification du père tient à l'accumulation de marqueurs de concession et d'opposition.

(4) Monsieur B. se présente au rendez-vous de novembre 2004, non alcoolisé. Le médecin constate qu'il n'y a ni suivi médical, ni suivi éducatif pour les deux adolescentes. Néanmoins, la situation semble correcte.

(5) Lorsque Madame B. se rendait à l'hôpital, pour la chimiothérapie, elles lui rendaient visite. Dans ces moments-là, leur père s'occupait bien de ses filles. Il les accompagnait à l'école, les aidait aux devoirs et dans tous les moments de la vie quotidienne. Toutefois, malgré

9. La modalisation autonymique constitue une configuration énonciative «d'auto-représentation du dire, *susceptible* de renvoyer explicitement [...] ou interprétativement [...] au champ du discours autre émergeant dans le dire» (J. Authier-Revuz 1997 : 36).

10. L'opposition dans le rendu des deux entretiens est soulignée par l'utilisation du pronom «nous» à la fin de l'entretien de la fille aînée. Cette première personne du pluriel est une marque d'insistance présente notamment en conclusion lorsque le scripteur fait une proposition. Il est alors révélateur dans l'exemple (6) que la conclusion au sujet du père soit présentée à la 3e personne du singulier, c'est-à-dire comme une remarque sans prise en charge explicite de l'énonciateur.

107

Quelle continuité entre l'analyse de discours et la formation professionnelle ? Le cas des écrits de signalement de l'enfant en danger

l'état de santé de Madame, Lydie explique que c'est elle qui tenait la maison.

(6) Dans son discours, nous percevons que c'est Lydie, alors âgée de 13 ans, qui a pris en mains la maisonnée et surtout sa petite sœur de 10 ans. Cependant, elle précise que son père a toujours suivi la scolarité de ses filles en consultant les bulletins de notes.
Malgré cela, Lydie ne peut que nous dire que son père rencontre de grosses difficultés. Il ne peut que faire la cuisine et s'organiser financièrement.

Sur neuf occurrences de concessifs dans les énoncés concernant le père, deux sont véritablement en sa faveur et soulignent que la situation des enfants est acceptable (4). Les autres servent à le disqualifier, en mettant en avant son incapacité à s'occuper de la maison (5). Certains énoncés commencent par lui être favorables puis l'argument est invalidé (6) : si le père s'occupe de la scolarité de ses enfants, il n'est pas capable de les prendre en charge entièrement.

Après le relevé des congruences entre ligne argumentative et formes linguistiques, nous allons procéder de manière inverse en remontant d'une forme linguistique à une ligne argumentative. Seule cette démarche est à même de proposer les outils nécessaires à l'élaboration d'une formation.

L es niveaux d'interprétation des formes

Comme nous l'avons signalé, les exigences de qualité formulées par les professionnels des écrits de signalement portent généralement sur le contenu – pertinence, objectivité, complétude des données. Cependant, quelques conseils sur l'emploi des formes linguistiques sont également proposés dans les guides pratiques du signalement. Ces conseils se limitent toutefois à l'aspect purement grammatical et aux valeurs hors-contexte des formes[11]. Or, non seulement les formes linguistiques développent des valeurs complexes lors de leur emploi en cotexte, mais en plus la portée de ces valeurs connaît un saut qualitatif dû à la nature des productions discursives et donc à l'influence des contraintes sociales. Ainsi, dans les écrits de signalement, qui sont caractérisés par une double interprétation – celle du travailleur social, en vue de l'évaluation, et celle du magistrat, en vue de la prise de décision –, les formes linguistiques sont susceptibles de développer un potentiel interprétatif spécifique à ce cadre socio-discursif.

Dans ce qui suit, nous mènerons une analyse qui met en évidence trois niveaux d'interprétation des formes : grammatical, pragmatique et socio-professionnel. Pour ce faire, nous étudierons la négation, qui se situe au croisement de la syntaxe, de la sémantique, de la pragmatique et de l'analyse du discours. En général la négation, fréquente dans les écrits de signalement[12], est considérée comme une forme grammaticale transparente et n'est jamais commentée dans les guides de rédaction. Ce sera donc pour nous l'occasion d'insister sur la nécessité de la contextualisation des formes linguistiques dans le cadre d'une formation aux écrits professionnels.

L'exemple qui sert d'illustration est tiré d'un rapport éducatif :

> Lorsque nous la verrons, la fillette apparaît souriante et éveillée. Elle rentre facilement en relation. Elle se montre opposante envers sa mère, pleure et boude lorsque celle-ci n'accède pas à ses demandes. Elle va facilement vers celle-ci qui ne la repousse pas et peut aussi se montrer affectueuse.

Du point de vue grammatical, on a affaire ici à une négation totale, qui porte sur la proposition entière (Riegel et al. 2005 [1994] : 411) : il est dit dans cet énoncé que X n'est pas vrai. Mais la négation ne se limite pas à distinguer le vrai du faux. O. Ducrot (1984) distingue la négation descriptive, qui constate un état des choses, et la négation polémique, qui réfute une affirmation antérieure ou présupposée et qui fonctionne donc comme un marqueur polyphonique[13]. Reste à déterminer le statut de la négation citée, à savoir si elle prend en charge la description d'une situation ou si elle rend compte d'une polémique sous-jacente. Or, comme il a été mentionné ci-dessus, toute description est nécessairement aussi une évaluation dans le cadre des écrits de signalement. La question présupposée par la négation (« la repousse-t-elle ? ») est un élément d'évaluation de la situation décrite. Dans cette optique, la négation a une double épaisseur, faite de son emploi descriptif et d'un fonds polémique, explicité par la réfutation.

Se pose dès lors la question de l'attribution du point de vue réfuté. La notion de polyphonie, telle qu'elle a été développée par M. Bakhtine (1970 [1929]) ou O. Ducrot (1984), postule que le sujet n'est pas seul responsable de ce qu'il énonce. Le travailleur social partagerait ainsi la responsabilité de l'énonciation soit avec les collègues de travail soit avec l'idéologie sociale, ou bien avec les deux. Le segment « elle ne la repousse pas » pourrait en effet être un écho aux discussions et aux réunions qui précèdent souvent la rédaction des écrits de signalement dans les différents services[14]. De même, la négation signale un ajustement par rapport à une norme sociale attendue[15], caractérisée par une représentation dichotomique qui favorise l'emploi de la négation : alcoolisme ou non, carences affectives ou pas, présence/absence de problèmes de comportement, etc. Ce fonctionnement polyphonique de la négation lui confère une valeur pragmatique. Identifier les origines d'une affirmation, d'un point de vue, conduit à identifier une idéologie et à faire émerger une dimension implicite ; le fait que la mère n'ait pas repoussé sa fille implique-t-il qu'elle l'ait prise dans ses bras ou non ? Cela témoigne-t-il d'une relation mère-enfant satisfaisante ?

11. On conseille d'utiliser le conditionnel pour exprimer des hypothèses, l'indicatif pour exprimer ce qui a été vu ou entendu, le style indirect pour énoncer des éléments venant d'informateurs, etc.

12. Les emplois sont généralement très diversifiés : « elle ne peut que nous dire, il ne s'inquiète pas, elle ne se dit pas malheureuse, elle n'établit en effet pas vraiment de liens entre les divers événements familiaux ».

13. La négation polémique fait se rencontrer deux voix : celle de l'affirmation présupposée (« elle la repousse »), et celle de la réfutation (« elle ne la repousse pas »).

109

Quelle continuité entre l'analyse de discours et la formation professionnelle ? Le cas des écrits de signalement de l'enfant en danger

L'épaisseur discursive d'implicite interfère avec l'ordre textuel, ce qui sous-tend un autre niveau d'interprétation, celui de l'interprétation socio-professionnelle. Ainsi, la négation est coordonnée à une sorte de paraphrase modalisatrice « et peut aussi se montrer affectueuse » ; un tel enchaînement opère un déplacement interprétatif si bien que le degré d'affectivité devient l'aune d'évaluation de la relation mère-fille. La combinaison syntaxique « négation + caractérisation modalisée » s'inscrit dans une suite de formes qui balisent l'évaluation de la relation mère-enfant. Ainsi, l'introduction du rapport se faisait l'écho d'une première enquête sociale au cours de laquelle le père s'était déclaré « inquiet de la prise en charge maternelle ». Cette enquête concluait sur « une relation mère/enfant [...] fluctuante » et parlait d' « aspects abandonniques ». L'emploi de la négation semble donc accentuer une évaluation plutôt négative de la relation mère-enfant et suite à laquelle le travailleur social propose une mesure d'Action éducative en Milieu ouvert pour « aider Madame dans sa relation affective et éducative à sa fille ».

Cette analyse met en évidence la montée en puissance de la portée interprétative de la négation, partant d'un niveau grammatical, passant par un niveau pragmatique et s'accentuant lors de la contextualisation discursive. Dans la perspective d'une formation, il s'agit donc de réfléchir non plus aux outils linguistiques en tant que tels mais aux outils linguistiques en tant que points de repère pour le développement et la maîtrise d'une pratique d'écriture.

Conclusion

Les analyses menées au Syled/Cediscor sur le signalement ont permis d'identifier une série de formes qui, compte tenu du contexte, sont apparues comme particulièrement signifiantes. Ainsi, les connecteurs argumentatifs, le discours rapporté, la négation, ont-ils été étudiés dans cet article ; mais d'autres recherches sur les temps verbaux (le conditionnel bien sûr, utilisé pour mettre en doute des faits, mais aussi le présent et le futur) et la catégorisation nominale et verbale, seront également publiées dans un numéro des *Carnets du Cediscor* qui est en préparation.

Au travers de la présente contribution, on voit surtout que les formes utilisées ne sont pas l'apanage des écrits de signalement ; leur portée argumentative, en revanche, est directement influencée par leur contexte de rédaction, de lecture et d'utilisation et par les contraintes sus-mentionnées. L'objectif d'une formation sur les écrits professionnels se situerait sur deux plans : la conscientisation de la valeur des formes

14. Une recherche sur les brouillons, prévue dans la suite de notre travail, pourra nous éclairer sur ce point.

15. Les exigences en matière d'écriture relèvent ainsi souvent de savoirs liés à la norme sociale : fiabilité des parents, caractère des enfants, degré d'alcoolisme, etc.

linguistiques comme pré-requis et leur utilisation en tant que savoir-faire scriptural. La connaissance des formes linguistiques intégrerait leur valeur générale mais surtout leur valeur dans le contexte précis des écrits de signalement.

Dans le domaine du signalement, on serait donc très loin de fonder l'essentiel d'une formation sur un catalogue de formes récurrentes ou typiques, du fait de la dimension argumentative qui se déploie tout au long des écrits. La constitution d'un savoir-faire s'appuierait plutôt sur la prise en compte de la place des formes dans la progression textuelle tout autant que sur celle de combinaisons syntaxiques récurrentes (telle la coordination entre une négation et une caractérisation modalisée). Il ne faut en effet jamais perdre de vue que la rédaction d'un rapport de signalement est une opération qui s'inscrit dans la durée et il convient de définir le(s) moment(s) où ce savoir-faire serait convoqué le plus opportunément.

Pour cette raison, nous proposons d'ajouter une étape supplémentaire à la démarche développée par J.-M. Mangiante et C. Parpette. Il s'agit d'une phase de mise à l'épreuve qui se situe à l'articulation entre l'analyse des données et l'élaboration des activités. Par une confrontation des résultats de l'analyse avec les difficultés rencontrées par les professionnels, cette phase de mise à l'épreuve serait mieux à même d'assurer la continuité entre AD et formation professionnelle.

111

Quelle continuité entre
l'analyse de discours et la
formation professionnelle?
Le cas des écrits
de signalement de
l'enfant en danger

Bibliographie

AUTHIER-REVUZ, J. (1997), «Modalisation autonymique et discours autre: quelques remarques», *Modèles linguistiques* XVIII-1, p. 33-51.

BAKHTINE, M. (1970 [1929]), *La Poétique de Dostoïevski*, Paris, Seuil.

BRANCA-ROSOFF, S. & TORRÉ, V. (1993), «Observer et aider: l'écrit des assistantes sociales dans les "demandes d'intervention"», *Recherches sur le français parlé* 12, p. 115-135.

CISLARU, G. & SITRI F. (2006), «La représentation du discours autre dans des signalements d'enfants en danger: une parole interprétée?», Troisième Colloque international Ci-Dit, «Circulation des discours et liens sociaux: Le discours rapporté comme pratique sociale», Université de Laval, Québec.

DELCAMBRE, P. (1997), *Écriture et communications de travail. Pratiques d'écriture des Éducateurs Spécialisés*, Lille, Presses universitaires du Septentrion.

DUCROT, O., (1984,), *Le Dire et le Dit*, Paris, Minuit.

GARGOLY, C. (2003), «Le dossier à l'épreuve de la transparence», *Actualités Sociales Hebdomadaires* 2303, p. 29-32.

GREVOT, A. (2004), «Lecture directe des rapports d'investigation et d'AEMO par les familles. Du mythe à la simple réalité», *Revue d'action juridique et sociale* 232, Paris, Editions Jeunesse et droit, p. 21-23.

Guide pratique inter-institutionnel du signalement à l'usage des professionnels, Conseil Général Alpes-Maritimes, 2004, site http://www.cg06.fr/ santepublications-signalement.html (consulté en février 2005).

HUYETTE, M. (2003), *Guide de la protection judiciaire de l'enfance – cadre juridique, pratiques éducatives, enjeu pour les familles*, Paris, Dunod.

L'Enfance en danger: que faire?, Académie de Grenoble, adresse http://www.ardecol.acgrenoble.fr/bases/danger.nsf/8a4c8b85ed261e 2bc1256739002e6f21!OpenView (consulté en février 2005).

MANCIAUX, M., GABEL, M., GIRODET, D., MIGNOT, C., & ROUYER, M. (1997), «Actions et acteurs» in *Enfances en danger* (Que doit comporter un signalement rédigé?), p. 463-467.

MANGIANTE, J.-M., PARPETTE, Ch. (2004), *Le français sur Objectif Spécifique: de l'analyse des besoins à l'élaboration d'un cours*, Paris, Hachette.

MOURLHON-DALLIES, F. (2005), «Analyse du discours et français sur objectifs spécifiques: des apports réciproques», *Points communs* 26, CCIP, Paris, p. 8-11.

MOURLHON-DALLIES, F. (2006), «Penser le français langue professionnelle», *Le français dans le monde* 346, p. 25-28.

PÈNE, S. (2001), «Les agencements langagiers de la Qualité», in Borzeix A. et Fraenkel B. (coord.) *Langage et travail*, Paris, CNRS éditions, p. 303-321.

PEYTARD, J. & MOIRAND, S. (1992), *Discours et enseignement du français. Les lieux d'une rencontre*, Paris, Hachette.

RIEGEL, M., PELLAT, J.-C., RIOUL, R. (2005), *Grammaire méthodique du français*, Paris, Presses Universitaires de France.

ROUSSEAU, P. (1992), «Le passage à l'écriture. Les enjeux du "rapport éducatif" adressé à un juge pour enfants», *Études de communications* 13, Pratiques d'écritures et champs professionnels, p. 13-37.

Promouvoir la maîtrise du français dans le cadre de la formation professionnelle

CLAIRE EXTRAMIANA
DÉLÉGATION GÉNÉRALE À LA LANGUE FRANÇAISE
ET AUX LANGUES DE FRANCE,
MINISTÈRE DE LA CULTURE ET DE LA COMMUNICATION

La loi du 4 mai 2004 (article L. 900-6 du code du travail) dispose que «les actions de lutte contre l'illettrisme et l'apprentissage de la langue française font partie de la formation professionnelle tout au long de la vie. L'État, les collectivités territoriales, les établissements publics, les établissements d'enseignement publics et privés, les associations, les organisations professionnelles, syndicales et familiales, ainsi que les entreprises y concourent chacun pour leur part».

Il résulte de cette disposition que des actions visant la maîtrise du français oral et écrit peuvent figurer dans le plan de formation des entreprises et s'intégrer au droit individuel à la formation, reconnu à tout salarié. Trois catégories d'actions de formation sont à distinguer ici :

• les actions ayant pour objet l'adaptation des salariés au poste de travail, mises en œuvre pendant le temps de travail et donnant lieu au maintien par l'entreprise de la rémunération ;

• les actions de formation liées à l'évolution des emplois et celles qui participent au maintien dans l'emploi mises en œuvre pendant le temps de travail et donnant lieu au maintien par l'entreprise de la rémunération ;

• les actions de développement des compétences des salariés qui participent à l'évolution de leur qualification et donnent lieu à une reconnaissance par l'entreprise ; elles peuvent s'effectuer hors du temps de travail et donnent lieu au versement par l'entreprise d'une allocation de formation équivalente à 50 % de la rémunération nette.

La France consacre chaque année environ 22 milliards d'euros à la formation professionnelle continue et à l'apprentissage, ce qui représente

113

*Promouvoir la maîtrise
du français dans le cadre
de la formation
professionnelle*

1,55 % du PIB (chiffre 2003). Un tel niveau de dépenses assure une espérance de formation de plus de 1000 heures par personne sur la durée de sa vie professionnelle. Il est difficile de dire, toutefois, trois ans après la réforme du code du travail, quelle est la part consacrée à l'apprentissage du français.

Les enquêtes réalisées[1] montrent que près de 10% de la population adulte de notre pays ont une maîtrise insuffisante de la langue française ou des savoirs de base. Dans le même temps, les entreprises considèrent encore trop souvent que la lutte contre l'illettrisme ou l'acquisition de compétences langagières relève des pouvoirs publics ou des salariés eux-mêmes. Cependant, l'insuffisante qualification de la main-d'œuvre dans certains secteurs encourage peu à peu les professionnels à se mobiliser pour élever le niveau de compétences de leurs salariés (branche propreté ou bâtiment par exemple). La maîtrise de la langue apparaît bien ici comme une composante indissociable d'un ensemble de compétences requises par l'activité professionnelle. De plus en plus, les activités liées au processus de travail font intervenir la langue, à l'oral ou à l'écrit; ce que les sociologues du travail appellent la «part langagière du travail» est ainsi en constante augmentation.

Dans un tel contexte évolutif, il est permis aujourd'hui de s'interroger sur le rôle de la délégation générale à la langue française et aux langues de France (DGLFLF). Selon nous, ce rôle se conçoit en cohérence avec la mission de veille, d'observation, d'animation et de coordination interministérielle des politiques linguistiques assurée par ce service, comme développé ci-après.

S ensibiliser les branches professionnelles

Après l'adoption de la réforme du code du travail par le Parlement, il est essentiel que l'administration se mobilise pour promouvoir l'apprentissage du français dans les dispositifs de formation prévus par des branches professionnelles, notamment à l'occasion de leur renégociation qui a lieu tous les 5 ans.

C'est ainsi qu'en juin 2005, un séminaire qui réunissait l'ensemble des partenaires sociaux et des acteurs de la formation professionnelle (intitulé: *La Maîtrise de la langue française en milieu professionnel: quels enjeux pour les salariés et les entreprises ?*[2]) a été l'occasion d'aborder les enjeux de cette nouvelle disposition pour les entreprises privées. La direction de la population et des migrations (DPM) et la délégation générale à la langue française et aux langues de France (DGLFLF), en collaboration avec la délégation générale à l'emploi et à la formation professionnelle (DGEFP), le fonds d'action et de soutien pour l'intégra-

1. Enquête de l'INSEE «Information et vie quotidienne 2004» notamment *Les compétences des adultes à l'écrit, en calcul et en compréhension orale*, INSEE, INSEE Première n°1014, octobre 2005.

2. Actes publiés www.culture.gouv.fr/culture/dglf/, voir «Études et recherche» à Maîtrise de la langue.

tion et la lutte contre les discriminations (FASILD) et l'agence nationale de lutte contre l'illettrisme (ANLCI) ont souhaité réunir des institutionnels, des acteurs économiques et des spécialistes de la formation professionnelle pour échanger autour d'expériences réalisées ou en cours, puis envisager une réelle dynamique visant à développer les formations professionnelles comportant une dimension d'apprentissage linguistique.

Dans la foulée de ce séminaire, un accord-cadre a été conclu en juin 2006 avec la CAPEB (Confédération de l'artisanat et des petites entreprises du bâtiment) qui vise à prendre en compte les besoins de formation au français des artisans et des salariés des petites entreprises du bâtiment. S'appuyant sur des actions menées antérieurement par la CAPEB, cet accord-cadre 2006-2008 signé par la CAPEB, la DPM, la DGEFP et la DGLFLF, est axé sur :
1. la réalisation d'un diagnostic afin de mesurer les besoins linguistiques des artisans et de leurs salariés ;
2. à partir du diagnostic effectué, la réalisation d'une campagne d'information et de sensibilisation auprès des artisans et salariés ;
3. la conduite d'expérimentations pour des métiers spécifiques.

R assembler l'expertise

Suite au séminaire de juin 2005 (*La Maîtrise de la langue française en milieu professionnel : quels enjeux pour les salariés et les entreprises ?*), un second séminaire (*Apprendre le français dans un contexte professionnel* – juin 2006)[3], réunissant les mêmes acteurs institutionnels, a permis de réfléchir aux moyens mobilisables en tentant de répondre à trois questions :
• quels sont les besoins de formation et de quelle manière entend-on adapter l'offre de formation aux besoins ?
• comment la recherche universitaire conçoit-elle l'articulation entre langue et travail ?
• quels exemples d'ingénierie de formation doit-on retenir, dans l'offre actuelle ?

Les besoins en main-d'œuvre migrante dans les secteurs d'emploi dits en tension (BTP, hôtellerie-restauration, propreté) ont pour corollaire la nécessité de mettre en place des actions de formation au français, selon l'étude menée par le CLP pour le compte de la DPM (*Développer la formation linguistique au titre de la formation professionnelle continue en entreprise*)[4]. Pour autant, la question de la nature même des formations envisagées se pose, dès lors que l'on admet que l'offre de formation doit s'adapter aux besoins de personnes dans un contexte professionnel. La notion de français langue professionnelle s'applique

3. Actes publiés www.culture.gouv.fr/culture/dglf/, voir « Études et recherche » à Maîtrise de la langue.
4. De Ferrari M. et Mourlhon Dallies F. (2005) : *Développer la formation linguistique au titre de la formation professionnelle continue en entreprise*, étude pour le compte de la direction de la population et des migrations, étude publiée sur le site www.clp.asso.fr

115

Promouvoir la maîtrise
du français dans le cadre
de la formation
professionnelle

ici aux projets pédagogiques qui associent des compétences langagières à des tâches professionnelles alors même que le langagier est une condition d'exécution de la tâche. Cette notion est à la base d'une ingénierie de formation qu'il s'agit maintenant de construire au fur et à mesure que les différents acteurs de la formation professionnelle prennent conscience des enjeux liés à la maîtrise de la langue au sein de l'entreprise.

Un troisième colloque (*La Maîtrise du français au service de l'entreprise*), en mars 2007, organisé conjointement par la DGLFLF et la Chambre de commerce et d'industrie de Paris, a pour ambition de convaincre le monde de l'entreprise de l'intérêt de promouvoir la maîtrise du français chez les salariés. S'adressant aux chefs d'entreprises et aux responsables des ressources humaines, le message que les organisateurs de ce colloque entendent délivrer repose sur la nécessité de développer les compétences langagières des salariés dans le contexte actuel de l'augmentation de la part langagière du travail, comme on l'a vu plus haut. Pour cela des outils existent, tels que les diplômes de français langue étrangère élaborés par le CIEP[5] et la Chambre de commerce et d'industrie de Paris[36], l'outil de positionnement du CLP[7], ou encore le dispositif de formation ouverte et à distance Téléformation et Savoirs[8] mis en œuvre par l'AFPA. Les expériences menées dans des entreprises de taille diverse illustrent le bien-fondé de la démarche qui consiste à envisager la maîtrise de la langue comme un ensemble de compétences pouvant être acquises dans un contexte professionnel dès lors qu'elles n'ont pas été acquises en formation initiale par les salariés.

É tendre cette préoccupation aux trois fonctions publiques

L'effort de promotion des actions de formation entrepris pour les entreprises du secteur privé doit également concerner le secteur public. À cette fin, une *Étude sur la prise en compte des besoins de formation continue en français pour les agents de la fonction publique* a été réalisée au sein de la DGLFLF en 2006. Cette étude, conduite par Isabelle Martinetti au cours d'un stage de master de l'université de Paris III, révèle que, comme pour le privé, il n'y a pas dans la fonction publique de prise en compte concertée des besoins de formation au français dans le cadre de la formation continue des agents. Cela étant, on recense des besoins pour le public migrant pour tous les niveaux de qualification, que ce soit les personnels de catégorie C, dits de bas niveaux de qualification (agents d'accueil, de nettoyage, de surveillance, agents hospitaliers, ouvriers d'Etat) ou ceux de catégorie B ou A, notamment au sein de la fonction hospitalière (infirmières et

5. www.ciep.fr/

6. www.fda.ccip.fr/

7. www.clp.asso.fr/

8. http://www.tfs.afpa.fr

médecins). Les besoins identifiés vont de l'alphabétisation et acquisition des savoirs de base au français langue étrangère et langue professionnelle. Il existe également un public de natifs peu ou pas scolarisés potentiellement demandeurs d'apprentissage ou de réapprentissage des savoirs de base ou de l'écrit.

Ce rapide diagnostic des besoins doit être considéré dans un contexte à moyen terme marqué par les départs à la retraite de 40% des agents actuellement en poste au cours des 10 prochaines années. Afin de renforcer la proportion d'agents d'encadrement de catégorie A et B (selon une procédure dite de «repyramidage»), il devient nécessaire de favoriser la montée en compétence d'agents pour lesquels de nouvelles compétences langagières sont à acquérir. Ces mêmes compétences langagières intéressent précisément les chercheurs qui s'attachent depuis peu à les décrire par métier ou type d'activité dans des référentiels. Il reviendra ainsi aux responsables de formation de comprendre l'enjeu de la formation au français langue professionnelle.

Conclusion

À travers ce tableau des opérations récentes soutenues par la DGLFLF afin de promouvoir la maîtrise de la langue française à des fins professionnelles, apparaît plus que jamais la nécessité de rassembler l'expertise et de faire circuler l'information sur l'existant et le possible. Cela demande de faire travailler ensemble plusieurs milieux (branches professionnelles, secteur de la formation professionnelle, didactique des langues, alphabétisation, lutte contre l'illettrisme) dans une dynamique commune, pour des résultats à moyen terme.

*Promouvoir la maîtrise
du français dans le cadre
de la formation
professionnelle*

Bibliographie

INSEE (2005), «Les compétences des adultes à l'écrit, en calcul et en compréhension orale», *INSEE Première* n°1014, octobre.

Ministère de l'Emploi, de la Cohésion sociale et du Logement (2005), «La maîtrise de la langue française en milieu professionnel : quels enjeux pour les salariés et les entreprises?», actes du colloque du 8 juin 2005, *Notes et documents* (Direction de la population et des migrations) n° 53, octobre, disponibles sur le site www.culture.gouv.fr/culture/dglf/, voir «Études et recherche» et «Maîtrise de la langue».

Ministère de la Culture et de la Communication (2006), «Apprendre le français dans un contexte professionnel», actes du séminaire des 2-3 juin 2006, Rencontres (Délégation générale à la langue française et aux langues de France), disponibles sur le site www.culture.gouv.fr/culture/dglf/, voir «Études et recherche» et «Maîtrise de la langue».

De Ferrari, M. et Mourlhon-Dallies, F. (2005) : *Développer la formation linguistique au titre de la formation professionnelle continue en entreprise*, étude pour le compte de la direction de la population et des migrations, étude publiée sur le site www.clp.asso.fr.

Le profil linguistique des professions au Canada : quels standards occupationnels des postes de travail en français et en anglais ?

Marianne Kayed et Silvia Dancose

CENTRE DES NIVEAUX DE COMPÉTENCE
LINGUISTIQUE CANADIENS (CNCLC)

Plus de 70% de l'accroissement de la population active canadienne est dû à l'immigration. Le ministère des Ressources humaines et Développement des compétences du Canada (RHDCC) prévoit, dans une étude de 2002, que les immigrants seront responsables de tout l'accroissement de la population active d'ici 2011. Le perfectionnement de la population active canadienne dépend en grande partie de la réussite en emploi et de l'intégration des immigrants en la matière ; la maîtrise de la langue est considérée comme la clef de leur succès. Par ailleurs, le secteur canadien du tourisme regroupe de nombreux travailleurs immigrants, et les ressources humaines sont identifiées comme étant la question névralgique de ce secteur pour les dix prochaines années. L'identification des compétences dont les nouveaux arrivants et les immigrants ont besoin pour réussir dans le secteur du tourisme revêt donc une importance capitale.

L'article suivant explique comment on a créé des référentiels centrés sur des métiers précis, référentiels servant à mesurer ou à analyser la maîtrise de la compétence en français ou en anglais langue seconde. Ces outils ou « profils linguistiques des professions » prennent appui tant sur les normes linguistiques canadiennes que sur les référentiels de compétences essentielles que l'on a croisés avec les référentiels propres aux branches professionnelles.

*Le profil linguistique des
professions au Canada :
Quels standards
occupationnels des postes
de travail en français
et en anglais ?*

En arrière-plan : les niveaux de compétence linguistique canadiens

Les *Niveaux de compétence linguistique canadiens* et les *Canadian Language Benchmarks* sont les normes nationales utilisées pour décrire, mesurer et reconnaître la maîtrise de la langue seconde par les immigrants adultes et les futurs immigrants venant s'établir et travailler au Canada. Ces normes représentent le résultat de plusieurs années de travail et ont pris naissance entre 1990 et 1994, à la suite des conférences annuelles des TESL[1] du Canada. Les participants à ces conférences ont exprimé la nécessité d'établir un cadre commun de référence déterminant le niveau de compétence d'un apprenant d'anglais langue seconde. Ce cadre de référence contribuerait ainsi à l'intégration des immigrants adultes dans la société canadienne. En 1993, le ministère de l'Emploi et Immigration Canada (à présent Citoyenneté et Immigration Canada) a formé un groupe de travail national, avec pour tâche de guider et de superviser la conception des niveaux de compétence linguistique. En 1996, la première édition des normes canadiennes pour l'apprentissage de l'anglais langue seconde a été publiée sous le nom de *Canadian Language Benchmarks : English as a Second Language for Adults, Working Document*. Ce n'est que par la suite, en 1998, que le Centre des niveaux de compétence linguistique canadiens (CNCLC) a été établi et a lancé la deuxième édition publiée en 2000. En juin 2002, l'Université d'Ottawa a achevé l'élaboration des Standards linguistiques canadiens, qui était la première version française destinée à l'enseignement et à l'apprentissage du français langue seconde, financée par Citoyenneté et Immigration Canada (CIC). Le CNCLC a manifesté son intention d'héberger la première version des normes linguistiques nationales pour l'enseignement et l'apprentissage du français langue seconde au sein de sa structure. De 2005 à 2006, les *Standards linguistiques canadiens* 2002 ont fait l'objet d'une révision linguistique approfondie suite à un processus de rétroaction. Dorénavant, les normes canadiennes pour le français langue seconde portent le nom de *Niveaux de compétence linguistique canadiens 2006 (NCLC)*.

Les NCLC portent sur quatre habiletés langagières, soit l'expression orale, la compréhension orale, la compréhension écrite et l'expression écrite. Chacune des habiletés est présentée selon trois stades : débutant, intermédiaire et avancé ; chaque stade comprend quatre niveaux de compétence. Au total, cela fait 12 niveaux. Le document tente de présenter un continuum normalisé de compétences exprimé dans un langage commun que les enseignants puissent utiliser et comprendre ; le but étant de décrire la compétence linguistique à communiquer. Le principe sous-jacent est la croyance que la langue est un instrument de communication, selon lequel l'apprenant démontre sa performance de

---

1. TESL = Teachers of English as a Second Language.

tâches significatives dans des situations qui lui sont pertinentes et dans des conditions de réalisation spécifiques. Sachant ainsi à quel niveau il se situe, l'apprenant est toujours en mesure de poursuivre sa formation ailleurs ou de démontrer sa compétence langagière à un employeur éventuel.

L es compétences essentielles, indispensables pour l'emploi

Parallèlement à la conception des normes linguistiques, les professionnels de l'alphabétisation au Canada ont identifié neuf compétences et habiletés qui sont essentielles au succès dans n'importe quel emploi. Ce mouvement est fondé à partir de l'EIAA (Enquête internationale sur l'alphabétisation des adultes) de Jones et alii (1994), selon laquelle on a pu définir l'alphabétisme, en prenant en compte trois catégories :

- la compréhension de textes suivis : la capacité à comprendre et à utiliser l'information contenue dans des textes tels des éditoriaux, des reportages, des poèmes et des ouvrages de fiction ;
- la compréhension de textes schématiques : la capacité à repérer et à utiliser l'information présentées sous diverses formes, notamment les demandes d'emploi, les formules de paie, les horaires de transport, les cartes routières, les tableaux et les graphiques ;
- la compréhension de textes au contenu quantitatif : la capacité à effectuer des opérations arithmétiques, comme établir le solde d'un compte de chèques, calculer un pourboire ou remplir un formulaire de commande (OCDE, 1996).

Le Canada a participé à cette enquête d'envergure internationale et multilingue avec sept autres pays tels que l'Irlande, l'Allemagne, les Pays-Bas, la Pologne, la Suède, la Suisse et les États-Unis. Un rapport fut rédigé par chacun des pays. L'étude a été financée par le ministère de Développement des ressources humaines Canada, Eurostat et l'Organisation de coopération et de développement économiques. En 1994, le même ministère des ressources humaines, appelé aujourd'hui Ressources humaines et Développement des compétences Canada (RHDCC) a entrepris le projet de recherche dont l'objet était d'identifier et de cataloguer neuf compétences essentielles : lecture des textes ; utilisation des documents ; calcul ; rédaction ; communication verbale ; travail d'équipe ; capacité de raisonnement ; informatique ; et formation continue.

La plupart des Compétences essentielles comportent cinq niveaux de complexité[2] et illustrent les tâches typiquement professionnelles. RHDCC se base alors sur les compétences essentielles pour développer les Profils des compétences essentielles (PCE). Un PCE est un sommaire qui décrit les compétences essentielles représentatives d'une

2. ceux-ci correspondent aux mêmes niveaux de capacité identifiés dans l'EIAA de l'OCDE en 1996.

profession spécifique et la façon dont le travailleur appliquerait réellement chacune de ces compétences pour mener à bien l'exécution des tâches reliées à son emploi. À titre d'exemple, le profil ci-dessous représente la profession de guides touristiques. Il s'agit d'un extrait de norme professionnelle du tourisme[3] qui décrit les tâches liées à la lecture des textes et leurs niveaux de complexité.

Lecture des textes		
Tâches	**Niveaux de complexité**	**Exemples**
Typiques plus complexes	1 à 2 2 à 4	Guides touristiques et guides itinérants/ guides itinérantes : • lire des guides touristiques, au début de l'année, et s'y reporter souvent pour trouver des renseignements. (1) • lire les guides d'interprétation comme les guides de conversation en langue étrangère et les guides pour voyageurs afin d'y puiser de l'information. (1), (fréquemment) • lire des articles de journaux pour se tenir au courant et trouver de l'information. (2), (quotidiennement) • lire les manuels de l'entreprise. (2) • lire divers documents lorsqu'ils font de la recherche. Souvent, ces documents sont résumés pour les visiteurs. Il peut s'agir de textes scientifiques sur certains sujets, des revues, des revues spécialisées, des brochures, des livres d'histoire, des almanachs, des livres d'enfants, des livres d'archives, des ouvrages d'histoire naturelle, des encyclopédies ou des glossaires et des documents sur la santé. Ils lisent également des documents tirés de l'Internet. (4)

3. accessible sur http://srv108.services.gc.ca/french/profiles/54.shtml#Reading-Text

Sommaire : Lecture des textes				
Objectifs de la lecture				
Type de texte	Rechercher des renseignements précis. Repérer des renseignements	Feuilleter le texte pour en dégager le sens global, en saisir l'essentiel	Lire le texte en entier pour comprendre ou apprendre	Lire le texte en entier pour le critiquer ou l'évaluer
Formulaires	✔	✔		
Étiquettes				
Notes, lettres, notes de service	✔	✔	✔	✔
Manuels, spécifications, règlements	✔	✔	✔	
Rapports, livres, revues spécialisées	✔	✔	✔	✔

Les PCE donnent des exemples de tâche professionnelle fondée sur les données d'entretiens. Les formateurs d'adultes, les formateurs en milieu de travail et d'autres intervenants se servent des PCE pour découvrir comment les travailleurs utilisent leurs compétences dans leur travail, tandis que les compétences essentielles demeurent un cadre de référence pour analyser les tâches selon le domaine de compétence et le niveau de complexité. Bien que l'emploi soit la source où sont puisés les exemples de compétences essentielles, la recherche se fonde sur l'idée que les personnes transfèrent leurs compétences essentielles non seulement à leur cadre professionnel, mais aussi dans d'autres contextes hors du milieu de travail.

L es profils linguistiques des professions

Les profils linguistiques ont d'abord pris naissance dans le secteur des soins infirmiers, à partir d'une profession canadienne réglementée. C'est en 2000 que le Centre des niveaux de compétence linguistique canadiens (CNCLC) a entrepris une démarche à l'échelle nationale afin de déterminer les besoins en matière d'évaluation de la compétence langagière en anglais langue seconde pour ce secteur d'activité. L'identification des besoins a entraîné le développement d'une méthodologie conçue à partir d'observations de la pratique en milieu de santé, de

123

Le profil linguistique des professions au Canada : Quels standards occupationnels des postes de travail en français et en anglais ?

grilles de notation et de programmes de jumelage pour immigrants dans ce secteur, à travers le Canada. Un rapport (CNCLC, 2002) indique d'ailleurs les compétences linguistiques requises en anglais pour des infirmières et des infirmiers étrangers voulant exercer la profession au Canada dans des postes de première ligne.

Ce travail rigoureux, effectué dans le cadre de l'identification des besoins, a permis de développer un outil d'évaluation de la compétence en anglais langue seconde destiné aux infirmières et aux infirmiers étrangers. L'outil porte le nom de *CELBAN* (*Canadian English Language Benchmark Assessment for Nurses*). Aujourd'hui, cet outil d'évaluation, qui comporte un test en ligne, constitue un outil de qualité et de précision utilisé par les ordres professionnels en soins infirmiers du Canada pour déterminer la maîtrise de l'anglais langue seconde des infirmiers et infirmières demandant une reconnaissance de leur diplôme étranger.

Parallèlement au développement de l'outil *CELBAN*, le Conseil canadien des ressources humaines en tourisme (CCRHT) a manifesté son intérêt envers la méthodologie liée à ce projet. En 2005, 1,65 million de personnes travaillaient dans le secteur du tourisme, dont une proportion de 47 % dans la restauration. La demande pour les travailleurs dans ce secteur est à la hausse et selon les statistiques, en 2010, 1,95 million de personnes devront combler les postes en tourisme (CCRHT, 2005).Le CCRHT a donc pris en considération ces évolutions démographiques et a également tenu compte du fait que 21,8 % des travailleurs du secteur constituent des immigrants. Tout cela a contribué à démarrer le projet ayant comme objectif final la création des analyses linguistiques des professions dans le secteur du tourisme.

Pour le CNCLC, le partenariat avec le Conseil canadien des ressources humaines en tourisme signait la première réalisation dans un domaine professionnel non réglementé. La création des analyses linguistiques des professions pour le secteur du tourisme a donc nécessité une révision de la méthodologie en respectant les Normes nationales des professions, soit plus de 45 professions du tourisme basées sur les compétences essentielles. Parmi ces professions, citons celles de cuisinier à la chaîne, de représentant des ventes, de guide touristique, de directeur de la restauration et de chauffeur de taxi. Le projet lié au tourisme a permis de créer une méthodologie destinée à établir des profils professionnels nationaux qui pourraient s'appliquer à d'autres professions et secteurs. Les deux projets[4] étaient chapeautés par un comité consultatif national représenté par des spécialistes chevronnés dans les compétences essentielles, dans les *Canadian Language Benchmarks* et par des intervenants du monde du travail.

4. financés par Ressources humaines et Développement des compétences Canada. Pour plus de renseignements sur les deux projets, visitez le site Internet www.itsessential.ca

L'analyse linguistique d'une profession au Canada

L'analyse linguistique d'une profession (ALP) décrit les compétences linguistiques nécessaires pour réussir dans cette profession. Basée sur les Niveaux de compétence linguistique canadiens (NCLC), l'ALP présente dans un format standard les compétences d'expression orale, de compréhension orale, de compréhension écrite et d'expression écrite associées à la profession concernée, de même que des exemples d'application de ces compétences. De surcroît, chaque ALP est basée sur deux sources canadiennes (les Profils de compétences essentielles, ou PCE, et les Normes de compétence nationales, dites NCN, d'un secteur d'activité économique), sources qui sont croisées et mises en correspondance. Dans son principe, une ALP:

– est axée sur les compétences linguistiques;
– est une description générique d'un grand domaine professionnel;
– est une description représentative, et non absolue (c'est-à-dire qui suggère les exigences potentielles d'un emploi, et non les exigences précises);
– et reflète les compétences d'un travailleur chevronné qui a eu l'occasion d'acquérir et de maîtriser l'éventail complet des compétences propres à sa profession.

Il existe quatre sections dans chacune des ALP:

– une vue d'ensemble de la définition de l'emploi tirée du Profil des compétences essentielles;
– une introduction qui explique la façon dont les NCLC sont utilisés dans une ALP;
– un tableau de consultation rapide qui montre les aptitudes à la communication à la fois d'après les critères des Compétences essentielles et ceux des NCLC. Pour maintenir et encourager l'usage pratique et équitable, le CNCLC a décidé de démontrer la gamme des tâches de communication que l'on peut effectuer dans une profession donnée;
– un inventaire des compétences linguistiques des professions d'après la description des NCLC. Chaque analyse linguistique de la profession comporte des indicateurs de compétence, ce qui indique clairement les tâches particulières indispensables pour faire preuve de maîtrise dans chaque habileté langagière.

À titre d'exemple, nous présentons une tâche en communication orale tirée de l'analyse linguistique de la profession de réceptionniste d'hôtel.

• Régler un conflit mineur ou une plainte. (NCLC 8)
• interagir avec des clients pour résoudre les problèmes (CE-CV)
• s'assurer de la satisfaction du client par exemple, s'occuper des préoccupations du client et en faire le suivi (NCN-A1.3)

125

Le profil linguistique des professions au Canada: Quels standards occupationnels des postes de travail en français et en anglais?

La tâche «Régler un conflit mineur ou une plainte» correspond à un niveau 8 des *Niveaux de compétence linguistique canadiens*. Sous cette tâche, il y a deux autres tâches professionnelles. L'une provient du profil de compétence essentielle et correspond à la communication verbale (CV), et l'autre tâche provient de la Norme de compétence nationale du secteur du tourisme et inclut le numéro de référence tiré de la Norme.

Comme second exemple, nous présentons en annexe un tableau (repris de www.itsessential.ca) qui regroupe certaines des compétences de lecture et de rédaction intervenant dans le métier de directeur de club de golf. Tous ces «standards occupationnels» sont l'aboutissement d'une démarche spécifique. La méthodologie utilisée pour développer une analyse linguistique de la profession (ALP) consiste en huit étapes, dont la compréhension détaillée du Profil de compétences essentielles (PCE) et des Normes de compétence nationales de la profession visée, ainsi que le repérage du descripteur et du niveau de compétence linguistique pour chacune des tâches linguistiques. Comme gage de sa fiabilité, chaque ALP est conçue par trois spécialistes provenant du milieu de la didactique des langues secondes et ayant une bonne connaissance des *Canadian Language Benchmarks* et des *Niveaux de compétence linguistique canadiens*.

es applications des analyses linguistiques des professions (ALP)

Le Comité consultatif national du projet des analyses linguistiques des professions a fortement recommandé de dégager des pratiques exemplaires liées à la conception d'une ALP ainsi qu'à son application. Ainsi, une ALP doit servir à promouvoir la maîtrise d'une langue seconde pour une profession concernée et non à établir des obstacles empêchant l'accès à une profession. De plus, une ALP ne peut être utilisée comme outil de sélection pour accepter ou refuser un postulant à l'emploi ni pour évaluer le rendement en milieu de travail d'un employé ni pour évaluer sa compétence linguistique. Une ALP ne sert également pas à appuyer une demande d'immigration au Canada ni à accéder à des professions à risques élevés.

C'est pourquoi le CNCLC a proposé une série d'applications possibles pour les analyses linguistiques des professions (ALP). Une ALP peut servir:
– aux professeurs: pour élaborer des programmes, du matériel de formation ou des outils d'évaluation propres aux exigences linguistiques de la profession concernée, et ce, dans le but de refléter les tâches de communication;

– aux employeurs : pour comprendre et définir les exigences de communication propres à la profession concernée et pour faciliter la planification de la formation en milieu de travail ;

– aux apprenants postulants potentiels, titulaires de postes : pour mieux comprendre les exigences linguistiques de la profession concernée et pour planifier le perfectionnement personnel ou professionnel nécessaire afin de satisfaire aux exigences linguistiques de la profession concernée ;

– aux conseillers en orientation professionnelle : pour fournir des conseils sur les choix de carrière et sur la formation nécessaire ;

– aux conseils sectoriels, associations, industries, syndicats : pour définir les exigences de la profession concernée et pour faciliter l'élaboration d'outils et de produits de développement des ressources humaines ;

– aux analystes de postes : pour analyser les compétences linguistiques propres à la profession concernée ;

– aux gouvernements : pour faciliter l'élaboration des politiques et des programmes touchant le marché de l'emploi.

Par ailleurs, afin d'illustrer concrètement les applications de l'ALP, un organisme employabilité (s'occupant d'intégration professionnelle) s'en est servi afin de concevoir un cours en tourisme destiné aux immigrants du Canada. Les ALP ont fourni des indicateurs concernant le degré de maîtrise linguistique nécessaire aux fins de l'atteinte des objectifs pédagogiques et des compétences visés par le cours. De même, un conseiller en orientation professionnelle, ayant reçu au préalable les résultats au classement de la compétence linguistique de son client, a pu consulter les ALP afin de mieux guider et conseiller le client immigrant en matière de recherche d'emploi.

D es pistes d'avenir

Aujourd'hui, le CNCLC compte quatorze analyses linguistiques de profession (ALP) telles que barman, serveur au comptoir, serveur d'aliments et de boissons, cuisinier, aide-cuisinier, cuisinier à la chaîne, chauffeur de taxi, conseiller en voyages, guide touristique, réceptionniste d'hôtel, chasseur, directeur de club de golf, guide de pêche et coordonnateur d'activités spéciales. Ces ALP sont disponibles en français et en anglais sur le site Internet www.itsessential.ca.

En 2006-2007, le Centre des niveaux de compétence linguistique canadiens (CNCLC) envisage un projet ayant pour but de développer plus de 30 analyses linguistiques des professions dans le secteur du tourisme et d'autres secteurs tels que l'alimentation, les transports

127

*Le profil linguistique des
professions au Canada :
Quels standards
occupationnels des postes
de travail en français
et en anglais ?*

routiers (camionnage), les matières plastiques, la biotechnologie, la réparation d'automobiles et les centres téléphoniques d'information clients. Un des principaux résultats porterait notamment sur le développement d'un processus d'accréditation pour les concepteurs d'une ALP. Par ce processus, le CNCLC s'assurerait du maintien de l'intégrité de ses normes nationales et de la constance de la méthodologie appliquée à la conception de chacune des ALP.

Par ailleurs, le Conseil canadien des ressources humaines en tourisme aurait l'intention d'intégrer les ALP dans la prochaine édition des Normes de compétence nationales en tourisme. À son tour, le ministère des Ressources humaines et Développement des compétences Canada insèrerait les ALP correspondantes au Profil de compétences essentielles.

Il est clair que l'intérêt des secteurs d'activité au Canada est grandissant envers des outils reflétant non seulement les tâches professionnelles mais la compétence langagière requise pour effectuer les tâches. Les réalisations futures contribueront sans nul doute au rehaussement de l'expertise dans le domaine de la conception des analyses linguistiques des professions qui deviendront par là même plus raffinées et précises quant à la relation entre les compétences linguistiques et la profession donnée. Somme toute, au fur et à mesure que le nombre de profils augmentera, les nouveaux arrivants et les immigrants du Canada bénéficieront de ces outils qui seront de mieux en mieux maîtrisés par les différents intervenants oeuvrant auprès de ce public.

Bibliographie

CNCLC (2003), *The Development of CELBAN (The Canadian English Language Benchmarks Assessment for Nurses): A Nursing-Specific Language Assessment Tool* (2003), Ottawa.

CNCLC (2002), *Benchmarking the English Language Demands of the Nursing Profession Across Canada*, CNCLC, Ottawa.

CCRHT (2005), présentation au congrès *Workplace Education and learning* du Conference Board du Canada et site Internet : http://www.cthrc.ca/fra/page.aspx?_id=labour_market.htm

JONES, S., KIRSCH, I., MURRAY, S. & TUIJNMAN, A. (1994), *Littératie, économie et société : résultats de la première Enquête internationale sur l'alphabétisation des adultes*, Statistique Canada.

OCDE et Développement des ressources humaines Canada (1996), *Littératie et société du savoir : nouveaux résultats de l'Enquête sur les capacités de lecture et d'écriture des adultes*, http://www.rhdsc.gc.ca/fr/pip/daa/sna/Enquetes/eiaadrdb.shtml

RHDCC (2002), *Le Savoir, clé de notre avenir*, Gouvernement du Canada

Annexe :

Extrait du profil linguistique de la profession
« directeur de club de golf »

Tableau des compétences en rédaction
• Rédiger personnellement une courte lettre, une note ou un courriel pour transmettre des condoléances, répondre à un témoignage de sympathie, fournir des explications sur un conflit mineur, ou rassurer un client. (NCLC 7)   • *rédiger des lettres sur divers sujets, y compris sur les politiques, le code vestimentaire et les temps aux tertres de départ, ainsi que des réponses aux organismes de réglementation et aux plaintes (quotidiennement) (ES-RÉD)*
• Rédiger personnellement une courte lettre, une note ou un courriel pour transmettre des condoléances, répondre à un témoignage de sympathie, fournir des explications sur un conflit mineur, ou rassurer un client. (NCLC 8)   • *maintenir un contact avec le voisinage (ex. : ceux dont le terrain est adjacent au parcours), être attentif aux problèmes et aux préoccupations du voisinage : s'assurer qu'on s'en occupe (NCN-F3.2)*
• Rédiger une note pour fixer, annuler ou modifier des dates de rendez-vous scolaires ou professionnels ou des rencontres d'affaires. (NCLC 9)   • *établir l'ordre du jour des réunions du conseil (NCN-D4.1)*

Une démarche de référentialisation en français des professions : le partenariat universités - Chambre de Commerce et d'Industrie de Paris*

JEAN-MARC MANGIANTE,
UNIVERSITÉ D'ARTOIS

La période actuelle est des plus propices à une réflexion sur les contenus et méthodologies d'apprentissage des langues pour des publics spécifiques. En témoignent les nombreuses manifestations, colloques, publications sur les langues de spécialité. Ce nouvel élan scientifique est nourri sur le terrain par l'augmentation des demandes de cursus et de formations en français enseigné à des fins professionnelles. Cela vaut en particulier pour l'étranger, comme le constatent les différents organismes relevant du réseau de coopération culturelle : internationalisation des échanges, ouverture vers des marchés francophones, spécialisation en France constituent autant de motivations des nouveaux publics d'apprenants, plus exigeants, maîtrisant souvent plusieurs langues avant de s'inscrire à des cours de français, et réclamant des formations plus courtes, plus ciblées, davantage orientées vers des objectifs professionnels.

Cette apparition de nouveaux publics d'apprenants de français a conduit le ministère des Affaires étrangères à élaborer en 2004 un programme pluriannuel permettant aux postes à l'étranger de mieux faire face à ces nouvelles demandes : formation des directeurs de centres de langue au marketing des cours, colloque *entreprises* en collaboration avec la CCIP, opération « oui je parle français » destinée aux entreprises, en 2006.

Mais, on remarque qu'en France aussi le contexte actuel est favorable, avec la prise en compte de la maîtrise du français, considérée comme

---

* Désormais CCIP

une réelle compétence professionnelle dans le cadre de l'insertion professionnelle et de la loi Borloo de cohésion sociale de 2004.

F rançais sur objectif spécifique (FOS), français de spécialité et FLP

D'un point de vue strictement didactique, la réflexion sur l'enseignement du français à des fins professionnelles s'est vue redynamisée par un tel contexte. Une nouvelle appellation a même vu le jour récemment, le Français Langue Professionnelle (FLP), précisant et complétant l'appellation plus ancienne de Français à visée professionnelle, en vogue depuis 1990. Ce FLP, tel qu'il est défini par Florence Mourlhon-Dallies (2006), correspond à un type d'interventions destinées à des publics devant exercer intégralement leur profession en français (entre collègues, seuls à leur poste de travail, ou face à un client); le FLP traverse à ce titre les champs du FLE, du FLS et du FLM. Il se situe actuellement à la jonction des notions de français de spécialité et de français sur objectif spécifique, avec lesquelles il entretient des relations de dépendance et de complémentarité.

En 2004, nous avions distingué avec Chantal Parpette[1], le FOS du français de spécialité sur des critères à la fois méthodologiques et de contenus de formation. Le FOS relève d'une démarche spécifique d'élaboration de cours à partir d'une demande précise de formation qui nécessite une focalisation sur certaines situations de communication ne relevant pas nécessairement du monde professionnel et caractérisées par une situation d'urgence.

Le français de spécialité cible en revanche la langue de spécialité, ou plus particulièrement l'ensemble des discours propres à une spécialité ou discipline donnée: spécificités des structures syntaxiques, lexique de spécialité, mode de communication privilégié... Il ne correspond pas à la réponse à une demande précise de formation linguistique formulée par un public clairement identifié avec un objectif spécifique mais plutôt à une offre de formation plus exhaustive, moins urgente, couvrant l'ensemble des situations de communication d'un domaine spécialisé qui comprend plusieurs métiers lorsqu'il s'agit d'un domaine professionnel.

Au sein de cette distinction fondée sur une différence de démarche didactique, le FLP apparaît tout d'abord comme un champ délimité du français de spécialité dans la mesure où il s'applique principalement à un métier donné issu d'un domaine spécialisé (métier d'infirmière généraliste au sein du domaine de la santé par exemple) mais il établit aussi

1. Mangiante, J.-M. et Parpette, C. (2004), *Le Français sur Objectif Spécifique*, Hachette FLE, collection f.

*Une démarche de
référentialisation en
français des professions:
le partenariat universités
- Chambre de Commerce
et d'Industrie de Paris*

des liens qui sortent un peu de la pratique spécifique de ce métier et qui touchent à des questions de statut, de cadre d'exercice, de pratiques culturelles, de postures et de logiques professionnelles. Le FLP se décline à la fois dans une logique d'occupation de poste et dans une logique de branche professionnelle. Or analyser les pratiques linguistiques propres à l'exercice d'un métier ne peut se concevoir qu'en mettant en perspective les spécificités de la pratique professionnelle, qu'en réinsérant les discours dans les situations professionnelles et en distinguant les compétences liées à la maîtrise des tâches professionnelles des compétences de communication qui en constituent un des éléments.

Dans beaucoup de professions le recours à la langue pour communiquer dans la sphère professionnelle ne correspond qu'à des moments précis de la pratique du métier. Un technicien de surface ne se trouve dans une situation de travail requérant l'usage de la langue qu'à certains moments : lecture de notices de produits d'entretien, rédaction de courts messages destinés à l'affichage dans des lieux publics pour attirer l'attention des usagers... Dans d'autres professions les situations de travail à dominante langagière seront les plus fréquentes et parfois se confondront avec la pratique même de cette activité. Il est clair qu'un avocat inscrit pleinement sa pratique professionnelle dans une communication langagière quasi permanente. Une infirmière en contact avec les malades consacre aussi une part significative de sa pratique à des interactions non strictement techniques même si ses compétences en matière de soins et ses connaissances médicales sont en France considérées comme les éléments constitutifs de sa formation et de sa pratique professionnelle. Dès lors on peut se demander ce qui relève des compétences professionnelles inhérentes au métier et des compétences langagières associées à la communication sur et dans le métier.

Si la langue est une compétence professionnelle, comment s'articule-t-elle avec les autres compétences nécessaires à l'accomplissement des tâches professionnelles ? Doit-on raisonner seulement en termes de communication, en interne avec les collègues, les supérieurs hiérarchiques ainsi qu'en externe avec les usagers, les clients... dans un cadre qui détermine une activité particulière ? Où peut-on considérer que la langue est un outil à part entière de la pratique professionnelle comme l'ordinateur, le matériel de bureau... ?

C'est ici qu'un instrument peut s'avérer utile, à savoir un référentiel de compétences langagières appliqué à l'exercice d'un métier particulier, qui permettrait d'établir une comparaison «ligne à ligne» avec les référentiels – métiers correspondants qui ciblent de leur côté les compétences professionnelles propres à ce métier.

La place de la langue dans les différents types de référentiels

L'élaboration de référentiels de compétences langagières du monde professionnel s'avère non seulement de plus en plus nécessaire pour les raisons évoquées plus haut, mais aussi en raison de l'évolution du marché de l'emploi, née de la mondialisation des échanges économiques et de la course à la réduction des coûts qu'elle entraîne au sein des entreprises. On assiste en effet à une sorte d'inversion de tendances en matière de qualification et de compétences professionnelles requises pour exercer des emplois dans les entreprises. Pendant longtemps la spécialisation des tâches professionnelles était considérée comme l'apanage des postes de travail hautement qualifiés. Or il apparaît que le profil des emplois d'exécution demande une spécialisation accrue, d'où la difficulté des entreprises à recruter dans certains secteurs. En revanche, une plus grande diversification des compétences est demandée aux cadres qui doivent faire preuve de plus en plus de « transversalité » dans l'accomplissement de leur fonction. De cette nouvelle situation, naissent des référentiels métiers plus précis tandis que les tâches de communication proprement dites occupent une part de plus en plus importante.

Un référentiel est une sorte d'inventaire de conditions à satisfaire en regard d'une attente globale. Il s'appuie sur une étude du terrain professionnel dans lequel sont projetés les comportements et attitudes requises par l'exercice d'un métier donné. Trois types de référentiels professionnels constituent le champ de la relation formation-emploi :

- Les référentiels-métiers ou référentiels d'activité qui permettent de décrire les caractéristiques d'un métier en termes de maîtrise d'actes ou d'interventions élémentaires. Ils justifient l'ouverture du poste et permettent d'en établir le profil en renvoyant au contexte de l'emploi.

- Les référentiels de compétences qui listent l'ensemble des compétences professionnelles générales requises par l'agent pour exercer le métier.

- Les référentiels de formation qui vont établir en amont les capacités nécessaires ou méta-compétences, à faire acquérir durant la formation pour préparer à exercer le métier.

Dans son principe, la référentialisation apparaît comme la confrontation entre la réalité d'un métier observé sur le terrain et la détermination des conditions nécessaires à sa bonne réalisation. Il s'agit d'interpréter la situation réelle d'exercice du métier, à partir de l'observation des activités exercées qui vont révéler les compétences requises par les

133

Une démarche de référentialisation en français des professions : le partenariat universités - Chambre de Commerce et d'Industrie de Paris

employés. En amont, le référentiel de formation se dégage des compétences inventoriées au sein de la phase d'observation du métier.

On retrouve cette démarche d'observation et d'inventaire dans l'élaboration de référentiels de compétences linguistiques qu'il conviendra de distinguer des compétences techniques de base.
Ainsi le Répertoire Opérationnel des Métiers et des Emplois (ROME) utilisé par l'ANPE, par exemple, qui distingue les trois types de référentiels (définition de l'emploi-métier, référentiel de compétences, formation-expérience) fera apparaître des compétences (souvent qualifiées d'associées) relevant de la maîtrise linguistique.

Ici pour le métier d'agent d'usinage :

Compétences techniques de base :

- Appliquer des consignes techniques simples de fabrication (consignes de sécurité, succession des gestes à effectuer...).
- Éxécuter des opérations élémentaires de production (alimentation de machine, manutention et montage de pièces...).
- Contrôler le travail réalisé.
- Assurer l'entretien courant du poste de travail.

Compétences associées :

- Lire un plan.
- Savoir lire et remplir des documents techniques.
- Posséder des connaissances en mécanique générale.
- Savoir utiliser des outils ou appareils simples de contrôle (pied à coulisse, comparateur, jauge de contrôle...).

Capacités liées à l'emploi :

- Mémoriser une suite de consignes, gestes ou contrôles précis.
- Repérer et comprendre des signaux lumineux et des symboles.
- Anticiper les dysfonctionnements.
- Maintenir son attention malgré des tâches peu variées.
- Se conformer avec rigueur aux normes de sécurité

Les compétences linguistiques semblent ici séparées (ce sont des compétences associées) des tâches professionnelles principales mais une observation révèlerait que l'utilisation de la langue dans l'exercice du métier fait partie de compétences techniques et participe à l'accomplissement des tâches professionnelles : la lecture et la complétion de documents techniques constituent des étapes dans l'exécution des opérations de production évoquées dans les compétences techniques de base. Ces opérations langagières s'articulent sur la pratique professionnelle et produisent un type de discours particulier lié au contexte de son exécution.
La référentialisation en langues procèdera donc par une observation des employés en situation réelle de pratiquer leur métier. C'est un pro-

cessus qui s'appuie sur une analyse des besoins menée sur le terrain dont les résultats de l'observation constituent le «référé»[2] : recueil de discours authentiques produits ou interprétés, descriptions des tâches langagières effectuées.

L'analyse et le classement de ces données seront ensuite transformés en «référent», c'est-à-dire en performances attendues d'un apprenant en langue, par compétence, selon C. Hadji (1989).

La démarche d'élaboration de référentiels langagiers du monde professionnel peut être dégagée de celle qui permet l'élaboration d'un cours de français sur objectif spécifique, telle que nous l'avons exposée (Mangiante et Parpette, 2004) même si le but en est très différent :

- Observation du contexte professionnel
- Sélection des personnels concernés
    - repérage des tâches
    - position au sein de la structure
- Analyse des besoins
    - questionnaires et grilles d'observation
    - entretiens
    - repérage des actes de paroles
- Collecte des données
    - enregistrements de situations orales
    - recueil de documents écrits
- Analyse des données
    - identification du contenu linguistique
    - mise en relation avec les objectifs communicatifs
- Élaboration du référentiel

Bien que les référentiels de langue se veuillent avant tout descriptifs et non prescriptifs, leur usage est surtout lié à l'évaluation des compétences et à la construction d'examens et de certifications. Ils constituent dans les faits bien souvent une norme.

Dans le domaine professionnel, la CCIP a élaboré les référentiels de compétences générales nécessaires pour passer les certifications de français des affaires et des professions. Ces référentiels ciblent les tâches principales de certains métiers (tourisme et restauration, métiers de technicien et ingénieur, droit, entreprise et affaires...) requérant l'usage du français et indexées sur les niveaux du Cadre européen commun de référence (CECR). Ils permettent de monter un programme de formation préparant à la passation des épreuves de ces diplômes professionnels.

2. Hadji, Charles. 1989, 6e édition 2000. L'Évaluation, règles du jeu. Paris, ESF éditeur

135

*Une démarche de
référentialisation en
français des professions :
le partenariat universités
- Chambre de Commerce
et d'Industrie de Paris*

Mais la démarche de référentialisation engagée par le conseil de l'Europe pour le CECR n'a porté que sur des situations de la vie quotidienne, comme avant lui les travaux sur le français fondamental. L'ampleur de la tâche d'analyse des besoins du monde professionnel paraît insurmontable tant cet univers est riche et divers et tant les pratiques d'un même métier varient d'un pays à l'autre. Néanmoins, la CCIP a entrepris un programme d'élaboration de référentiels de compétences langagières du monde professionnel en partenariat avec plusieurs universités. Ainsi, malgré l'ampleur de la tâche, le contexte international actuel, la mondialisation des échanges et la mobilité étudiante en particulier, ont conduit le Centre de Langue de la CCIP à constituer un groupe de travail et de réflexion destiné à concevoir un projet de référentiel de compétences linguistiques du monde professionnel.

Un tel projet répond aux attentes des publics d'apprenants toujours plus nombreux à solliciter des formations en français sur objectifs spécifiques, à celles des centres de langues en France et à l'étranger désireux de rechercher de nouveaux publics et des entreprises qui entendent identifier clairement leurs besoins linguistiques afin de s'adapter à la globalisation croissante des échanges.

 a réalisation des référentiels

En matière de référentialisation, la démarche a consisté à identifier les besoins linguistiques des entreprises en ciblant dans un premier temps les domaines professionnels pour lesquels la CCIP délivre une certification ou souhaite en délivrer une. Par exemple dans le domaine des professions médicales, la CCIP a établi une première ébauche de référentiel de compétences pour les professions d'infirmière et médecin qui lui a permis de lancer en juillet 2006 le Diplôme de Français Médical (DFM).

Depuis 2005, des étudiants de Master professionnel 2e année des universités de Montpellier 3, Paris 3 et Lyon 2 ont effectué leur stage au sein de la CCIP et d'entreprises partenaires afin de réaliser une analyse de besoins sur le terrain en suivant certains métiers particuliers. Ce travail au contact du milieu professionnel a été encadré par le pôle pédagogique du centre de langue de la CCIP composé des différents responsables pédagogiques, et a suivi la démarche évoquée plus haut.

L'objectif est de permettre à la CCIP et à ses partenaires universitaires d'élaborer des référentiels de compétences langagières du monde professionnel ciblés sur ce que l'on appelle les « métiers en tension », susceptibles de recevoir une main-d'œuvre étrangère nécessitant des formations adaptées (certains métiers de la santé comme les infirmières, les médecins spécialistes, les métiers de la restauration, du bâtiment.

La démarche d'élaboration de référentiels, dont nous avons rappelé les étapes plus haut, s'appuie sur le principe du recueil et de l'étude des utilisations de la langue dans des situations données et par l'analyse des discours produits, échangés, reçus par les différents locuteurs. L'analyse étant convertie par la suite en inventaire de compétences de communication qu'un locuteur étranger doit acquérir pour parvenir à affronter des situations similaires et participer aux échanges langagiers qui les constituent.

J.-C. Beacco en confirme les principes dans le chapitre 1 du *Niveau B2 pour le français* (Structure) : « Les *référentiels* par langue élaborés dans le cadre du Conseil de l'Europe sont avant tout, comme *Un Niveau-Seuil* (1976), des inventaires de formes dont la maîtrise par les apprenants sert à caractériser un niveau de compétence visé ou acquis. Ces inventaires dessinent un « objet-langue », produit de choix effectués dans la totalité des formes linguistiques existantes ou potentielles du français (mot, phrases, textes…). Ces formes proposées à l'apprentissage ne sont pas le français, mais du français, comme « extrait » de ses emplois effectifs par des francophones ».
Ces discours issus « d'emplois effectifs » de la langue mettent en contact les étudiants et par la suite les apprenants de français en face de structures auxquelles ils sont peu habitués et assez éloignés des documents pédagogisés dans les manuels : discours oraux non linéaires, écrits spécialisés…

OUTILS FORGÉS POUR RÉALISER L'ÉTUDE

Comme nous l'avons vu, les étapes de la référentialisation dont les étudiants stagiaires vont entreprendre l'amorce sont les suivantes : identification des postes de travail-cibles, mesure du contexte et des enjeux de la communication professionnelle liée à la pratique de ces métiers, observation des tâches professionnelles réalisées sur le terrain par ces employés, analyse des besoins, recueil des discours authentiques, analyse de ces discours et mise en relation avec les tâches professionnelles, classement et inventaire des compétences requises pour un apprenant étranger, indexation éventuelle sur un niveau du CECR.

Chaque étape de la démarche suppose un encadrement du stagiaire et l'élaboration d'outils permettant l'analyse. Le tableau suivant permet de visualiser pour chaque étape le travail réalisé et les outils nécessaires.

*Une démarche de
référentialisation en
français des professions :
le partenariat universités
- Chambre de Commerce
et d'Industrie de Paris*

Étapes de la démarche	Activité à mener	Outil utilisé
Identification des postes de travail-cibles	Analyse du contexte professionnel avant le début du stage	Lecture d'enquêtes et de documentation liées à l'évolution du marché du travail : enquête de l'OFEM[3] sur les métiers en tension d'Île-de-France par exemple. Lecture de certaines fiches-métiers correspondant à ces postes (répertoire ROME par exemple)
Mesure du contexte et des enjeux de la communication professionnelle	Entretien avec le responsable du stage au sein de l'entreprise, entretien avec les personnels concernés	Canevas d'entretien, questionnaires
Observation des tâches professionnelles requérant l'usage de la langue	Observation et prise de notes éventuellement complétées par des questions	Grille d'observation
Analyse des besoins	Recensement et étude des situations de communication auxquelles seraient confrontés les apprenants	Grille d'analyse de besoins, questionnaires
Recueil des discours réels	Enregistrements des dialogues, recueil de textes écrits spécialisés, entretiens avec les locuteurs	Magnétophone ou caméra numérique selon les autorisations obtenues
Analyse de ces discours et mise en relation avec les tâches professionnelles	Repérage des caractéristiques lexicales et syntaxiques (fréquence du lexique spécialisé et de structures linguistiques privilégiées), repérages des modes de fonctionnements et des types discursifs les plus utilisés	Recours éventuel à certains logiciels d'analyse de discours (TROPES par exemple)
Classement et inventaire des compétences requises	Mise en évidence des compétences attendues en fonction des observations et des données collectées	Tableau de classement type « référentiels »

3. Observatoire de la Formation, des Emplois et des Métiers, organisme relevant de la CCIP et chargé d'analyser et d'anticiper les évolutions affectant l'articulation entre la formation et l'emploi.

Le tableau précédent constitue bien sûr un programme-type de la démarche de référentialisation en milieu professionnel auquel ce partenariat peut prétendre. Le travail réalisé constitue une première ébauche de ce programme général et sera affiné dans l'avenir.

À ce jour, on a pu conduire l'étude de certains métiers : dans la restauration (stage dans plusieurs restaurants parisiens – université du Mans – Angers), l'hôtellerie (Paris 3), certains métiers d'agents commerciaux (Paris 3), quelques professions de santé dont nous donnerons quelques exemples plus loin (stages à l'hôpital de la Pitié-Salpêtrière à Paris, et à l'Hôpital américain, universités de Lyon 2 et Montpellier 3). Tous les étudiants ont suivi une même démarche pour laquelle ont été élaborés un certain nombre d'outils (voir en annexe) conçus pour favoriser le travail d'enquêtes sur le terrain. Il s'agit respectivement de canevas d'entretiens et de grilles d'observation diverses.

UN EXEMPLE DE RÉFÉRENTIEL :
L'ÉTUDE DES PROFESSIONS DE SANTÉ

Le travail actuellement le plus abouti a été réalisé par la CCIP et des étudiants stagiaires de M2 des universités de Montpellier 3 et Lyon 2, en 2005 et 2006, en milieu hospitalier. Ce travail est aussi caractéristique de la démarche entreprise, en ce sens qu'il montre la difficulté à analyser des discours peu habituels et à dégager de leur analyse les compétences nécessaires pour élaborer un référentiel destiné à la formation ou à l'évaluation d'apprenants issus du domaine dans leur pays d'origine.

Les stagiaires ont observé les situations de communication inhérentes à la pratique du métier d'infirmière généraliste en milieu hospitalier. Interface indispensable du malade et du milieu médical, l'infirmière à l'hôpital est la personne souvent la plus proche du malade avec lequel elle doit instaurer, ainsi qu'avec sa famille, un climat de confiance nécessaire aussi bien pour repérer les symptômes de la maladie et les effets du traitement que pour rassurer le malade et faciliter sa guérison. Cette relation privilégiée passe par la langue et la prise en compte de la composante socio-culturelle qui diffère d'une culture à l'autre. Par ailleurs, l'infirmière échange aussi avec le médecin ou l'interne, dans une relation professionnelle hiérarchique souvent ritualisée en milieu hospitalier, comme l'étude d'Émeline Miller, étudiante de Lyon 2, l'a montré au cours de son stage à l'Hôpital américain de Paris.

Ces échanges concernent la compréhension des consignes orales et écrites données par le médecin, les réponses de l'infirmière au médecin qui doit connaître l'état d'avancement du traitement, ses effets sur le patient, les réactions… On pourrait bien sûr ajouter à ces échanges, les situations relatives à la place de l'infirmière au sein de l'institution : ses relations avec les autres infirmières, les changements de services, l'organisation interne du travail… Autant de situations de communica-

Une démarche de
référentialisation en
français des professions :
le partenariat universités
- Chambre de Commerce
et d'Industrie de Paris

tion mettant en scène la langue et dont les compétences à faire acqué-rir à des infirmières étrangères en formation sont aussi nécessaires à une bonne intégration professionnelle que la maîtrise des compétences médicales.

Un tableau comparatif (partiellement reproduit ci-après) permet de mettre en regard le référentiel de compétences du métier d'infirmière généraliste (selon le répertoire ROME) et le référentiel des principales compétences langagières qu'une analyse de besoins a pu dégager.

Référentiel de compétences infirmier(ière)	Référentiel de compétences linguistiques
Compétences techniques de base : • Accueillir la personne, son entourage et identifier ses besoins. • Accomplir les préparatifs nécessaires aux soins (dosage de médicaments, préparation des instruments…). • Établir un diagnostic préalable et dispenser les soins qui relèvent de sa responsabilité (soins d'entretien et de continuité de la vie). • Dispenser des soins infirmiers (perfusions, traitement antibiotique…), superviser leur exécution et les évaluer. • Tenir des documents relatifs aux soins dispensés (dossier de soins…). **Compétences associées :** • Posséder des connaissances en économie de la santé et en sciences humaines. • Posséder le Certificat de capacité d'ambulancier (CCA). • Connaître la gestion administrative et financière.	• Comprendre et parler au moment de l'accueil à l'hôpital, • Comprendre les prescriptions du médecin, tant oralement que par écrit, • Parler avec le patient au cours des soins et des traitements, transmettre les informations concernant les patients lors de la relève, • Faire des commandes à la pharmacie, • Comprendre des documents écrits tels que le règlement de l'hôpital, la charte du patient, les notices des médicaments, le dossier médical du patient, les modes d'emploi d'un outil ou d'un équipement médical, remplir la fiche de soins infirmiers.

Certaines compétences de communication apparaissent indissociables de la pratique professionnelle comme la compréhension des consignes du médecin ou l'accueil des patients. D'autres ne relèvent pas strictement de la pratique spécialisée mais deviennent des conditions importantes de l'insertion professionnelle dès lors qu'on les applique à des infirmières étrangères : les échanges avec les familles, les demandes personnelles liées à l'emploi du temps, la répartition des services, la transmission des informations en cas de changement de garde...

Dans l'extrait suivant, issu des nombreux enregistrements réalisés par les stagiaires, les compétences communicatives, déduites de l'observation, apparaissent clairement dans les échanges entre infirmières et médecin. Ici, un médecin (M) s'adresse aux infirmières (I) et à la coordinatrice des soins (CS). Cet extrait, transcription d'un enregistrement recueilli par E.Miller (Lyon 2), confirme l'importance des échanges entre médecin et infirmières pour la transmission des consignes de soins, et fait apparaître les compétences langagières nécessaires pour la meilleure prise en compte des prérogatives de traitement.

I: *Vous voulez poser une jug à madame... ?*

M: *Oui pourquoi ?*

I: *Ben je sais pas, vous disiez qu'apparemment dimanche elle était mourante alors...*

M: *Ben oui mais il faut bien qu'on continue de la perfuser. Vous voulez lui donner sa morphine comment ? Vous voulez lui donner en spray ?*

I: *En sous-cut.*

M: *En sous-cut ? dites donc vous allez vous fatiguer à la fin de la journée hein.*

I: *Ouais mais bon là on va l'embêter à lui poser une jug...*

M: *Ah mais non on l'embête pas, on lui rend service. Vu son traitement vous pouvez pas lui faire tout ça... attendez ça devient un martyre. C'est anti-confortable au possible. Tous ces médicaments... morphine... vous vous voyez faire des sous-cut de tout ça ? Soyons réalistes s'il vous plaît...*

I: *Non mais...*

M: *C'est beaucoup plus confortable de mettre une jug que d'avoir des injections dix fois par jour ou quinze fois par jour. Enfin je pense... c'est mon avis hein. Non ? ça sera beaucoup plus confortable.*

I: *Bon allez on y va...*

L'extrait révèle un type de relations professionnelles auquel on ne s'attend pas, avec un discours argumentatif au sein duquel médecin et infirmière font valoir leur appréciation de la situation du malade et leur point de vue sur le traitement à lui prodiguer. Chaque intervenant fait entendre son opinion, la décision finale est du ressort du médecin qui

141

*Une démarche de
référentialisation en
français des professions :
le partenariat universités
- Chambre de Commerce
et d'Industrie de Paris*

tente néanmoins de convaincre ses interlocutrices. Les observations d'E. Miller révèlent un travail d'équipe de professionnels dans laquelle « savoir argumenter ses choix est primordial ». Les décisions sont prises en commun, entre infirmière et médecin traitant. Les décisions du médecin s'appuient souvent sur un avis ou un diagnostic de l'infirmière.

Une partie du référentiel de compétences langagières tiendra compte de ce type d'échanges oraux à partir d'enregistrements semblables à celui qui précède :

Objectifs	Compétences
• Comprendre un ordre du médecin	• Savoir reconnaître un ordre
• Comprendre la demande d'un patient, et décoder les implicites de cette demande (un patient qui réclame un antidouleur souffre, il faut donc savoir déterminer les causes de cette souffrance en posant des questions précises sur sa localisation, sa fréquence, sa force…)	• Déterminer les motivations d'une demande (directes : le patient souffre et veut un médicament, indirectes : le patient a besoin de parler, d'être entendu mais ne l'énonce pas clairement)
• Comprendre les transmissions faites par les membres de l'équipe à propos des patients, des examens faits ou à faire, des ordres des médecins	• Comprendre le vocabulaire technique, médical, les termes abrégés, le nom des examens et leur teneur (électromyogramme, spirométrie, scintimyocardie…) • Comprendre une argumentation

Ce tableau répertorie les compétences à l'oral de l'infirmière en matière de communication professionnelle par rapport aux échanges avec le médecin. Mais il révèle aussi combien l'infirmière doit interpréter des attitudes et des signes implicites qu'elle doit exprimer par la langue : la souffrance du malade, ses demandes implicites…

C onclusion

On constate combien ce type de discours authentiques directement collectés sur le terrain peut dérouter l'enseignant qui souhaite, à partir d'un référentiel de compétences ou d'une simple analyse de besoins, concevoir un programme de formation ou une évaluation. Ces discours sont plus déstabilisants par leur registre familier et leur forme « parlée » et non linéaire que par la spécialisation de leur lexique. Mais l'intérêt pour le médecin ou l'infirmière étrangers inscrits dans une formation en français est manifeste car c'est à ce type d'échanges qu'ils seront confrontés s'ils doivent venir effectuer un stage pratique en hôpital français ou même y travailler dans le cas des infirmières.

Dans ce contexte, le travail d'élaboration de référentiels langagiers du monde professionnel tel que nous en avons dégagé les différentes étapes, présente un triple intérêt dans trois domaines déterminés :

- en ingénierie de formation (pour le FOS et pour le FLP) comme appui à l'analyse des besoins et à la collecte des données ;
- dans l'insertion professionnelle, au sein des politiques linguistiques menées dans le cadre de la loi de cohésion sociale ;
- dans le domaine de la recherche relative à la construction de corpus spécialisés à des fins de formation.

Ainsi, la démarche de la CCIP et des universités partenaires peut conduire à terme à construire un réseau de données bien utiles pour ceux, en particulier à l'étranger, qui ont des difficultés à accéder au terrain professionnel, en terme de recueil de discours authentiques et d'analyse de besoins particuliers. Dans ces cas la démarche FOS peut être adaptée et peut dévier de son schéma-type idéal en ayant recours aux travaux liés à la référentialisation entrepris par ces partenaires.

Nous n'insisterons pas sur l'intérêt de la démarche dans le contexte actuel de la prise en compte de la compétence linguistique pour l'insertion professionnelle des populations migrantes, intérêt évoqué plus haut. Mais il faut encore souligner qu'une véritable insertion professionnelle des travailleurs étrangers passe nécessairement par la prise en compte des besoins linguistiques des entreprises et donc par un travail d'enquêtes sur le terrain en particulier dans les entreprises où les emplois en tension sont les plus nombreux.

Enfin, le travail d'élaboration de référentiels professionnels peut naturellement déboucher sur une réflexion liée aux compétences de formation à faire acquérir aux étudiants étrangers, et parfois même français comme l'a déjà souligné F. Mourlhon-Dallies dans sa communication au colloque de l'école Polytechnique en septembre 2006 consacré aux langues de spécialité dans l'enseignement supérieur, en vue de les préparer au marché de l'emploi.

C'est pourquoi la CCIP, ainsi que d'autres universités partenaires comme l'université d'Artois, sont engagées dans un programme de recherche conduit par le laboratoire LIDILEM de Grenoble 3, intitulé *Formes et usages des lexiques spécialisés en vue d'exploitations didactiques en Français Langue Étrangère et Maternelle.*

Ce programme s'est fixé comme objectifs de constituer et d'exploiter des corpus de discours scientifiques (l'économie, la médecine, le trai-

143

*Une démarche de
référentialisation en
français des professions :
le partenariat universités
- Chambre de Commerce
et d'Industrie de Paris*

tement automatique du langage, la linguistique et la littérature) et professionnels (le français médical, le français des affaires et le français du tourisme), afin de mieux comprendre le fonctionnement des discours puis, dans un second temps, de développer la réflexion sur l'enseignement/apprentissage du français de spécialité auprès de publics francophones et non-francophones, dans le but de concevoir des outils pédagogiques.

Bibliographie

BEACCO, J.-C., BOUQUET, S. et PORQUIER, R. (2004), *Niveau B2 pour le français / un référentiel*, Hatier, Paris.

HADJI, C. (1989,6° édition 2000), *L'Évaluation, règles du jeu*, Paris : ESF éditeur.

MANGIANTE J.-M. et PARPETTE C. (2004), *Le Français sur Objectif Spécifique*, Hachette FLE, nouvelle collection f.

MOURLHON-DALLIES, F. (2006) : « Penser le français langue professionnelle », *Le français dans le monde*, n°346 de juillet. FIPF et Cle International, pp. 25-28.

MOURLHON-DALLIES, F. (2006), « Le français à visée professionnelle : enjeux et perspectives », Synergies Pays riverains de la Baltique n°3, Revue de didactologie des langues-cultures du Gerflint. Université Jean Monnet de Saint-Étienne, Université pédagogique de Tallinn et Université de

Annexe

Extrait d'une grille d'observation élaborée par / pour les étudiants :
Proposition de grille d'observation pour l'analyse de besoins selon
le secteur d'activité

DOMAINES DE LA LANGUE ET DE LA COMMUNICATION

1. La communication professionnelle

Variété des situations de communication professionnelle (identifier les caractéristiques pour chaque situation) : 1. Communication interne et externe 2. Communication interpersonnelle et de groupe 3. communication homme/machine	
Caractéristiques de la communication orale et non-verbale : types d'échanges/ de discussions, fréquence des échanges, avec quelles personnes, dans quelles situations, sur quels sujets	
Caractéristiques de la communication écrite : types d'écrit (documents à lire, écrire, produire… ; tableaux, graphiques…)	

2. La langue

Vocabulaire spécifique/technique, «jargon du métier» (lexique relatif au secteur d'activité)	
Registre de langue utilisé	
Syntaxe : structures utilisées…	
Verbes utilisés, formes verbales, temps verbaux…	
Utilisation d'abréviations, de sigles, de symboles…	

Témoignages

Jacques Delorme

Anne Létendard-Mulder

Isabelle Martinetti

Géraldine Dion, Cécile Tavernier

Quinze ans de formation au français en entreprise

JACQUES DELORME

A.L.P.E.S. (LYON)

L'A.L.P.E.S. est un organisme de formation de la région Rhône-Alpes[1] qui regroupe une cinquantaine de salariés, soit environ 40 équivalents temps plein. Cet organisme, né au milieu des années 1970, travaillait essentiellement à son origine sur financements publics. Depuis une quinzaine d'années, l'A.L.P.E.S. a développé un «secteur entreprise», tout en restant fidèle à la vocation première de l'organisme: «la promotion sociale et professionnelle d'une population défavorisée» (art. 1 des statuts). Ce développement en direction des entreprises s'est appuyé sur la valorisation de son expertise en matière d'analyse des besoins de formation des salariés de premiers niveaux de qualification et sur sa capacité à construire des parcours de formation articulés avec les situations de travail.

Principaux contextes d'intervention

Les actions conduites ces dernières années auprès de diverses entreprises, se sont principalement adressées à des salariés rencontrant des difficultés en français dans le cadre de leur travail. Les intitulés parlent d'eux-mêmes: «français–communication en situation de travail en faveur d'opérateurs et de caristes en difficulté par rapport aux écrits» (entreprise de la chimie), «français-communication en situation de travail en faveur de groupes d'opérateurs d'origine étrangère peu ou pas scolarisés» (filiale de Renault), «français-communication en situation de travail en faveur de conducteurs de ligne et de techniciens de conditionnement» (industrie pharmaceutique), «communication en entreprise en faveur de groupes d'opérateurs peu scolarisés» (équipementier automobile), «formation aux écrits professionnels» (entreprises du secteur de la propreté), «français-communication dans le cadre du métier d'aide à domicile», «Parcours de formation personnalisés à l'expression écrite et orale en faveur de salariés de proximité» (office HLM). Parmi nos entreprises partenaires, citons: Auto Chassis International,

1. ayant son siège à Lyon, 13, rue Delandine 69002

Electricfil Automotive, Johnson Diversey, SMI Koyo, Aventis Pharma, Florence et Peillon, Véolia Environnement, OPAC du Grand Lyon, Communauté Urbaine de Lyon, Société des Montagnes de l'Arc, Rénosol, Carrard-Services, Lyon-Étanchéité.

Les salariés concernés par ces actions sont souvent d'origine étrangère. Mais il n'y a pas que des salariés d'origine étrangère qui rencontrent des difficultés en français dans le cadre professionnel. La part langagière du travail n'a cessé de s'accroître, dans tous les secteurs et à tous les niveaux de la hiérarchie; ceci étant la conséquence des changements considérables intervenus dans l'organisation du travail et des modes de production: démarches qualité, normes environnementales et de sécurité, traçabilité, informatisation croissante et généralisation de la messagerie électronique. Lire et écrire deviennent quasiment incontournables. De ce fait, des salariés scolarisés en France, qui avaient réussi à masquer jusqu'à présent leur situation d'illettrisme, se retrouvent aujourd'hui en grande difficulté. D'autres salariés, amenés à prendre des responsabilités d'encadrement ou de maintenance, doivent perfectionner leurs compétences en expression écrite et développer leur culture générale pour pouvoir assumer ces nouvelles fonctions.

Nous avons ainsi réalisé récemment une action de formation en Savoie, en faveur d'agents de maîtrise d'une société de remontées mécaniques. Ces personnes avaient accédé à ces responsabilités hiérarchiques au sein de l'entreprise du fait de la reconnaissance de leurs compétences techniques et de leur implication personnelle dans leur travail. Alors qu'une décennie en arrière, on leur demandait d'être sur le terrain et de résoudre le plus rapidement possible («les mains dans le cambouis») les dysfonctionnements qui pouvaient se présenter sur les remontées mécaniques, les nouvelles directions qui se sont succédées (la station de ski ayant été intégrée dans un grand groupe international) leur ont demandé peu à peu de déléguer, de manager leur équipe (conduite de réunions régulières, d'entretiens annuels avec leurs collaborateurs), de rédiger des comptes rendus. Parallèlement, un intranet a été mis en place et la communication par messagerie électronique s'est généralisée. Plusieurs agents de maîtrise, «pas très bons en français», ont déployé d'importantes stratégies de contournement plutôt que de faire part de leurs difficultés en expression écrite. C'est une nouvelle directrice des ressources humaines qui, s'interrogeant sur la remontée difficile d'un certain nombre de documents (grilles d'entretiens annuels, comptes rendus d'intervention,...), s'est rendue compte de cette situation de blocage. Après de nombreuses démarches pour trouver un prestataire à même de répondre à ce besoin spécifique, cette DRH a fait appel à l'A.L.P.E.S. Nous sommes intervenus en proposant à ces personnes une progression leur permettant de gagner en autonomie dans les situations de communication qui leur posaient problème (entretiens annuels avec leurs collaborateurs, déclarations d'accidents, utilisation de la messagerie). Ce parcours de formation leur a permis par ailleurs de reprendre confiance dans leur capacité à progresser et a développé pour la majorité d'entre eux la volonté de poursuivre une progression plus générale en français.

Comme on le voit, au travers de cet exemple, les actions que nous conduisons s'adressent, la plupart du temps, à des salariés présents dans leur entreprise depuis plusieurs années. Très rares sont en effet les entreprises qui proposent des formations au français à des salariés récemment embauchés, afin de faciliter leur intégration. Force est de constater que, jusqu'à présent, les entreprises qui ont eu recours massivement à l'embauche de salariés d'origine étrangère pas ou peu qualifiés, se sont rarement souciées de leur niveau de maîtrise de la langue française.

Cependant, les difficultés de recrutement dans certains secteurs, qui vont aller en s'accentuant du fait du choc démographique, vont peut-être inciter certaines d'entre elles à réfléchir à la mise en place d'actions de formation au «français langue professionnelle» dès l'embauche de nouveaux salariés. Signalons, même si cette démarche reste encore peu répandue, l'action que nous conduisons depuis janvier 2006 au centre de tri de Rillieux-La-Pape (VÉOLIA Propreté). Ces «parcours de formation personnalisés en français» concernent 2 groupes de salariés (agents de tri, conducteurs d'engins, agents de maintenance), soit 16 salariés au total. Ces salariés sont originaires de 12 pays différents (Algérie, Tunisie, Mauritanie, Sénégal, Côte-d'Ivoire, Comores, Haïti, Bosnie, Kosovo, Turquie, Cambodge, Laos). Ils ont tous moins de trois ans d'ancienneté dans l'entreprise et le directeur du site a associé l'embauche de la moitié d'entre eux à la mise en place de l'action de formation. Pour ce directeur, l'amélioration de la compréhension et de l'expression orale est une condition indispensable pour une meilleure intégration au sein de l'entreprise : «Une maîtrise minimale de la langue française est nécessaire pour pouvoir occuper son poste de travail dans le respect des consignes de tri, de sécurité et d'hygiène.»

Les formations réalisées par l'A.L.P.E.S. ces dernières années ont donc concerné essentiellement des personnes déjà en activité, dont l'évolution du poste nécessitait une meilleure maîtrise des compétences langagières, ainsi que des salariés promus à de nouvelles fonctions nécessitant un élargissement des compétences en expression écrite.

Les changements vécus depuis une décennie par les entreprises poussent certaines d'entre elles à faire évoluer les compétences de leurs salariés et en particulier de leurs aptitudes à communiquer en français (De Ferrari et Mourlhon-Dallies, 2005). Les situations professionnelles, les modes de communication, sont de plus en plus évolutifs au sein des entreprises. Les entreprises sont amenées à s'engager (ou sont déjà engagées pour certaines) dans une dynamique de changement importante, du fait d'une pression économique renforcée. L'accroissement des réglementations et des normes ainsi que le renversement de la pyramide des âges dans certains secteurs d'activité sont les principaux motifs de cette évolution, auxquels s'ajoute le développement des «démarches qualité» dans un contexte d'évolutions technologiques et organisationnelles fortes. Tout concourt donc à ce que le degré de maîtrise du français soit désormais pris en compte par l'employeur.

 C hoix en matière d'ingénierie de formation

L'A.L.P.E.S. ne propose pas aux entreprises des modules de formation «français-communication en situation professionnelle» préconstruits. Nous n'arrivons jamais dans une entreprise par démarchage direct, avec un catalogue. En revanche, nous cherchons à développer et à entretenir des réseaux qui peuvent identifier les compétences de l'A.L.P.E.S. et permettre que des demandes nous parviennent.

Nous visons toujours à inscrire notre démarche pédagogique dans un contexte ; et nous appuyons nos interventions sur les points suivants :
- la formation doit être en phase avec les attentes des entreprises concernées ;
- la progression pédagogique doit être articulée avec les situations professionnelles vécues par les participants ;
- les informations issues de chaque poste de travail doivent permettre la construction de séquences pédagogiques adaptées ;
- les acquis de la formation doivent être facilement transférables en situation de travail.

Pour ce faire, nous optons pour une démarche d'intervention en ingénierie de formation somme toute assez classique, en tout cas très proche de celle préconisée, par exemple, par Thierry Ardouin (2006) qui tient en quatre mots : analyser, concevoir, réaliser, évaluer. L'originalité est toutefois de décliner cette démarche dans le champ des formations linguistiques, en faisant le choix d'articuler la formation au français avec les situations de travail.

Quand une entreprise formule une demande de formation pour ses salariés de premiers niveaux de qualification, elle le fait à partir de difficultés constatées. Citons, par exemple, l'OPAC du Grand Lyon qui, souhaitant améliorer le service aux locataires en s'appuyant, entre autres, sur un personnel de proximité compétent, s'est rendu compte qu'une partie importante des gardiens d'immeubles ne maîtrisait pas la lecture et l'écriture et que certains avaient des difficultés de compréhension et d'expression orales. Citons également les entreprises industrielles ayant fait appel à nos services (Auto-Chassis international, SMI-Koyo, Florence et Peillon, ABB Solyvent Ventec,...), pour lesquelles il s'agissait de permettre aux opérateurs de surmonter les difficultés liées aux changements intervenus dans la nature de leur travail. Ces changements (évolutions technologiques, démarches qualité) mettent en avant le rôle de l'écrit. Les opérateurs sont appelés à se conformer à des procédures consignées dans des documents écrits qu'ils doivent être capables de lire et de comprendre ; il leur faut renseigner des documents de suivi de production ; ils doivent être en mesure d'expliquer sur une fiche ou sur un cahier de liaison la nature d'un défaut ou d'un dysfonctionnement. Cependant, les demandes des entreprises, quand elles nous arrivent, sont plus ou moins explicites et formalisées. Par ailleurs, elles nous parviennent par divers biais. On peut avoir à faire :

- à un cahier des charges rédigé par un OPCA pour le compte d'une entreprise. (L'entreprise Lyon-Étanchéité, par exemple, avait demandé à AREF BTP de l'aider à choisir un prestataire à même de construire un dispositif de formation visant l'évolution du potentiel de son personnel. C'est ainsi que l'A.L.P.E.S. a réalisé, durant près de trois années, des actions de formation intégrées au processus de changement en cours dans cette PME. Ces actions comprenaient notamment des parcours de formation personnalisés au français, en faveur d'ouvriers de chantier d'origine étrangère, peu ou jamais scolarisés) ;
- à une demande transitant par un cabinet conseil ; ce cabinet conseil, assurant tout ou partie du montage du dispositif, de l'analyse des besoins,… (Citons, par exemple, le dispositif mis en place par le FAF Propreté «maîtriser les écrits professionnels», dont le pilotage a été confié au cabinet RÉCIF) ;
- à une demande directe précise d'une entreprise, cherchant une réponse à un besoin bien identifié (L'entreprise Jonhson Diversey, par exemple, nous a demandé récemment de réaliser une action de formation en faveur de caristes de son site industriel de Villefranche sur Saône qui s'étaient retrouvés en échec pour l'obtention du CACES, du fait d'une maîtrise insuffisante du français) ;
- à une demande directe assez floue de la part d'une entreprise.

Dans tous les cas, il va s'agir dans un premier temps d'analyser la demande telle qu'elle est exprimée par l'entreprise (et/ou la structure intermédiaire portant la demande). Derrière l'expression initiale de cette demande peut apparaître parfois une demande implicite. Les besoins communiqués vont souvent au-delà de la formation au français (problèmes de management, d'organisation du travail). Lors des premiers contacts avec l'entreprise, nous cherchons donc à faire émerger les situations problèmes qui ont provoqué la demande et nous interrogeons nos interlocuteurs sur les objectifs poursuivis par l'entreprise.
C'est à l'issue de cette première analyse que nous adressons à l'entreprise une proposition d'intervention, expliquant la démarche que nous souhaitons adopter et incluant un certain nombre d'éléments organisa-

tionnels (durée, rythme, modalités d'analyse des besoins de formation des personnes, implication de l'encadrement de proximité…).

Après acceptation de cette proposition par l'entreprise, nous pouvons réaliser une analyse des besoins de formation des personnes, comprenant un entretien individuel avec les salariés concernés, une ou plusieurs réunions de travail avec l'encadrement de proximité et une analyse du contexte de travail (observation du poste de travail, collecte des documents de travail). Cette analyse des besoins de formation permet de proposer des objectifs personnalisés de formation, de construire une progression adaptée (mixant travail de groupe et parcours personnalisés) et de co-construire un dispositif d'accompagnement au sein de l'entreprise.

Notre démarche consiste donc à toujours partir des situations vécues par le salarié dans l'exercice de son travail : de quelles compétences langagières a-t-il besoin en situation professionnelle ? L'élaboration didactique ne peut se faire qu'à partir de cette analyse. Il ne s'agit pas pour autant de viser une stricte adaptation au poste de travail. L'objectif est double : d'une part, l'entreprise doit pouvoir constater un réel « retour sur investissement » ; d'autre part, le salarié doit acquérir, grâce à la formation, une plus grande autonomie dans son travail. À partir de l'identification des « situations problèmes » au travail, le formateur construit des situations d'apprentissage et accompagne l'apprenant pour traiter ces situations avec succès et pour élargir peu à peu le champ des situations qu'il peut traiter. Par cette dynamique, les personnes vont ainsi acquérir des compétences transversales qui leur donneront plus d'autonomie dans leur vie personnelle et sociale.

Pour mettre en œuvre ce type de démarche, il convient bien entendu de contractualiser avec l'entreprise une « prestation de service » comprenant non seulement le financement des heures de formation, mais également la prise en charge du travail d'analyse des besoins et d'évaluation des effets de la formation sur la situation de travail.

Déroulement d'une intervention en entreprise

Pour illustrer notre démarche, voici quelle a été récemment notre intervention chez Electricfil Automotive (entreprise industrielle spécialisée dans la conception et la production des composants électriques et électroniques de l'industrie automobile) en faveur d'un groupe de salariés (opérateurs et technicien de production) rencontrant des difficultés en français dans le cadre de leur travail. La réalisation d'un module de formation extensif de 120 heures (à raison d'une séance hebdomadaire) a été précédée d'une phase d'analyse des besoins de formation (entretiens, réunions de travail avec l'encadrement, observation des postes de travail). Nous avons ainsi rencontré en entretien individuel chaque salarié susceptible de participer à l'action. Au cours de ces entretiens, nous expliquons le rôle du positionnement que nous allons mener et la démarche de formation proposée. Nous cherchons à mettre la personne en confiance. Nous répondons à ses interrogations. La personne exprime ses attentes de la formation et sa propre vision de ses difficultés en français (dans le cadre professionnel et dans le cadre de sa vie personnelle). Nous essayons de faire préciser à chacun sa propre demande (acquisition de compétences pour améliorer sa vie quotidienne et/ou désir de développer son potentiel professionnel). Ce positionnement de départ permet également de repérer de quelle nature étaient les difficultés rencontrées, en communication orale, lecture, expression écrite…

Parallèlement, nous avons rencontré à deux reprises les encadrants de proximité des personnes concernées par la formation. Au cours d'une première réunion, nous leur avons présenté la démarche que nous comptions adopter. Nous leur avons précisé l'accompagnement que nous sollicitions de leur part, tout au long de l'action de formation. Cette réunion nous a permis également de préciser quelles étaient les attentes globales de l'entreprise vis-à-vis des personnes orientées sur cette action : qu'est-ce qui a motivé le choix de ces personnes ? Quelles difficultés majeures – liées à leur niveau de maîtrise du français – ont été constatées dans l'exercice de leur profession ? À quels types d'écrits professionnels sont-elles confrontées ? Quels sont les axes d'évolution de leurs compétences souhaités par l'entreprise ?

Au cours d'une seconde réunion, nous avons présenté une synthèse des positionnements réalisés et nous avons préparé avec les agents de maîtrise l'organisation des observations en situation de travail ainsi que l'utilisation d'un document leur permettant de nous transmettre leur attentes d'évolution de leurs collaborateurs participant à l'action de formation.

Les observations des postes de travail, au sein des différents ateliers concernés, ont été réalisées durant deux journées. À l'aide d'une grille, il s'agissait pour nous d'effectuer un descriptif des activités et des tâches à réaliser par le salarié, de dresser un inventaire des supports écrits et symboliques présents, de répertorier les situations et modes de communication, de noter les difficultés exprimées par le salarié et/ou constatées. Nous effectuons toujours ce travail en trois temps : nous observons tout d'abord le salarié en action ; nous l'interrogeons ensuite sur chacun des points abordés ci-dessus ; enfin nous confrontons ces premières informations recueillies auprès du salarié et par observation, lors d'une rencontre avec l'agent de maîtrise concerné, en utilisant la même grille.

Les agents de maîtrise nous ont transmis, au bout de quelques semaines, la fiche « Attentes vis-à-vis d'un salarié engagé dans le parcours de formation», renseignée pour chacun des salariés concernés. Ainsi, Monsieur Paul C., agent de maîtrise, indique que Madame May H. (opératrice inscrite à la formation) a des difficultés à expliquer oralement les problèmes qu'elle rencontre parfois avec la machine ; qu'elle n'arrive pas à rédiger les bons d'intervention ni à formuler des commentaires sur la carte de suivi. Il souhaite donc, qu'à l'issue de son parcours de formation, elle soit capable de mieux s'exprimer oralement et de se faire comprendre par son entourage ; le but est aussi qu'elle rédige les bons d'interventions et les cartes de suivi.

Sur cette base, nous avons construit les objectifs pédagogiques personnalisés à atteindre pour chaque salarié. Nous les avons établis en prenant en compte les situations de travail vécues par le salarié, les demandes d'évolution de la part de ses responsables, les compétences nécessaires et les savoirs que cela mobilise, les compétences déjà développées par le salarié et les stratégies de contournement mises en œuvre, les manques constatés (au travail et à partir du positionnement réalisé). Nous avons cherché à déterminer des objectifs réalistes, compte tenu du niveau de départ de la personne et des contraintes matérielles (durée, rythme). Ils ont également été fixés en fonction de leur degré d'opérationnalité en situation de travail.

Nous avons ensuite présenté ces grilles d'objectifs, pour validation, à l'entreprise. Voici, par exemple, un extrait des objectifs fixés pour Madame May H. (citée ci-dessus) :

- *être capable de lire, comprendre et respecter les informations contenues dans les divers documents présents sur son poste de travail (documents qualité, relevés de production, FNC) ;*
- *connaître le vocabulaire technique et les expressions propres à son emploi, c'est à dire être capable de :*
  - *constituer, enrichir un lexique de ce vocabulaire et de ces expressions*
  - *les lire et expliquer leur sens*
  - *les écrire correctement et les utiliser à bon escient ;*
- *être capable d'expliquer oralement en quoi consiste son travail, de présenter son entreprise ;*
- *être capable d'expliquer oralement un dysfonctionnement ;*
- *être capable de communiquer oralement de manière efficace avec son encadrement et ses collègues de travail (argumentation, structuration de son expression) ;*
- *être capable de présenter oralement à un interlocuteur extérieur (intérimaire) son poste de travail, d'expliquer les principales tâches à accomplir ;*
- *être capable de rédiger des bons d'interventions et des cartes de suivi (commentaires, observations).*

Le travail que nous réalisons, en amont du démarrage des séances de formation proprement dites, nous permet par ailleurs de déterminer avec l'entreprise un plan de travail commun. Nous réfléchissons à la manière dont l'encadrement de proximité peut intervenir, tout au long du déroulement de l'action de formation, pour accompagner le processus en cours. Chaque salarié engagé dans l'action de formation doit pouvoir être encouragé dans sa démarche. Nous proposons aux entreprises, si nécessaire, une aide à la formalisation d'un lexique professionnel et une aide à l'élaboration d'une grille d'évaluation des effets de la formation sur la situation de travail.

Cette démarche, quand elle est pleinement partagée par l'entreprise, favorise le réinvestissement dans les situations professionnelles de la dynamique créée par l'action de formation. Un continuum est assuré entre la formation en salle et l'application en situation de travail, gérée par l'encadrant de proximité. Ainsi, pour reprendre l'exemple cité précédemment, Mme May H. s'est vue chargée au fur et à mesure de l'avancée de son parcours de formation avec l'A.L.P.E.S., d'accueillir des salariés intérimaires amenés à travailler sur sa ligne de production. À l'issue de l'action de formation, lors de l'évaluation, il a déclaré qu'elle était maintenant capable de présenter à un interlocuteur extérieur son poste de travail et d'expliquer les tâches à accomplir. Madame May H. assure désormais la formation pratique des personnes nouvellement embauchées dans l'atelier.

Notons, par ailleurs, qu'une véritable articulation de la formation avec les situations de travail clarifie la question de l'évaluation. Souvent, à l'issue d'une action de formation continue, de nombreuses questions se posent quand il s'agit de mesurer son impact : Qu'évalue-t-on ? Qui réalise l'évaluation ? À partir de quels outils ? Quel usage fait-on de cette évaluation ? La mise en œuvre de la démarche d'articulation des formations linguistiques avec les situations de travail et l'élaboration de grilles d'objectifs personnalisés validées par l'entreprise, l'incitation de l'entreprise à construire sa propre grille d'évaluation des effets de la formation sur la situation de travail, permettent de poser dès le départ la question de l'évaluation et des rôles de chacun. À l'issue de la formation, on évalue, au niveau linguistique, avec chaque participant le degré d'atteinte des objectifs personnalisés qui avaient été fixés. Côté entreprise, les personnes référentes évaluent quant à elles, au niveau professionnel, les effets de la formation. Cette évaluation ne sera bien sûr pertinente que si l'encadrement de proximité s'est investi dans l'accompagnement de la formation de ses collaborateurs dès le début. Ce n'est qu'après avoir repéré concrètement les compétences atteintes par le salarié que l'on pourra parler des effets indirects de la formation : motivation, meilleure intégration dans l'équipe, meilleure participation aux réunions, etc.

Pour une action conduite récemment auprès de deux groupes de salariés de l'OPAC du Grand Lyon, « Parcours de formation personnalisés à l'expression écrite et orale en faveur de salariés de proximité », un dispositif d'évaluation globale avait été organisé. Des réunions ont notamment été programmées, à l'issue de l'action, regroupant chaque salarié ayant suivi le parcours de formation, son « chargé de clientèle » (agent de maîtrise responsable), le formateur A.L.P.E.S., le responsable formation et la DRH de l'OPAC. Chaque stagiaire a pu ainsi donner son avis sur le déroulement de l'action (méthode, contenu, animation…) et s'exprimer sur sa progression (travail réalisé, impact sur son travail, sur sa vie familiale et sociale). Le formateur a communiqué une synthèse du positionnement linguistique final réalisé (évaluation sur chaque point de la grille de ce qui est acquis, ce qui est partiellement acquis, ce qui n'est pas acquis). Le chargé de clientèle a rendu compte des effets constatés de la formation dans le cadre professionnel (à partir de compétences, issues de la grille d'objectifs, évaluées en situation professionnelle). La question des suites à donner à ce parcours a été traitée notamment par l'organisation d'un accompagnement interne à l'entreprise « de la démarche de progrès » du salarié.

Positionnement et enjeux

Notre choix délibéré, à l'A.L.P.E.S., de monter et de mettre en œuvre des formations linguistiques articulées aux situations de travail n'est pas neutre. Il se situe dans la continuité des principes émis, il y a quelques années par le réseau ANACT-ARACT, exprimés notamment dans Thomas D. et Bouclet M. (1999), *L'organisation du travail et la formation* :

- pas de production de compétences sans mise en application dans la situation de travail ;
- pas d'acquisition de compétences sans positionner les formés en situation d'acteurs de leurs apprentissages ;
- pas de production de nouvelles compétences sans transformation de l'organisation du travail par l'intégration de ces nouvelles compétences ;
- pas de transformation de l'organisation du travail sans une participation de l'encadrement.

Il convient de mesurer les enjeux d'un tel choix car l'articulation de la formation linguistique avec les situations de travail influe sur les différents acteurs concernés, à savoir le salarié, l'entreprise et le formateur. Cette démarche présente pour chacun des enjeux spécifiques en termes de positionnement et d'évolution.

▶ En ce qui concerne l'organisme de formation :

Concevoir et réaliser une formation linguistique en entreprise centrée sur des situations de travail propres aux personnes concernées modifie le schéma classique de l'enseignement du français langue étrangère et seconde.

Les savoirs nécessaires ne sont pas prédéterminés. C'est à partir du travail d'analyse, réalisé en amont de l'action de formation, que nous identifions les compétences langagières nécessaires au salarié dans le cadre de son travail, les savoirs que cela mobilise, puis réaliser l'élaboration didactique. Il est hors de question de « dérouler » alors une méthode « FLE » préconçue. Toute conception académique de la langue, déconnectée du contexte, est en décalage complet avec ce type de démarche. On n'apprend donc pas « le français » mais « du français », « celui qu'il faut pour accomplir les tâches discursives requises par l'organisation et les situations de communication rencontrées par chaque salarié » (Le Boulanger et alii, 2005)

En fait, le rôle du formateur intervenant sur ce type d'actions se trouve ainsi considérablement enrichi. Outre de solides compétences linguistiques, le formateur au français langue professionnelle doit acquérir et mobiliser d'autres compétences : capacité à adapter son intervention au contexte, capacité à intervenir auprès d'un public hétérogène, connaissance des enjeux économiques et sociaux du monde de l'entreprise, capacités rédactionnelles et maîtrise de l'outil informatique. À ces compétences en ingénierie pédagogique se rajoutent, bien entendu, des compétences en ingénierie de formation.

À l'A.L.P.E.S., pour assurer le développement des actions conduites en entreprises, nous avons cherché à professionnaliser une équipe stable de formateurs. Les formateurs qui travaillent au sein de cette équipe doivent nécessairement partager la démarche d'intervention que nous préconisons. Les profils de ces formateurs sont variés : maîtrise – DESS FLE et/ou spécialisation en didactique de l'illettrisme et de l'analphabétisme, pour certains ; formation en sciences humaines (sociologie, anthropologie…) ou en gestion des ressources humaines pour d'autres ; ces personnes ayant souvent acquis une expérience professionnelle antérieure à l'activité de formateur.

▶ En ce qui concerne les salariés participant à ces actions de formation :

Les modalités pédagogiques proposées permettent de répondre aux méfiances de certains salariés de premiers niveaux de qualification par rapport à la formation souvent perçue comme un retour à l'école. La formation au français est ici abordée à partir de leur situation de travail, de leurs préoccupations quotidiennes.

Pour ces salariés, qui n'ont que très rarement accès au plan de formation de l'entreprise, ce type de formation est un déclencheur. L'entreprise ayant investi pour leur parcours de formation porte un nouveau regard sur eux et découvre très souvent des compétences professionnelles qui jusque-là étaient masquées par leurs difficultés à maîtriser le français et plus particulièrement l'écrit. Cela peut donc se traduire ensuite par des évolutions dans le poste ou parfois même par un changement de poste. Pour certains, la formation réalisée par l'A.L.P.E.S. a été le point de départ pour accéder à une nouvelle qualification professionnelle par le biais d'une formation technique.

Nous cherchons, au cours de ces actions, à réactiver ou à reconstruire chez ces personnes le désir d'apprendre afin de mettre en route un processus qui devra trouver des prolongements après le parcours suivi avec nous. Il est important de préciser que ce n'est pas parce que nous faisons le choix d'articuler la formation avec la situation de travail que nous enfermons le salarié dans une communication utilitaire confinée au travail. La plupart des compétences acquises durant le parcours de formation sont transférables dans le cadre de la vie personnelle et sociale du salarié.

▶ En ce qui concerne les entreprises :

Depuis la loi du 4 mai 2004, l'apprentissage de la langue française a été inscrit dans le code du travail (article 900-6) afin qu'il figure explicitement parmi les types d'action de formation entrant dans le champ de la formation professionnelle continue. Encore faut-il que s'instaure une véritable dynamique pour traduire cette reconnaissance dans les faits. Pour ce faire, les entreprises doivent prendre conscience de la nécessité de développer les compétences langagières au travail, en synergie avec les exigences de performance.

La démarche que nous proposons permet de réellement intégrer les compétences linguistiques au cœur des compétences professionnelles. Il s'agit, en organisant ce type d'actions de formation, de permettre aux salariés d'acquérir des savoirs opérationnels directement réinvestissables dans le cadre professionnel.

Cependant, cette démarche d'articulation de la formation linguistique avec les situations de travail, ne produira pleinement ses effets que s'il y a une véritable implication de l'entreprise. Il ne suffit pas en effet de développer des compétences chez le salarié ou d'en faire acquérir de nouvelles. Si son cadre de travail n'évolue pas, on court le risque d'annihiler au moins en partie ces acquisitions. Par exemple, lorsqu'un salarié ne sait pas remplir un document, il arrive souvent que l'agent de maîtrise le fasse à sa place. Si, après la formation, alors que le salarié s'est montré capable de remplir seul ce document, l'agent de maîtrise continue à se substituer à lui en invoquant toute sorte de bonnes raisons, il abuse, consciemment ou non, d'un pouvoir (celui de maîtriser l'écrit), en maintenant le salarié dans une situation de dépendance qui l'empêchera de progresser. D'où la nécessité de prévoir un accompagnement du salarié au sein de l'entreprise, pendant et après la formation, qui consistera à mettre en place un travail de coopération avec l'encadrement de proximité, pour réfléchir avec cet encadrement à la façon de solliciter concrètement les nouveaux apprentissages et de les mettre en pratique tout au long du parcours de formation. Il s'agit donc de faire évoluer le cadre de travail en même temps que les compétences du salarié évoluent, et d'instaurer des mesures de compagnonnage. Pour cela, il faut qu'un travail de liaison concomitant soit possible, par exemple en organisant des réunions pendant le parcours de formation pour informer l'encadrement de proximité et faire le point avec lui sur les compétences acquises par la personne en cours de formation.

On voit bien, au fur et à mesure que nous avançons dans la mise en œuvre d'une telle démarche, auprès de différentes entreprises, qu'un formidable chantier s'ouvre devant nous. Les besoins de développement des compétences langagières au sein des entreprises vont augmenter. L'offre de formation devra être en mesure d'y répondre.

Pour les salariés concernés, la formation au français, articulée avec les situations de travail, a un effet intégrateur en accroissant leur autonomie et en leur offrant des perspectives de reconnaissance et d'évolution professionnelle. Pour l'entreprise c'est une opportunité de faire acquérir des savoirs opérationnels en cohérence avec ses évolutions stratégiques et organisationnelles. Pour nous, formateurs, c'est la possibilité de développer une «pédagogie de l'intervention» au service de l'action dans le travail ; pédagogie centrée sur la personne qui apprend et non sur un contenu prédéterminé.

Bibliographie

ARDOUIN, T. (2003), *Ingénierie de formation pour l'entreprise : analyser, concevoir, réaliser, évaluer*, Paris, Dunod.

BARDET, B. et alii (1997), *Des situations de travail formatives*, CLP.

CANELAS, J. (2000), *Apprendre à partir des situations de travail*, MPS/GPLI.

CASTEL, R. (1995), *Les Métamorphoses de la question sociale : Une chronique du salariat*, Fayard.

DE FERRARI, M. et MOURLHON-DALLIES, F. (2005), *Développer la formation linguistique au titre de la formation professionnelle continue en entreprise*, Étude DPM, rapport final.

DELORME, J. (2004), «Développement des compétences linguistiques et entreprise», interview in *L'Intégration et l'accès à la langue. La formation linguistique des migrants en France. Un système en évolution.* M. de Ferrari, J. Demurger, et alii, CLP, pp. 41-46.

DURAND, J.-P. & HATZFELD, N., *La Chaîne et le Réseau*, Lausanne, Page deux.

LE BOULANGER, E, DE FERRARI, M. et alii (2005), *Aborder la formation linguistique en contexte professionnel : Guide pour des pratiques pertinentes*, CLP.

SANTELMAN, P. (2002), *Qualification ou compétences : en finir avec la notion d'emplois non qualifiés*, Liaisons.

THOMAS, D. & BOUCLET, M. et alii (1999), *L'Organisation du travail et la formation*, Liaisons.

Construire un référentiel en français langue professionnelle : l'exemple des métiers de l'entretien du linge et de la maison

ANNE LÉTENDARD-MULDER
ENSEIGNANTE DE FRANÇAIS LANGUE ÉTRANGÈRE

Cet article présente un référentiel de compétences linguistiques appliqué à un métier spécifique : l'aide à domicile dans le domaine de l'entretien du linge et de la maison (repassage et ménage). Le public visé était peu alphabétisé et ne maîtrisait que très peu le français à l'oral. Avec ce type de public, il est essentiel de comprendre quels sont les enjeux de la formation linguistique lorsqu'elle est intégrée à une formation professionnelle. Nous verrons ainsi que le terme « linguistique » ne se limite pas ici à l'apprentissage de la grammaire ni à l'acquisition du lexique ni à la simple maîtrise du discours. Le contexte d'intervention impose en effet d'articuler le linguistique au professionnel afin de construire un référentiel de compétences qui reflète avant tout la variété et la complexité des conditions d'exercice du métier.

Formation linguistique et formation professionnelle

La formation linguistique pour le public migrant est généralement envisagée dans une perspective d'insertion. Si l'insertion sociale est considérée comme essentielle pour les individus, c'est bien souvent l'insertion professionnelle qui fournit le critère de réussite de la formation. Les choix du public visé et du métier concernés dans cet article ne sont pas

161

*Construire un référentiel
en français langue
professionnelle : l'exemple
des métiers de l'entretien
du linge et de la maison*

anodins. Les emplois dans le domaine de l'entretien concernent la plupart du temps des personnes d'origine étrangère qui ont un bas niveau de qualification (De Ferrari, M, 2002). Ces personnes souvent (mais pas systématiquement) ne maîtrisent pas ou peu l'écrit dans leur langue maternelle et communiquent difficilement à l'oral en français. L'insertion professionnelle de ce public nécessite donc au préalable une formation linguistique qui réponde à leurs besoins spécifiques. Leurs besoins ici sont objectifs (Pellé-Guetta, I, 1997) dans la mesure où ils sont définis par la demande sociale (la maîtrise insuffisante de la langue française est un frein d'accès à l'emploi). Cependant la perspective de l'accès à l'emploi et ce qui l'accompagne (reconnaissance sociale, indépendance financière, droits sociaux, etc.) répondent aussi fortement aux besoins subjectifs de l'individu et représentent la clef de voûte de la motivation pour l'apprentissage de la langue.

Pour être motivante, la formation linguistique doit avoir un but, et l'intégration de celle-ci à une formation professionnelle est de mieux en mieux perçue. L'enseignement fonctionnel du français en se centrant sur la personne enseignée, sur ses besoins, et sur le domaine d'application de la langue proposait déjà dans les années soixante-dix une approche méthodologique qui intégrait la dimension professionnelle à la formation linguistique (Jupp & Hodlin, 1978). Ici l'enjeu n'est pas de discuter la pertinence ou non d'une méthodologie pour l'enseignement du français en situation professionnelle, mais de réfléchir à sa mise en pratique dans la détermination de contenus d'enseignements sous la forme d'un référentiel.

Le terme de référentiel appartient au domaine de la formation permanente né à la fin des années soixante. Le référentiel définit ce qu'il faut atteindre, acquérir, maîtriser en fin de formation ou pour les besoins d'une activité déterminée, quels que soient les moments d'apprentissage, leur lieu, leur organisation (Dartois, 1999). Pour la formation en langues, le référentiel recense et précise l'ensemble des compétences linguistiques, sociolinguistiques, pragmatiques visées pour un public donné dans un contexte donné. Le référentiel sert de base à l'établissement de la programmation pédagogique pour déterminer le contenu de séquences et de séances.

Pour notre part, nous avons construit un référentiel épousant les différents aspects de l'utilisation de la langue dans le poste de travail. L'intégration de la dimension linguistique à la formation supposait que l'on cerne la logique et les conditions d'exercice de ces métiers par-delà leurs aspects purement «techniques». Pour le repassage, le rappel du lexique du vêtement était certes indispensable, mais le référentiel comprenait également des compétences englobant la maîtrise de champs lexicaux comme les moyens de transports, le travail sur des aspects phonologiques (comme l'intonation interrogative…), ainsi qu'un certain nombre de compétences communicationnelles (saluer, savoir se pré-senter) et plus générales (négociation d'un contrat, perception cultu-relle du temps, du corps dans les salutations, sensibilisation au droit du travail) qui certes incluent des aspects linguistiques mais qui les dépas-sent largement.

Tout en prenant en compte ces compétences multiples, notre référen-tiel se structure selon un ordre quasi « chronologique ». Le travail de repassage, par exemple, est replacé dans le contexte précis de la prise de poste chez un employeur. Une attention particulière est portée notamment à la première mission, qui constitue une unité structurante du référentiel à elle seule. Sont également abordés les cas où la per-sonne travaille en l'absence de l'employeur, ce qui impose souvent une communication par petits messages écrits ou l'interprétation de consignes orales, données plusieurs jours auparavant. L'arrivée au domicile, le travail sur place et le départ sont ainsi des étapes structu-rantes du référentiel.

Dans le référentiel sont également incluses des compétences propres à l'apprentissage en lui-même comme la maîtrise d'expressions de base pour permettre la communication en situation d'apprentissage, par exemple : « pouvez-vous répéter s'il vous plait/ je n'ai pas compris/ qu'est-ce que ça veut dire ? ». Comme l'accès à l'emploi requiert une formation préalable, apprendre à apprendre est une étape nécessaire pour l'exercice futur du métier

 L *es compétences en jeu*

La construction du référentiel s'est appuyée sur la logique d'exercice du travail mais aussi sur la démarche préconisée dans le *Cadre commun de référence pour les langues* (2001), au chapitre 5 « Les compétences de l'utilisateur apprenant ». Se référer au Cadre européen permet de ne rien oublier et d'envisager la formation de façon globale. Cependant, c'est au formateur de re-décliner les outils préconisés dans le Cadre et de les adapter à la logique d'exercice du métier. Le principal travail pour construire le référentiel est ainsi d'identifier les caractéristiques du poste, de traduire ces dernières en plusieurs sous-ensembles de com-pétences et de les mettre en parallèle avec les catégories du Cadre européen afin de les classifier.

Les compétences générales

Les compétences générales sont les compétences à acquérir (certaines sont déjà acquises) pour mener à bien l'apprentissage de la communication. Lors de leur identification, nous avons gardé en tête que la formation linguistique était un des volets de la formation professionnelle, et que les futurs postulants à l'emploi suivaient aussi une formation technique purement professionnelle, où la langue française était utilisée. Nous avons également repris à notre actif le classement fourni par le Cadre en savoirs, savoir-faire et savoir-être.

SAVOIRS ET SAVOIR-ÊTRE

Au premier plan, nous avons placé les compétences socioculturelles. La spécificité des emplois familiaux dans notre contexte est la mise en contact entre une famille française (l'employeur) et un travailleur étranger (l'employé). L'employé par l'exercice de son métier se retrouve au cœur de l'intimité de son employeur en s'occupant de son linge et de sa maison. Pour l'employé, il est ainsi nécessaire de connaître un certain nombre de codes socioculturels français relatifs à la vie quotidienne, aux relations interpersonnelles, au langage du corps.

Les codes de la vie quotidienne concernent les horaires et les habitudes de travail : savoir arriver à l'heure, savoir optimiser son temps de travail (surtout lorsque le salaire est sur une base horaire) ; on peut aussi inclure une sensibilisation aux codes vestimentaires. Les relations interpersonnelles incluent la sensibilisation aux règles de politesse (utilisation du vouvoiement par exemple) mais aussi à la connotation positive ou négative de certaines attitudes en situation professionnelle (être souriant, dynamique, poser des questions, écouter sont souvent connotés de façon positive par exemple). Le langage du corps concerne la gestuelle et la perception du corps comme les gestes associés à la prise de parole, à la rupture de contact ou la distance à maintenir. On peut aussi envisager les aspects liés à l'hygiène corporelle dans la mesure où du linge propre est manipulé. Les parfums associés à la notion de propreté peuvent varier d'une culture à l'autre. Ces sujets sont certes délicats mais ils méritent d'être abordés en lieu « neutre » (la salle de classe) pour éviter les échecs de la mise à l'emploi.

La dimension interculturelle est donc primordiale en matière de comportement sur le lieu de travail. Pour adopter des savoir-être pertinents, les personnes en formation doivent également recevoir un certain nombre d'informations sur les métiers visés et sur les représentations de ces professions en circulation dans la société. L'information sur les métiers consiste à traiter de questions comme l'organisation en France des emplois familiaux d'un point de vue économique et social, à spécifier qui sont les employeurs potentiels et quel est le statut des emplois.

Des aspects juridiques méritent aussi d'être abordés ici (droit du travail, types de contrat, etc.). Un travail visant à identifier les représentations du métier peut aussi être mis en place en décrivant et précisant l'ensemble des tâches et des activités menées dans l'exercice du poste de travail et leur perception ordinaire (tâches valorisantes ou non).

APTITUDES ET SAVOIR-FAIRE

Cette catégorie du Cadre Européen Commun de Référence regroupe des compétences très générales comme appréhender l'espace (se situer, se déplacer, situer des objets), se situer dans le temps (cette compétence est liée à la connaissance des horaires, lire l'heure) et s'organiser dans son travail. Certaines de ces compétences sont acquises lors de la formation technique, mais elles impliquent aussi des compétences langagières qu'il est utile de répertorier. Ainsi par exemple, savoir se situer dans le temps signifie savoir lire l'heure (savoir-faire, compétence générale), mais aussi savoir comprendre et donner l'heure en français (compétence linguistique). Bien souvent les compétences se recoupent d'une catégorie à l'autre. Cependant la redondance disparaît lors de la programmation pédagogique puisqu'en pratique des compétences générales peuvent s'acquérir de façon concomitante avec des compétences linguistiques.

Les compétences langagières

Dans le Cadre Européen, les compétences langagières recouvrent trois types de compétences: les compétences purement linguistiques, les compétences sociolinguistiques et la compétence pragmatique. Là encore la séparation peut sembler artificielle dans la mesure où dans la communication ces compétences sont utilisées simultanément. Cependant d'un point de vue didactique cette séparation permet de prendre conscience de ce qu'il est utile d'acquérir et de maîtriser pour que la communication soit efficace

LES COMPÉTENCES LINGUISTIQUES

Nous pouvons les subdiviser en quatre sous-catégories qui ont été déterminées en fonction des situations de communication relatives au métier. Établir une distinction stricte entre l'oral et l'écrit n'est pas toujours pertinent pour certaines situations, d'où un sous-ensemble (le dernier) dans lequel les situations de communication mettent en jeu à la fois des compétences orales et écrites.

Les compétences d'expression, de compréhension et d'interaction orales constituent une priorité pour ce public car elles dominent dans l'exercice de la profession. Elles servent aussi de socle pour l'acquisition des compétences écrites et la facilitent. Nous ne pensons pas qu'il faille séparer systématiquement l'oral et l'écrit, mais plutôt qu'un travail important sur l'acquisition des compétences orales est nécessaire et souhaitable dans un premier temps. Mais il est aussi vrai qu'au regard des contraintes de temps (formation modulaire relativement courte) et du profil du public (peu alphabétisé), pour ce type de formation linguistique, les compétences orales sont quantitativement plus importantes que les compétences écrites.

Parmi les compétences orales à acquérir, on citera : saluer, se présenter, demander des informations pour se situer, suivre et demander des consignes, prendre la parole en cours (expression personnelle), communiquer lors d'un entretien d'embauche, comprendre des directives, des explications, demander des explications lors de la première mission de travail, répondre au téléphone et soutenir une conversation simple. Dans notre référentiel, ces compétences sont présentées de façon chronologique, de l'entrée en formation à l'exercice du travail chez l'employeur. Nous donnons à titre d'exemple un extrait du tableau de compétences «première mission de travail, directives et applications».

Une autre compétence importante liée à l'oral est la compétence phonétique. Elle mérite un traitement séparé, car si les acteurs du monde des centres sociaux et de l'insertion ont tendance à développer une «oreille bienveillante» à l'égard des étrangers qu'ils aident, un employeur n'a pas forcément cette patience. Il convient ainsi de travailler l'utilisation des courbes intonatives (pour distinguer une question), l'accent tonique (accent de durée en fin de groupe rythmique), la démarcation (j'aimerais bien/ travailler vs j'aimerais / bien travailler), et les phénomènes de liaisons et d'enchaînement (pour aider la compréhension orale).

L'oral étant traité en priorité, reste encore l'écrit, très faiblement maîtrisé par notre public. Pour en faciliter l'accès, il est utile de travailler sur des compétences intermédiaires comme la reconnaissance et la production de l'ensemble des signes graphiques français, et l'utilisation du système de correspondance grapho-phonétique. Ce travail relève des méthodologies de l'alphabétisation.

Ces bases acquises, il devient possible de cibler des compétences écrites particulières. On considère alors en priorité les écrits auxquels la personne va être confrontée dans la préparation à l'exercice du métier, dans l'exercice en lui-même et lors la gestion administrative du travail. Prenons l'exemple «savoir remplir une fiche d'identité». Cette compétence est nécessaire dans la préparation à l'exercice du métier (pour s'inscrire dans une association intermédiaire) et une fois dans le métier (dans les administrations pour accéder à des droits sociaux par exemple). Or cette compétence de base implique la reconnaissance des différents espaces graphiques sur une page, la maîtrise de la ponctuation (tirets, signes graphiques divers comme des flèches, des cases…), le principe du choix multiple pour une réponse, ou la maîtrise des nombres (pour donner sa date de naissance ou son numéro de sécurité sociale). « Lire et comprendre des schémas simples, des pictogrammes, des symboles sur les produits d'entretien », « se repérer sur un plan de ville et lire des panneaux d'indications dans la rue », « lire et comprendre les fiches techniques pour la formation pratique », ou « lire et écrire un petit mot » sont d'autres compétences à considérer.

Compétence globale Comprendre des directives et demander des explications		Repères lexicaux et grammaticaux – lexique du domaine – l'impératif, *pouvoir*, *devoir*, *falloir* au présent – le gérondif
Paramètres	Savoir-faire linguistiques	Exemples
• lieu : sur le lieu de travail • interlocuteur : employeur, responsable	Recevoir des directives	• *Vous devez venir tous les matins à 9h* • *Le matériel est dans le placard, il faut le ranger après l'utilisation* • *Aujourd'hui, faites le repassage et nettoyez les sols* • *Fermez la porte à clef en partant !* • *Voici la planche à repasser* • *Ici, c'est la salle de bains*
	Comprendre des avertissements, des mises en gardes Demander des explications	• *Attention avec l'eau de javel, c'est toxique !* • *Ne mélangez pas ces deux produits, c'est dangereux !* • *Je ne connais pas cet appareil, vous pouvez me montrer comment il fonctionne*

167

Construire un référentiel en français langue professionnelle : l'exemple des métiers de l'entretien du linge et de la maison

Plus complexes sont encore les compétences de communication où écrit et oral s'interpénètrent, qui demandent un effort de formation particulier. Si l'on s'en tient aux métiers du repassage et du ménage, les interventions au domicile des employeurs particuliers étant payées à l'heure, le minutage des activités et la saisie des cadences à respecter sont capitaux. D'où la nécessité de pouvoir comprendre un horaire de travail et de savoir indiquer la durée réelle du travail effectué. Ces précisions sont en général données à l'oral (par ou à l'employeur) mais il faut également pouvoir décompter par écrit les volumes horaires, vérifier les fiches de paye correspondantes. Ce sont des capacités de transcodage très sollicitées dans l'exercice de la profession.

Pour autant, il ne faudrait pas oublier la part importante d'investissement que représente l'acquisition du lexique spécialisé métier, lexique identifié par l'analyse du contenu des fiches techniques de la formation professionnelle. Ce lexique peut se classer par thème, et chaque thème peut se diviser en sous-catégories.

Lexique du lavage		
	Produits (quoi ?)	**Matériel/ technique (où ? comment ?)**
Noms	La lessive, le savon, l'eau de javel, l'assouplissant. Une dose, en poudre/ liquide	La machine à laver, le sèche-linge. Les boutons, la température, le lavage, le cycle, le rinçage, l'essorage, le programme…
Adjectifs		Sec, humide, chaud, froid, délicat, rapide
Verbes	Doser	Laver, nettoyer, essorer, mettre à la machine, faire sécher, sortir le linge de la machine, étendre
adverbes	Un peu, beaucoup…	

La classification grammaticale (horizontale) ici est secondaire. La distinction la plus importante pour la personne en formation est la séparation entre la colonne de gauche (produits dont on va prélever une quantité) et celle de droite (qui précise l'utilisation de ces produits et les gestes du métier). L'apprentissage du lexique est important mais parfois difficile à cause de la quantité de nouveaux mots à retenir. Dans la mise en pratique, il peut être intéressant de travailler en parallèle sur la compétence d'apprentissage et de développer les capacités de mémorisation en effectuant des exercices mnémotechniques. Par exemple, lors de l'enseignement, l'utilisation d'un code avec des couleurs facilite la mémorisation des activités en lien avec les produits (carte bleue : linge normal, lessive en poudre, machine à laver, cycle 40 degrés, sèche-linge... / vs carte rose : linge délicat, température froide, lessive liquide, pas de sèche-linge)

LES COMPÉTENCES SOCIOLINGUISTIQUES

Toutes les compétences langagières précédentes sont à croiser avec les compétences sociolinguistiques. Ces dernières sont directement liées aux compétences socioculturelles, elles en sont l'application linguistique. Ainsi s'il est utile de connaître les règles de politesse en France, pratiquement cela signifie qu'il faut apprendre les expressions qui marquent les relations sociales telles que la forme *vous, Monsieur, Madame,* ou la politesse : *merci, s'il vous plait, excusez moi...* Cette partie purement linguistique est combinée avec une sensibilisation aux conventions de la prise de parole en public (par exemple lever la main en cours ou la façon d'interpeller une personne pour attirer son attention, sans agressivité au domicile de l'employeur). L'idée n'est pas de formater des personnes à un nouveau mode culturel, mais de les sensibiliser à des différences de perceptions, de codes d'une culture à l'autre et ainsi de leur permettre d'éviter sciemment des malentendus.

LA COMPÉTENCE PRAGMATIQUE

En revenant une dernière fois sur les catégories du Cadre européen, nous aborderons la question de la compétence pragmatique. Elle désigne la capacité de la personne à suivre les principes selon lesquels la communication se construit dans la langue étrangère (CECR, 2001 : 96-101). Rappelons que deux facteurs facilitent la communication d'un point de vue qualitatif : l'aisance à l'oral et la précision. Selon nous, ces facteurs doivent être recentrés par rapport aux situations de communication représentatives du métier. La précision met alors en jeu la capacité à utiliser le vocabulaire et les expressions du métier pour décrire son activité par exemple. Ces aspects ne sont pas nécessairement traités séparément de la compétence linguistique, au contraire, ils peuvent être acquis de façon simultanée. Leur principal intérêt est de servir d'indicateurs pour mesurer les progrès linguistiques des apprenants.

169

*Construire un référentiel
en français langue
professionnelle : l'exemple
des métiers de l'entretien
du linge et de la maison*

onclusion

Notre référentiel se positionne dans une démarche d'élargissement par rapport aux compétences de communication linguistiques et pragmatiques pour entrer dans une logique de comportement professionnel. Le fait de savoir se présenter, savoir deviner les attentes de ses employeurs, décoder les préconstruits des deux côtés inclut certes des compétences d'ordre purement linguistique, mais aussi des aspects socioculturels qu'il est nécessaire d'aborder pour que la mise à l'emploi soit une réussite pour l'employé et l'employeur.

Comme nous l'avons vu, il est parfois difficile de séparer de façon stricte les différentes compétences mises en jeu dans l'apprentissage de ces comportements professionnels, cependant la mise en pratique pédagogique peut gommer ces aspérités en proposant un découpage en séquences qui permettent une acquisition concomitante des compétences.

Enfin, l'apprentissage d'un français très orienté vers la pratique d'un métier, s'il permet de satisfaire des besoins objectifs, ne doit pas être considéré comme l'aboutissement ultime de la formation linguistique de la personne en quête d'intégration, mais comme une étape nécessaire dans un parcours global de socialisation et d'apprentissage.

Bibliographie

BRUN, P. (2000) «Savoirs de vie, savoirs scolaires dans la formation des adultes en difficulté d'insertion professionnelle» in *Savoirs de classe/ savoirs de ville/ savoirs de vie, Revue Ville-École-Intégration Enjeux Migrants Formation* n°123, décembre, CNDP Paris.

COSTE, D., NORTH, B., SHEILS, J., TRIM, J.L. (2001), *Cadre Commun de Référence pour les Langues – Apprendre, Enseigner, Évaluer* – Conseil de l'Europe et les éditions Didier, Paris.

DARTOIS, C. (1999), *Référentiel des savoirs de base*, document publié par Conseil Qualité Formation Développement, Paris.

DE FERRARI, M. (2002), «Pour la construction de parcours de formation linguistique sur la Boucle Nord 92», *Rapport d'une étude action, publication interne du Comité de Liaison pour l'alphabétisation et la Promotion en Ile-de-France*, Paris.

DE FERRARI, M. (2006), «Développer la formation linguistique au titre de la formation professionnelle continue en entreprise», in *Migrations études*, numéro 113, Paris.

JUPP, TC, HOLDIN, S, *Méthodologie pour un enseignement fonctionnel aux immigrés*, CLE International, Paris, 1978.

LÉTENDARD, A. (2002), «La formation linguistique du public migrant- Proposition d'un référentiel de compétences linguistiques – Le cas d'une formation professionnelle dans le domaine du linge et de la maison» – *Mémoire professionnel – UFR de DFLE* - Université de la Sorbonne Nouvelle, Paris.

PELLÉ-GUETTA, I. (1997), «Quelques éléments statistiques sur les compétences en français des immigrés», in *Questions de langue, Revue Ville-École-Intégration enjeux Migrants Formation*, n°108, CNDP Paris.

De gardien de musée à agent d'accueil : quel accompagnement linguistique ?

Isabelle Martinetti

FORMATRICE EN FRANÇAIS LANGUE ÉTRANGÈRE

Notre article témoigne des évolutions du métier de gardien de musée, ces quinze dernières années. Il s'attache à montrer comment des modifications dans la définition du poste de travail ainsi que des changements dans le profil des personnes recrutées conduisent à redéfinir le métier, lui-même devenu « agent d'accueil et de surveillance ». Depuis une décennie, le niveau requis en français a en effet augmenté, les compétences à l'oral et à l'écrit se sont diversifiées, nécessitant pour certains employés un accompagnement linguistique, dans le cadre de la formation continue des personnels de la Fonction Publique.

Les agents d'accueil et de surveillance des musées : une grande diversité de profils

Avant d'étudier les mutations du poste de travail qui nous occupe, nous tenons à préciser que les données présentées ici ont été recueillies lors d'entretiens menés dans quatre musées franciliens ainsi qu'à la Direction des Musées de France (DMF), auprès de responsables de l'accueil et de la surveillance et de responsables de formation.

Les agents d'accueil et de surveillance des musées ne forment pas un groupe homogène. Natifs ou migrants, scolarisés ou pas, leur identité n'a cessé d'évoluer au cours des années. La première vague de « gardiens » était constituée de Corses, puis, à la suite d'une volonté politique et en réponse à des mouvements indépendantistes au milieu des années 70, des Domiens[1] ont été intégrés à la Fonction Publique[2]. Dès le début des années 80, le profil évolue à nouveau, des personnes

1. Principalement des Domiens antillais.
2. Les agents d'accueil et de surveillance des musées dépendent du ministère de la Culture et font partie de la Fonction Publique d'État.

issues des anciennes colonies françaises sont recrutées : natifs de Pondichéry, ancien comptoir français, et migrants issus des « Boat People », du Cambodge et du Vietnam. Aujourd'hui, ils sont peu à peu remplacés par des enfants d'émigrés du Maghreb, de deuxième et troisième génération, et des réfugiés politiques. Dans les grands musées parisiens, environ 50 % des agents sont européens, 30 % d'origine antillaise et 20 % d'origine asiatique. Ces agents, bien qu'ils soient naturalisés français, de nationalité française, ou membres de l'UE[3], ne maîtrisent pas tous le français.

De surcroît, leur niveau de scolarisation est très variable : certains n'ont pas été scolarisés, notamment ceux recrutés il y a plus d'une vingtaine d'années, alors que d'autres possèdent un Bac + 4/5 (une maîtrise d'histoire de l'art par exemple). Les recrutements directs[4] qui ont eu lieu en 2002 pour répondre à un besoin fort de main-d'œuvre, ont fait apparaître un grand nombre d'agents titulaires d'un Bac + 4/5 ainsi que des personnes venant de sociétés de gardiennage privé. Parmi les agents natifs et migrants dont le niveau de scolarisation est inférieur au BEPC et qui sont issus des recrutement directs d'avant 2002, les besoins de formation en français sont importants.

Ces besoins de formation préoccupent d'autant plus les directions de musées que les futurs départs en retraite vont créer un appel d'air en direction des agents de catégorie C : les possibilités de promotion seront réelles. D'ici 2012, plus du tiers des agents de la Fonction Publique d'État sera parti en retraite. Il est question aujourd'hui de faire monter en qualification un certain nombre d'agents pour faire face aux besoins de nouvelles compétences. Or, pour accéder du poste « agent/adjoint technique » à celui de « technicien des services culturels »", les agents n'ayant pas suffisamment d'ancienneté vont devoir passer un concours ou un examen professionnel. Les autres vont monter en qualification par le biais de la promotion interne et vont devoir développer des compétences d'expression écrite et orale plus importantes, liées aux tâches langagières normalement exécutées par un technicien des services culturels : à l'écrit, la rédaction de consignes, de procédures d'exploitation, de rapports ; à l'oral, mener des réunions avec l'encadrement et les agents… En vue de ces promotions et de ces concours, certains agents auront besoin d'une remise à niveau ou d'une consolidation en français ; sans compter que les agents non concernés par cette montée en compétences seront ou sont déjà appelés à améliorer leur maîtrise de la langue.

En effet, récemment, sont intervenus d'importants changements dans la représentation du métier de « gardien de musée », devenu « agent d'accueil et de surveillance ». Leur statut a considérablement évolué. Au départ, les militaires blessés surveillaient les musées. Jusqu'en 1985, les candidats y rentraient par petites annonces (*Le Figaro*) et devenaient « gardiens de musée » après un entretien d'embauche. Ils étaient au

3. Parmi les conditions pour travailler dans la Fonction Publique : avoir la nationalité française ou être ressortissant de l'Union européenne.

4. Les agents n'ayant pas passé de concours ont pour la plupart été titularisés dans le cadre de la loi Sapin, qu'ils soient issus des recrutements directs de 2002 ou d'avant cette date.

173

*De gardien de musée
à agent d'accueil :
quel accompagnement
linguistique ?*

garde à vous, « un gardien ça ne bouge pas et ça ne parle pas ! » et devaient saluer le conservateur lorsqu'il passait. En 1986, le statut du corps « d'accueil et de surveillance » est créé, la mission d'accueil qui n'existait pas avant est définie et est devenue aujourd'hui une partie importante de leur métier. Il est demandé aux agents d'être plus interactifs, de communiquer davantage avec les visiteurs, comme le souligne Mme Dugué-Pescé, responsable de l'accueil et de la surveillance au Musée des Antiquités nationales de Saint-Germain-en-Laye : « Leur travail ne consiste plus seulement à "interdire de", mais aussi à renseigner… » Dans ce qui a été défini comme la « médiation culturelle » par le Président directeur du Louvre, il est souhaité que les agents soient davantage en contact avec les visiteurs et qu'ils répondent à des questions culturelles simples posées par ces derniers. Il est même envisagé de leur faire assurer (sur la base du volontariat, au départ) des « petites » visites guidées (du Jardin des Tuileries, des toits du Musée de Saint-Germain-en-Laye par exemple). Mme Martin, responsable du Bureau de la formation et de l'Observatoire des métiers à la Direction des Musées de France, constate ainsi qu'« il y a de moins en moins de conférenciers en raison de la réduction des effectifs, les agents vont avoir une position plus active… L'agent devrait être amené à être en interaction avec les collections et les demandes de visiteurs en particulier avec les primo-visiteurs, visiteurs généralistes, grand public, qui viennent pour la première fois au musée, sans qu'il ait à tenir un discours complexe… il va devoir être plus en mesure de donner des informations culturelles simples, les agents sont finalement les premiers médiateurs dans le musée ». Les agents devront acquérir des notions « de base » en histoire de l'art s'ils n'ont pas de connaissances sur ce sujet, développer des compétences d'expression orale comme « l'art de conter une visite » et apprendre à s'adapter à différents types de publics : personnes âgées, groupes de lycéens… Tout cela dans le but d'améliorer les conditions et la qualité de l'accueil du public, car ces changements dans les tâches liées au métier s'inscrivent désormais dans une démarche qualité. Cette redéfinition des tâches à accomplir va également de pair avec l'évolution des normes de sécurité, qui se sont renforcées depuis cinq ans environ, entraînant la rédaction de documents (fiches d'incidence/demandes de travaux) permettant le suivi et la « traçabilité » par rapport à des incidents survenus dans les musées.

La fonction, le rôle et le statut des gardiens de musée ont donc changé. Et ces évolutions entraînent une augmentation de la demande de compétences langagières de communication orale et écrite utilisées en contexte professionnel.

Les opérations de formation passées

Le statut des agents d'accueil et de surveillance datant de 1986, des formations visant à accompagner ce changement ont déjà eu lieu. Dès 1988, leurs besoins de formation en français étaient repérés. Le ministère de la Culture et certains établissements ont, quelques années plus tard, mis en place des actions de formation pour tenter d'y répondre. La DAG (Direction de l'Administration Générale) a ainsi proposé un premier stage intitulé « Écrire pour agir » qui visait un public dont la langue 1 était le français (FLM)[5]. Puis, des stages de « Soutien en français » ont été mis en place, sur trois niveaux : « Révision des bases du français », « Consolidation des écrits en français », « Approche de la rédaction en français ». Pour les agents migrants, des cours de « Français : langue étrangère » ont aussi été créés. Ils vont du niveau 1, dont l'objectif est de « lire, comprendre, analyser et rédiger un texte simple dans un français courant » au niveau 4 où les agents doivent être capables « de rédiger tout type de texte sans préparation préalable ».

Pour les deux types de formation FLM/FLE[6] proposés par la DAG, il n'est pas fait mention de lien avec les tâches professionnelles que l'agent a à réaliser. Ces formations sont générales et accompagnent le développement personnel de l'agent afin qu'il puisse passer les concours. Elles ne font pas partie du développement de compétences professionnelles. D'autre part, les titres des stages « Français : langue étrangère » et « Soutien en français » ne sont pas toujours bien perçus par les agents et les responsables de formation. Le terme « soutien » renvoie à la fois à un aspect scolaire et à une forme d'aide peu valorisante, ce qui dissuade les agents de se rendre en formation. Pour les responsables de formation, les intitulés ne sont pas assez « attractifs » et ne les incitent pas à envoyer leurs agents suivre ces stages.

Chaque musée peut aussi proposer sa propre formation. Les stages s'intitulent « Renouer avec l'écrit », « Formation aux acquis de base » ou « Consolidation des acquis », « Consolidation de l'expression écrite et orale ». Les responsables de formation des grands musées parisiens comme Le musée d'Orsay, le Château de Versailles ainsi que le musée du Louvre ont recensé des besoins de formation et envoient régulièrement des agents en formation. D'un établissement à l'autre, la sensibilité à cette problématique varie cependant grandement et les dispositifs mis en place sont inégaux. Le musée du Louvre a, depuis l'année 2000, développé un dispositif assez conséquent pour répondre aux besoins linguistiques de ses agents. Les formations proposées s'adressent à ceux qui souhaitent améliorer leurs compétences écrites et orales en français, soit pour s'adapter aux évolutions des postes de travail, soit pour évoluer professionnellement par la voie des concours ou de la mobilité. Cela étant, il n'existe pas de formation « officielle » en

5. Français langue maternelle (FLM).

6. Français langue étrangère (FLE).

175

*De gardien de musée
à agent d'accueil :
quel accompagnement
linguistique ?*

français langue professionnelle[7], qui serait en parfaite adéquation avec les compétences langagières mobilisées quotidiennement par les agents d'accueil et de surveillance.

Ainsi, si l'introduction de formations linguistiques en français a bel et bien eu lieu dans les musées, il n'en demeure pas moins que les directions sont en recherche de positionnement par rapport aux formations à proposer à leurs agents.

V ers une analyse linguistique de la profession et un programme de formation en français langue professionnelle

Au fil de nos interviews et rencontres dans les différents musées, des situations clés et des actes de parole ont pu être identifiés. Mais le plus intéressant a été d'organiser ces situations et ces discours professionnels en reprenant la logique de poste et en s'inspirant de l'Analyse linguistique des professions (ALP) menée par le Centre des niveaux de compétence linguistique canadiens (NCLC). Les ALP sont des référentiels décrivant l'ensemble des compétences linguistiques échelonnées en niveaux, nécessaires pour réussir dans une profession. Elles font le lien entre compétences linguistiques et activités professionnelles et « servent aussi bien aux formateurs pour élaborer un programme de cours qu'aux employeurs pour comprendre et définir les exigences de communication propres à la profession concernée »[8].

Nous nous sommes appuyée sur un document, qui n'est pas un référentiel d'emploi mais une analyse de la fonction agent d'accueil et de surveillance[9]. Cette analyse de poste regroupe l'ensemble des activités et tâches liées à l'exercice de cette fonction. Un point particulièrement pertinent développé par l'équipe de l'Observatoire des métiers a été de procéder à un découpage spatial des tâches à effectuer, en quatre zones : zone privative et poste chef (PC) où l'agent n'est pas en contact avec le public, zone d'accueil à l'entrée du musée et zone d'exposition des œuvres d'art. Dans chaque zone, plusieurs situations se présentent et l'agent a certaines tâches à effectuer pour occuper son poste : dans la zone d'accueil, la situation peut être la tenue du vestiaire et de la consigne, dans laquelle l'agent doit par exemple demander au public de déposer les grands sacs et les objets interdits ; dans le poste chef, en « fonctionnement en veille/vidéosurveillance », il devra prévenir ses collègues s'il constate que le public a un comportement décalé. Nous avons conservé ces quatre zones puis « trié » et regroupé les objectifs fonctionnels répertoriés par l'Observatoire des métiers afin de choisir ceux qui correspondraient à des objectifs de type linguistique. Reprenons notre dernier exemple, dans le poste chef, où l'agent est tenu de

7. Français langue professionnelle (FLP), au sens où l'entend F. Mourlhon-Dallies (2006).

8. http://www.itsessential.ca

9. Analyse réalisée en 2002 par la Direction des Musées de France et coordonnée par Mme Martin.

prévenir ses collègues si un visiteur a un comportement décalé, l'acte de parole «sous-tendu» ici est de «décrire le comportement et l'attitude de la personne au comportement décalé». Puis, nous avons, pour chaque zone, distingué différentes activités langagières définies dans le CECR[10] : la réception écrite/orale, l'interaction écrite/orale, la production écrite/orale et les activités relevant de la communication non verbale. Par exemple dans la zone poste chef, une des activités langagières est l'interaction orale ; une situation : le fonctionnement en veille et la vidéosurveillance ; une tâche impliquant une activité langagière d'interaction orale : prévenir ses collègues et décrire le comportement et l'attitude de la personne au comportement décalé. Cela a abouti à la création d'une ébauche de profil linguistique[11] de la fonction ou de référentiel «spatial» décrivant les compétences linguistiques entrant dans l'exercice de la profession.

Par ailleurs, nous avons découvert l'importance de certains préconstruits culturels vis-à-vis des visiteurs chinois et russes et de publics plus anciens japonais et italien. Depuis 2004, le public chinois peut obtenir des visas de sortie de territoire et est de plus en plus nombreux à visiter les musées français. M. Lebowski, chef de service de la surveillance du Jardin des Tuileries et formateur pour la DMF, note que «le public chinois touche beaucoup les œuvres, surtout les sculptures. Il a un autre rapport à l'art…». Il ajoute que le public russe, assez nouveau lui aussi, «fait peur», tout comme les Japonais et les Italiens il y a quelques années : «Il y avait une peur ou un stress de la part des agents dès que des touristes italiens et japonais arrivaient, à la fois basés sur des stéréotypes et des réalités, les groupes d'italiens sont "bruyants et indisciplinés", les groupes de japonais "on ne les comprend pas"». M. Lebowski, à cette époque en poste au musée d'Orsay, nous rapporte une petite anecdote : «Un jour, un touriste japonais prenait une photo d'un tableau dans une des salles mais ce n'était pas autorisé, l'agent lui a alors fait des signes de la main pour le lui signaler et lui a dit (en anglais) qu' «ici» prendre une photo n'était pas autorisé. Quelques minutes plus tard cet agent a retrouvé la même personne en train de prendre une photo dans une autre salle, le «ici» n'avait apparemment pas le même sens pour un japonais. D'autre part la gesticulation de l'agent lui avait fait penser qu'il était un peu dérangé et en tout cas pas du tout crédible aux yeux de notre touriste…». Se posent aussi des problèmes de proxémique notamment avec les visiteurs anglo-saxons : «Les agents ne les approchent pas à moins d'1 m 50». Une formation intitulée «Découverte des cultures du monde» a donc eu lieu entre 1998 et 2000 au musée d'Orsay. L'aspect interculturel est donc incontournable, les agents devant faire preuve d'une grande capacité d'adaptation aux différentes cultures des visiteurs (60% du public du musée du Louvre par exemple est étranger).

10. Cadre européen commun de référence pour les langues
11. Nous sommes actuellement en train de le retravailler à l'aide des NCLC

177

De gardien de musée
à agent d'accueil :
quel accompagnement
linguistique ?

Les aptitudes professionnelles sociales et cognitives sont également très importantes. Les agents doivent être en mesure de dédramatiser les conflits avec les visiteurs, en restant fermes et polis. Mais quels comportements doit-on attendre sous les expressions d'usage (être aimable, avoir de l'autorité, réserver un bon accueil au public) ? Pour l'accueil des groupes du musée de Saint-Germain-en-Laye par exemple, les agents ont interprété qu'un « bon accueil » signifiait dire oui à toutes les demandes. Mme Dugué-Pescé a ainsi retrouvé une soixantaine de Russes dans la cour du château mais ils n'avaient pas réservé. Un « bon accueil », qu'est-ce que cela veut dire ? : « Une bonne information donnée au bon moment, un refus exprimé avec politesse et expliqué, est-ce que c'est naturel ?... ». Il semble nécessaire d'expliciter ce qui paraît aller de soi.

Le métier d'agent d'accueil et de surveillance comporte enfin de nombreuses activités relevant de la communication non verbale : proxémique, langage du corps, geste et posture. M. Lebowski confirme cela : « Tout passe par le langage verbal et non verbal : l'attitude de l'agent est très importante, même si l'agent ne parle pas il envoie déjà un message. Cela commence par la tenue qu'il porte... ».

Nous avons ainsi ajouté à notre ébauche de profil linguistique, tous les éléments liés au changement de posture et d'identité professionnelles, notamment une rubrique spécifique pour la communication non verbale, la médiation culturelle dans la zone d'exposition et enfin des tâches repérées lors des entretiens que nous avons menés, comme les tâches de compréhension écrite dans la zone privative. Ce profil linguistique de la profession permet de formaliser la dimension langagière dans l'approche du métier et de développer les compétences de communication écrite et orale des agents, afin qu'ils s'adaptent au mieux à leur emploi. Il permet aussi à l'agent polyvalent de se former à une pluralité de compétences en fonction de la zone où il est affecté.

Après avoir élaboré ce profil et suite aux entretiens que nous avons menés, nous avons peu à peu pris la mesure de ce que pourrait être une formation en FLP pour les agents d'accueil et de surveillance. Dans la perspective d'une telle intervention, il apparaît clairement que ce public, migrant (FLS) ou natif (FLM), a un besoin de formation par rapport à un domaine donné et pour un poste de travail précis. La formation aurait donc à investir des objectifs pointus, très loin des approches généralistes de renforcement en français.

Un titre possible du programme de formation serait donc : « Développer son français langue professionnelle ». Cette formation pourrait viser, dans un premier temps, un public d'agents dont le français n'est pas la langue maternelle et dont les objectifs tendraient à développer des compétences de communication écrite et orale en lien avec la profession d'agent d'accueil et de surveillance. Un second programme pourrait être mis en place pour des agents d'accueil et de surveillance français d'origine, souhaitant aussi développer des compétences de communication écrites en lien avec leur profession, afin de s'adapter aux évolutions du poste de travail dans l'optique d'évoluer professionnellement (concours ou mobilité).

Ce programme de formation tiendrait compte des activités langagières en jeu dans la fonction mais ne reposerait pas simplement sur des activités linguistiques (grammaire, orthographe...). Nous pouvons ici reprendre Mme Martin (DMF) qui se demande si la maîtrise de la langue est discriminatoire à l'écrit pour le passage des concours et si la compétence technique de gestion en matière de sécurité n'est pas la plus importante : « Au Concours d'adjoint technique, lors d'un examen blanc, les agents avaient un rapport à rédiger par rapport à une situation professionnelle donnée. Les sujets étaient variés et au choix : suite à une inondation dans une salle/ une personne qui est tombée/ une entreprise qui arrive au musée mais qui n'était pas prévue/une fausse alerte/ le déclenchement de l'alarme incendie, comment allez-vous gérer la situation ? Il fallait que l'agent explique ce qui s'était passé à son responsable et ce qu'il avait fait, qu'il explicite la nature des priorités et la façon dont il a géré le problème. Finalement des personnes ne maîtrisant pas très bien la langue (structuration de la phrase, grammaire...) ont mieux su gérer cette situation. La langue n'était pas discriminatoire ici mais la compétence en matière de sécurité. D'autres écrivaient très bien mais ne maîtrisaient pas la situation ». La compétence en matière de sécurité a impliqué des actes de paroles, du lexique, des discours dont la cohérence et la pertinence communicative ont été visiblement jugées plus importantes que la pure structuration syntaxique et l'orthographe.

Visiblement, le programme de formation en FLP devrait lui aussi relativiser les objectifs linguistiques académiques. Il reste encore à établir si ce programme de formation pourrait être considéré par tous comme sérieux et utile, tant l'image du « cours de français scolaire » est prégnante. Il faudrait également savoir si concrètement, les directions de musées seraient prêtes à libérer leurs agents pour suivre ce type de cours, dans un contexte d'ensemble où le musée est de plus en plus polyvalent (expositions, concerts, soirées privées, tournages de films) et de plus en plus visité.

179

*De gardien de musée
à agent d'accueil :
quel accompagnement
linguistique ?*

Bibliographie

ARDOUIN, T. (2003), *Ingéniérie de formation pour l'entreprise*, Dunod.

COSTE, D., NORTH, B., SHEILS, J., TRIM, J.-L. (2001), *Un cadre européen commun de référence pour les langues – apprendre, enseigner, évaluer*, Didier.

CNCLC (2006), *Niveaux de compétence linguistique canadiens ; Français langue seconde pour adultes* (http://www.language.ca)

DE FERRARI, M. (2005), *Développer la formation linguistique au titre de la formation professionnelle continue en entreprise*, Étude DPM http://www.clp.asso.fr/pub/pdf/CLP_Etude_DPM.pdf)

MARTIN, C. (2002), *Analyse de la fonction agent d'accueil et de surveillance des musées*, Direction des musées de France, Étude de l'Observatoire des métiers.

MOURLHON-DALLIES, F. (2006), «Penser le français langue professionnelle», *Le français dans le monde*, n°346 de juillet. FIPF et Cle International, pp. 25-28.

Entre français de spécialité et français langue professionnelle : le cas de la classe internationale de l'école Boulle

GÉRALDINE DION
PROFESSEUR CERTIFIÉ, LYCÉE DU MOULIN JOLI,
LA POSSESSION, LA RÉUNION.

CÉCILE TAVERNIER
CHARGÉE DE COURS À L'ÉCOLE BOULLE

L'expérience menée auprès des étudiants étrangers en Arts appliqués de l'école Boulle (école supérieure d'Arts appliqués, Paris XII) s'est déroulée sur deux ans, entre 2004 et 2006. Elle est née d'une demande de l'école Boulle, pour les étudiants de sa classe internationale ainsi que pour ses étudiants Erasmus venus d'Europe (notamment dans le domaine de l'architecture d'intérieur, du design et de l'expression visuelle). Nous avons répondu en offrant une formation sur mesure, à mi-chemin entre le français de spécialité et le français langue profes-sionnelle. À l'origine, la demande de formation était formulée de manière très large. L'analyse de la situation et l'identification des besoins ont couru à notre charge, le seul objectif clairement nommé étant de préparer les étudiants à un exercice tant académique que pro-fessionnel : la présentation de projet.

Un positionnement didactique complexe

L'analyse du public a rapidement laissé entrevoir sa grande hétérogé-néité : nos étudiants, non francophones, venaient faire des études en France avec une compétence variable en français. Certains avaient suivi

181

Entre français de spécialité et français langue professionnelle : le cas de la classe internationale de l'école Boulle

un enseignement intensif en français dans un institut, préalablement à leur venue. D'autres entraient directement à l'école Boulle et y assistaient, sans aucune préparation en amont, à des cours de français spécifiques en parallèle à leur formation disciplinaire. Pour aider ces étudiants étrangers à mieux s'intégrer à leur cursus, les écoles d'Arts appliqués de la Mairie de Paris (écoles Boulle, Duperré, Estienne et Olivier de Serres) ont créé un cours de Français Langue Étrangère commun aux quatre établissements. Ce regroupement s'explique par le fait que matériellement et financièrement, il n'est pas possible de donner un cours de français dans chaque filière de spécialité ni pour chaque niveau. Par conséquent, le niveau de FLE des uns et des autres et les centres d'intérêts sont extrêmement variés au sein de la classe internationale, même si pour 2006-2007, la classe a été dédoublée en deux sous-groupes, ce qui revient à séparer les débutants complets des autres étudiants.

À cette hétérogénéité linguistique s'ajoute la diversité des diplômes possédés, allant du Certificat d'Aptitudes Professionnelles (deux ans après le brevet des collèges) au Diplôme Supérieur d'Arts Appliqués (DSAA, bac +5) en passant par le Brevet de Technicien Supérieur (BTS, bac +2). Leur spécialisation est de surcroît très variée : elle peut concerner des formations artisanales très pointues dans les métiers d'Art (Art du Bijou, ébénisterie, marqueterie, menuiserie en siège etc.), relever des filières d'agencement, des métiers de la mode, du design. Au vu de cette diversité, il fallait donc mettre en œuvre une intervention qui soit dans l'esprit d'un cours de français de spécialité, visant un public relativement large.

Dans ces conditions, l'enseignement à conduire ne pouvait répondre à une logique de Français sur Objectif Spécifique[1] car la formation ne s'adressait pas à des personnes exerçant un métier bien identifié dans un contexte parfaitement défini, susceptible d'induire une ingénierie de formation pointue en vue de la maîtrise de compétences parfaitement circonscrites. Pour les besoins de leurs études comme pour leur insertion professionnelle à venir, ces étudiants devaient maîtriser la langue française dans tous les types de situations professionnelles, autant dans les échanges entre collègues que dans les contacts avec la hiérarchie, face aux clients commanditaires tout comme au plan juridique et administratif. Nos étudiants avaient choisi le français comme langue d'exercice de leur profession – au moins pour quelques mois, voire pour une ou deux années – ce qui rapprochait leur demande de celle d'une formation en français langue professionnelle.

Ainsi, avec la classe internationale de l'école Boulle, nous étions à la croisée du français de spécialité et du français langue professionnelle. D'une part nous nous intéressions à une branche d'activités particulière : les Arts Appliqués (donc plutôt à un sous-domaine du français de

1. Au singulier, au sens où l'entendent Mangiante et Parpette (2004).

spécialité) ; mais d'autre part, cette formation visait à rendre opération-nels des étudiants en fin de professionnalisation, ce qui est plutôt l'am-bition du FLP. Notre positionnement didactique était donc particulière-ment inconfortable, entre français de spécialité et français langue professionnelle. Cela rendait délicate la construction du programme de cours : il nous fallait absolument déterminer des priorités et nous demander de quel français avait besoin ce type de public.

Certes, à leur arrivée en France, les étudiants de la classe internationale de l'école Boulle ont de multiples objectifs d'apprentissage : certains cherchent à obtenir une compétence académique (de dissertation ou d'exposé par exemple), d'autres veulent acquérir une compétence de communication pour leur vie quotidienne, d'autres encore envisagent à long terme de trouver un stage voire un emploi en France. Mais au fil de leur séjour en France, ces objectifs personnels sont susceptibles d'évoluer. Comme le signale Odile Challe (2002 : 59) : « L'apprenant identifie sa demande à partir de situations dans lesquelles il se sent le moins à l'aise et auxquelles il accorde une priorité à un moment donné […]. Lorsqu'il essaye de diagnostiquer sa compétence en langue étran-gère, il évoque une situation qui correspond à un savoir-faire. À l'uni-versité, un étudiant non francophone attend que l'enseignement du français lui fournisse des techniques propres au système éducatif : pré-senter un exposé par exemple ». Dans ces conditions, ni les intéressés, qui sont plus des « apprentis professionnels » que des professionnels expérimentés, ni l'institution, qui ne comporte pas de didacticien de FLE dans son équipe, ne sont à même d'indiquer des besoins précis de formation en français. Cela explique que la construction du programme se soit efforcée, dans un tel contexte, de rester ouverte à l'ensemble des attentes car les étudiants étaient encore en cours d'orientation pro-fessionnelle, dans une phase non stabilisée de leur cursus.

Sélection des objectifs et des contenus de cours

Devant la variété des besoins, à l'échelle de la programmation d'une série de cours, nous avons distingué, comme le préconise F. Mourlhon-Dallies, entre plusieurs objectifs d'enseignement/apprentissage.

Nous avons ainsi distingué tout un ensemble d'**objectifs lexicaux**, que nous avons déclinés à la fois dans la perspective du français de spécia-lité mais aussi dans celle du français langue professionnelle. Comme on pouvait s'y attendre dans un tel domaine, le lexique de spécialité comme les matériaux, les ambiances, les couleurs (dont les nuances dépassent la centaine) occupe une place importante. À l'image de ce qui se joue dans d'autres domaines comme la médecine, le lexique

183

Entre français de spécialité et français langue professionnelle : le cas de la classe internationale de l'école Boulle

spécifique connaît des variantes en passant de l'oral à l'écrit, mais également des degrés de précision technique variables. On peut à cet égard travailler sur les registres allant du plus courant au plus spécialisé ainsi que sur les argots techniques. Par exemple, on peut se référer à la qualité de la fibre du bois en parlant de la qualité du bois (registre courant) mais un ébéniste parlera du «grain d'un bois» pour évoquer la même réalité. Cependant en affinant l'approche du lexique, on se rend compte que l'on gagne beaucoup à conduire une approche sensorielle des matériaux, qui sont manipulés (gravés, sculptés, chauffés) et dont on doit cerner la solidité, la friabilité, la plasticité. C'est là que la logique d'exercice des professions, fondamentale en FLP, intervient.

Il en est de même pour les **objectifs grammaticaux**. Ils répondent dans l'ensemble à des besoins très pointus de la spécialité – que S. Eurin nomme «grammaire de spécialité». Afin de servir au mieux l'idée de projet, on travaillera par exemple sur l'expression du but avec des expressions telles que «dans le but de» ou «dans l'intention de» ou encore «l'objectif étant» et aussi «Pour...+ infinitif ou + subjonctif», «De manière à + inf», «Ça permet de + inf»... Mais des points de grammaire davantage liés aux démarches même de création et de conception peuvent être identifiés. Une place à part est à réserver aux constructions comparatives (dont celles portant sur les matériaux comme «le chêne est plus solide que le pin») car cela répond à la logique d'exercice de la profession : le comparatif et la comparaison permettent de légitimer les choix dans la réalisation de meubles et d'objets divers, de jauger les matières et les couleurs, et par là même de faire adhérer à des options mûrement réfléchies, soupesées, mises en balance. Les comparatifs sont de véritables chevilles de l'argumentation, dans les présentations de projets en particulier, sur lesquelles nous reviendrons à plusieurs reprises.

Plus simples à cerner, les **objectifs logico-discursifs**. Dans nos cours de français des Arts appliqués, les exercices visant ces objectifs ont consisté à étudier les différentes étapes ritualisées de la présentation de projet (annonce du sujet, questionnement, annonce de la problématique, expression des intentions, développement d'un parti pris, conclusion) et aussi les liens logiques qui sont les signaux discursifs les unissant. De fait, dans la plupart des cas de présentations de projet, il est apprécié que les étudiants aient cette démarche de vouloir transmettre leur plan à l'auditoire avec des termes comme «d'abord, ensuite, enfin» qui marquent une progression.

Moins strictement linguistiques : les **objectifs socio-historiques**. Ils visent à sensibiliser au développement et à l'évolution de la profession. On s'est intéressé par exemple à l'éco-design, à l'évolution du métier d'architecte d'intérieur qui se différencie du simple décorateur. Les

« postures professionnelles » ont ainsi été clairement identifiées, selon les titres officiels et les époques.

Dans le même esprit, les **objectifs juridiques et déontologiques** ont fait partie de nos préoccupations. Liés au côté institutionnel de la profession, ils s'appuient la plupart du temps sur des textes de loi. Une fois un projet conçu, il faut savoir que sa concrétisation implique de nombreuses étapes commerciales et administratives qui demandent des connaissances qui dépassent largement le cadre artistique. Les professionnels doivent connaître les différentes modalités de travail (en agence, en libéral, en free lance) et savoir rédiger un contrat, établir un devis, calculer une TVA, lire une fiche de paie. On est là au cœur de l'exercice de la profession, dans un pan de formation qui serait à peine effleuré si l'on s'en tenait à une formation basique en langue de spécialité « architecture ».

Enfin, nous avons accordé une large place aux **objectifs interculturels**. Toujours en corrélation avec un autre objectif, ils nous sont apparus comme indissociables du lexique. Il est intéressant de travailler sur la perception des couleurs (le noir couleur du deuil dans la religion catholique alors que c'est le blanc pour les pays musulmans), des espaces (que représente un grand appartement à Paris par rapport à Berlin ?) ou encore des ambiances (qu'est-ce qu'une décoration sobre ? chic ? traditionnelle ?).

Ces six types d'objectifs croisent le domaine des sciences du langage (objectif lexicaux, grammaticaux et discursifs) et le domaine des sciences humaines (objectifs juridiques et déontologiques, socio-historiques et interculturels). Ils répondent à une formation sur objectifs spécifiques (au pluriel) mise au service d'un cursus professionnalisant.

M ise en œuvre dans la classe

Concrètement, dans la salle de classe, les exercices et activités ont pour but de venir balayer tous ces objectifs afin d'assurer une formation complète. La priorité a été donnée à la maîtrise de « la part langagière du travail » (telle que définie par J. Boutet) : les activités mises en place sont en lien direct avec l'exercice de la profession et les différents discours rencontrés dans la pratique professionnelle. Nous avons donc cherché à faire travailler les apprenants à travers des séries d'activités et d'exercices allant par ordre de difficulté croissant, englobant les six objectifs nommés ci-dessus et abordant toutes les situations de communications rencontrées par un professionnel dans sa pratique.

Dans le cas concret présenté ci dessous, la compétence à acquérir tient à l'identification et à l'utilisation des dimensions. Nous proposons quatre étapes d'entraînement pour l'acquisition de cette compétence.

185

Entre français de spécialité et français langue professionnelle : le cas de la classe internationale de l'école Boulle

Exercice 1 : *Relevez dans le texte suivant les noms qui rappellent les éléments de mesure*

— Sophie, tu as pris les mesures de l'appart ? C'est combien la superficie au total ?

— 55 m 2

— Y a combien de hauteur sous-plafond ?

— Il y a 2 m 40 de hauteur sous-plafond, c'est chouette, c'est assez haut pour envisager une mezzanine.

— Et tu as regardé la largeur des portes ?

[...]

Exercice 2 : *Complétez le texte suivant avec les mots :* mesure, mètre, distance, surface, superficie

Monsieur Ghazi est architecte. Ce matin, il va visiter un vieux local commercial qu'il veut transformer en loft. Son _____ en main, il prend toutes les cotations. La _____ du local est de 115 m 2. Il _____ la hauteur sous-plafond, l'épaisseur des cloisons, la hauteur du mur porteur et la _____ qui sépare les fenêtres. « Ce local a une_____ idéale pour un loft », conclue-t-il.

Exercice 3 : *Production orale, travail de groupe sur une tâche réduite*

Une partie du groupe prend les mesures de la salle de classe (étagères, estrade, fenêtres, tableau etc.) et la restitue à l'autre moitié qui doit prendre les cotations et les présenter dans un court paragraphe descriptif en terme de profondeur, de hauteur, de longueur et de largeur en utilisant les tournures syntaxiques telles que : « ça fait... sur ... cm » ou « ça mesure ».

Exercice 4 : *Utilisez ce descriptif d'un meuble de salle de bains pour rédiger un courriel à un client à qui vous proposez vos choix pour équiper sa salle de bains.*

H 82 cm + dosseret 13 cm x P 58 cm
2 portes, 2 tiroirs, L93 cm : 837 euros
2 portes, 5 tiroirs, L128 cm : 908 euros

Cette série d'exercices aborde plusieurs objectifs (objectifs lexicaux, logico-discursifs, etc.). Elle permet de travailler aussi bien les compétences d'expression que de compréhension orales et écrites. Elle met en jeu des types discursifs différents mais se rapprochant tous de la situation professionnelle. L'exercice 1 est un dialogue de registre courant que l'apprenant rencontrera en discutant de façon informelle. L'exercice 2 est une description utilisant le lexique qu'il trouvera dans un texte spécialisé. L'étape 3 a permis aux apprenants d'acquérir une portion de la langue intéressante pour la profession et pour le travail de terrain sur les chantiers comme sur des plans. Il s'agissait de leur apprendre à transmettre oralement des mesures et acquérir toutes les notions d'espace essentielles à la construction d'un projet architectural. Finalement, pour l'exercice 4, l'étudiant doit être capable, d'une part, de savoir identifier les dimensions (travail de l'architecte) et d'autre part, de les transcrire dans un discours écrit spécifique : le courriel. Les exercices et activités présentés mobilisent donc des compétences à la fois linguistiques et professionnelles. Ils mettent l'étudiant en situation concrète par rapport à l'exercice de sa profession, ils abordent des situations plus ou moins formelles pour préparer le professionnel à communiquer avec différents interlocuteurs : collègues de travail, supérieurs hiérarchiques, clients néophytes... Nous préparons donc le professionnel en cours de formation à affronter des situations plausibles sans pour autant délaisser des aspects linguistiques plus pointus.

Un dernier exercice montrera que la mobilisation des compétences professionnelles peut se faire à différents niveaux :

Mettez les verbes au participe présent et reliez un élément de la colonne A avec un élément de la colonne B

On peut créer de l'intimité :

A	B
En (mettre) .... •	• le mobilier
En (réduire) .... •	• sur la lumière
En (jouer) .... •	• une cloison
En (se servir) .... •	• l'échelle
En (utiliser) .... •	• des niveaux

Si cet exercice travaille deux objectifs grammaticaux (le gérondif et les prépositions), il demande néanmoins la mobilisation de compétences professionnelles quand il s'agit de penser des concepts architecturaux. Nous nous situons bien dans l'optique d'un français langue professionnelle, dont la préparation à la présentation de projet à constitué le point d'orgue.

n élément clé pour penser la formation : la présentation de projet

Ayant travaillé les objectifs de formation séparément, par le biais d'exercices et d'activités qui les décomposaient, nous avons également effectué un travail plus synthétique, autour de la présentation de projet, une macro-tâche à laquelle l'institution nous avait demandé de préparer nos étudiants étrangers. La présentation de projet était particulièrement intéressante car elle est présente dans chaque cursus des écoles dans lesquelles nos apprenants étaient inscrits. De plus, elle correspond à la fois à une épreuve notée (académique) et à une pratique professionnelle (réponse à un appel d'offre).

187

*Entre français de
spécialité et français
langue professionnelle :
le cas de la classe
internationale de
l'école Boulle*

Lors de cette présentation, les étudiants en Arts sont amenés à présenter leurs travaux sous la forme d'un exposé oral avec l'appui de maquettes qui illustrent leurs idées. La présentation de projet est un exercice très important car c'est l'aboutissement du travail des élèves. L'épreuve se décompose en deux temps : un monologue et un questionnement. Tout d'abord, l'étudiant dispose de 5 à 20 minutes pour exposer son projet et convaincre le jury du bien-fondé de sa démarche. Il met en valeur le contenu de ses recherches. Il rappelle les informations essentielles en s'aidant d'outils visuels. Il explique les choix qu'il a faits en justifiant son plan. Il doit montrer qu'il a su recevoir une demande, accepter un cahier des charges et trouver une solution plastique dont il est capable d'envisager la mise en œuvre. Ce travail est à la fois un travail de description, d'explication et d'argumentation dans lequel l'étudiant doit afficher une intention (une idée forte), des partis pris (mises en œuvre concrètes des intentions) et convaincre un jury de sa validité. Il expose son cheminement et ses errances et propose les solutions qu'il a trouvées pour y remédier ou les choix qu'il a faits de manière délibérée. Mais, par-delà l'exercice, ces présentations imitent celles que les professionnels font à leurs clients. Les étudiants doivent défendre leur projet de façon cohérente (devant de vrais professionnels qui se joignent au jury et sont parfois les commanditaires des projets à traiter) ; ils doivent exprimer leur idée forte pour convaincre l'interlocuteur.

L'analyse de la présentation de projet a été réalisée à partir de prises de notes, d'enregistrements audio et d'enregistrements vidéo effectués par nos soins. Après transcription, nous avons pu mettre au jour des formes discursives récurrentes et définir des objectifs à atteindre au terme des cours de français que nous allions donner. L'analyse de discours ainsi conduite à mis en valeur le caractère fortement argumentatif des présentations de projets, qui sont des « soutenances » destinées à justifier les choix de conception et de réalisation opérés par l'étudiant dans sa réponse à la demande d'une entreprise (comme Véolia), d'un réseau commercial (comme Artisans du monde) d'une institution publique (par exemple, l'Hôtel-Dieu). La notion de « parti-pris » impose la maîtrise de l'ensemble des connecteurs logico-argumentatifs, mais aussi du récit au passé composé qui retrace le cheminement de la pensée en décrivant l'état de recherche des étudiants, en mettant en relation les idées et leur mise en œuvre technique et en traduisant des choix. En attestent les quelques extraits suivants :

> J'ai fait des recherches sur le domaine du vin [...] finalement les cubis qu'ils soient de 3, 5 ou 10 litres ils étaient identiques alors qu'ils répondaient pas aux mêmes besoins et pas aux mêmes styles c'est pour ça que je me suis intéressée après à créer une nouvelle gestuelle autour du vin.

> J'ai voulu proposer un packaging suffisamment élégant et séduisant pour qu'il se suffise à lui-même, je me suis donc tout d'abord inspirée de ce qui existait dans la bagagerie de luxe française mais aussi dans les emballages cadeaux. [...]

> Nous avons d'abord analysé les espaces de transition pour en faire ressortir les principes architecturaux de manière à construire un plateau qui suggère les lieux de transition. Nous avons ensuite créé un sol sombre de manière à faire ressortir les perspectives colorées et brillantes pour faire apparaître des jeux de reflets et de contre-jour...

La création et la conception s'exerçant toujours à partir de situations et de contextes véridiques, lors de la présentation d'un projet, les designers doivent également repérer et exprimer les contraintes qu'ils sont tenus de respecter. Cela les conduit à **exprimer des obligations** (*il faut…/ il est nécessaire de…/ il convient de…*). Ensuite, pour appuyer leurs idées lors d'un échange, ils doivent pouvoir les défendre en ayant recours aux formes propres à l'argumentation. Ils doivent ainsi savoir se défendre avec de nouveaux arguments, discuter certains points en faisant parfois des concessions, ou réfuter les objections du jury en montrant leurs faiblesses. Toutes les nuances de l'argumentation doivent donc être acquises.

Le discours argumentatif est cependant troué de «blocs descriptifs», y compris dans la présentation de projets durant laquelle l'étudiant montre des panneaux ou des prototypes. La description est essentielle dans un domaine de spécialité où le visuel et le spatial sont très prégnants. Elle appelle la maîtrise d'un important lexique de spécialité. La description pourra être plus ou moins objective ou subjective. Dans tous les cas, elle s'appuiera sur une référence à la couleur, aux dimensions, aux formes et les termes seront accompagnés de nombreux qualificatifs. Quoi qu'il en soit, **la description** doit s'accompagner d'une désignation et l'apprenant doit savoir situer les objets auxquels il se réfère. Tous les présentatifs (*il y a, c'est, ce sont…*) ainsi que les déictiques (*celui-ci, celle là…*) et les locutions permettant de **situer** dans l'espace (*au-dessus de, en-dessous, à gauche, au centre…*) devront être enseignés.

Le professionnel doit aussi savoir exprimer clairement ses idées et les **reformuler** sous différentes formes. En effet, pour présenter ses projets, il doit maîtriser les spécificités du discours oral qui affectionne la reformulation, les procédures récurrentes de rappel et l'expansion du discours pour éviter une surcharge d'information à l'auditeur. La reformulation permet une structuration des idées et elle permet également de jouer sur différents registres par exemple pour faciliter la compréhension aux néophytes qui parmi les explications, en trouveront toujours une plus claire pour les guider

189

Entre français de spécialité et français langue professionnelle : le cas de la classe internationale de l'école Boulle

C'est ainsi que bon nombre d'objectifs identifiés séparément s'agglomèrent dans la présentation de projet, qui a été longuement abordée dans nos cours. Dans ce volet de notre programme, nous avons été très proches d'un enseignement par « virtual cases », reposant sur l'exécution de tâches complexes, telles que les évoquent dans ce numéro J.-P. et M.-F. Narcy-Combes. Ces tâches, à nos yeux, ne peuvent être correctement réalisées si l'on n'accède pas à une bonne compréhension d'éléments structurant le domaine, comme dans notre cas, le développement d'un « parti-pris », qui exprime la vision du designer, son « concept ».

Pour conclure

Par-delà l'école Boulle, la classe internationale des écoles d'Arts appliqués de Paris illustre l'émergence d'un nouveau public : un public issu de domaines de spécialités peu balisés (à la différence du français du tourisme, du français des sciences, du français des affaires) car non strictement académiques ; un public qui se distingue par son hétérogénéité en FLE (d'où l'impossibilité de s'adosser à des progressions standardisées, à des manuels formatés sur le CECR) ; un public d'étudiants déjà très professionnalisés (à la différence de certains étrangers inscrits en France dans les cursus de Licence des universités).

Proposer un parcours didactique adapté à ce nouveau public demande du temps, de la patience et de la persévérance. Il faut noter la part importante du travail d'investigation que requiert une telle démarche, en insistant sur les enquêtes de terrain, qui amènent à cerner la logique du domaine, puis sur les tâches fastidieuses d'enregistrements, de transcription et d'analyse des données qui mènent à structurer les contenus à enseigner. Cependant, ce sont de nouveaux marchés qui semblent s'ouvrir à l'enseignement du français de spécialité car, une fois la méthodologie d'ingénierie maîtrisée, il semble possible de la transférer à de multiples contextes. La formation imaginée répond à des objectifs larges correspondant aux domaines du textile, de l'architecture, du design et des métiers d'arts ; elle peut être proposée auprès d'instituts privés de langues offrant des parcours individualisés et pourrait aussi certainement être adaptée aux besoins des professionnels de la restauration d'œuvres d'art, des étudiants des Beaux-Arts, des conservateurs, des guides de musées, etc. Autant de professions et de spécialisations liées au domaine artistique qui conservent un certain prestige en France et dans lesquelles les échanges existent à l'international.

Nous constatons également qu'à la suite de l'ouverture de certaines frontières, développer son activité à l'étranger n'est plus réservé à une élite intellectuelle : des professionnels de secteurs réputés plus « manuels » viennent parfaire leurs connaissances en France, des échanges sont organisés entre collègues d'une même profession, les entreprises multinationales demandent à leurs employés de niveaux intermédiaires des compétences langagières accrues, les étudiants de tous niveaux complètent leur cursus dans les universités étrangères. Espérons que cette tendance à la mobilité ne cesse pas dans les prochaines années et préparons-nous dès à présent à offrir des formations adaptées aux nouvelles demandes, qui répondent aux multiples situations rencontrées au gré des pratiques professionnelles, y compris les moins académiques et les moins livresques.

Bibliographie

BOUTET, J. (1995), *Paroles au travail*, Paris, L'Harmattan.

CHALLE, O. (2002), *Enseigner le français de spécialité*, Economica.

DION, G. (2005), Construction d'un parcours didactique dans un domaine de FOS, *Mémoire de Maîtrise* de Didactique du français langue étrangère, Université Paris 3.

MANGIANTE, J.-M & PARPETTE, C. (2004), *Le français sur objectif spécifique*, Hachette.

MOURLHON-DALLIES, F. (2005), « L'interculturel, à tous les niveaux », *Points communs n°25*, Chambre de Commerce et d'Industrie de Paris, pp. 4-6.

PLCHOTOVA, P. (2006), Conception d'un module de Français de spécialité et réalisation d'activités multimédias pour la Classe Internationale des écoles d'Arts appliqués de Paris, *Mémoire de master professionnel*, Université Paris 3 Sorbonne nouvelle.

SPANGHERO-GAILLARD, N. (2003), Les professionnels : la langue étrangère dans les cours spécialisés, Apprentissage d'une langue étrangère/seconde, *La Méthodologie n°3*, De Boeck Université, Bruxelles.

TAVERNIER, C. (2006), De l'analyse de la demande à la construction d'un parcours spécialisé en français des Arts appliqués : le cas de la Classe internationale de l'école Boulle, *Mémoire de master professionnel*, Université Paris 3 Sorbonne nouvelle.

191

Entre français de spécialité et français langue professionnelle : le cas de la classe internationale de l'école Boulle

N° d'éditeur : 10139201 - Juin 2007

Imprimé en France par EMD S.A.S. – 53110 Lassay-les-Châteaux – N° dossier : 17525